再見好好說

ALL THE GHOSTS
IN THE MACHINE

*Illusions of Immortality
in the Digital Age*

ELAINE KASKET

如何在網路時代

From
從直播告別式

To
到管理數位遺產

艾蓮・卡斯凱特——著

黎湛平——譯

書末附關於數位後事
的⑩項建議

貓頭鷹出版

獻給所有留給我
珍貴回憶的凡夫與俗子

目　次

聲明

　　除少數例外，本書採訪內容皆取自訪談錄音的全文抄錄本，亦經受訪人同意使用。所有原文對話內容皆逐字引用受訪者所言，刪節號（三點）「⋯」表示文句內容部分刪減，刪節號（六點）「⋯⋯」代表大幅刪節取材內容。為避免錄音檔有未盡之處，訪談同時亦同步進行文字記錄。

　　如遇當事人之姓名與經驗已公諸於公領域之情事，茲因受訪者先前已接受媒體訪問，或參與學術發表，故保留真實姓名；不屬於前述狀況，或考量生者可能因任何可辨資訊而遭受負面影響之疑慮，則以假名示之。至於書中非經我直接訪談而是取自其他已發表刊物的相關資訊，我也確實依照相同的規則處理。另外，即使在部分事例中，我可能挑戰某些受訪者的觀點，我仍希望所有分享或貢獻自身經歷的參與者都能獲得尊重，也為他們自己感到驕傲。

詹姆士與伊莉莎白，約 1944 年

序言

紀念伊莉莎白

　　外婆伊莉莎白過世後，母親盡責地著手協助外公整理妻子遺物，為他少了另一半的新生活重新規劃起居布置。母親推開一扇扇房門，拉開一道道抽屜與櫥門，而這些舉動，裡頭的東西也一次又一次提醒她：外婆幾乎把每一樣東西都保存下來了。外婆這種行為多半出於節儉，而非捨不得，因為外公外婆在心態上仍未脫離美國一九三○年代「經濟大蕭條」（Depression）時期，儉省物資的習慣已深深烙印在骨子裡了。他們會把用完的機油罐橫向削開做成餅乾模具，拆完耶誕禮物後，他們會把包裝紙、緞帶，甚至膠帶全部整理收好。幸好他倆平素頗注重整潔和條理，這才不致把家裡堆成雜物間；而外婆亦不出眾人所料，她把留下的東西全部打理得整整齊齊，通常還會附上手寫字條詳細交代來歷。

　　有時候，外婆會透過字條，宣示所有權，主張某樣大家爭取的家族遺物歸她所有：「這只金鐲子原本是成對的，是我阿姨的；柏妮絲也想要，但最後還是給我了。」有時候，這些字條猶如備忘錄，鉅細靡遺陳述外婆認為該物件必須留予子孫的理由。我們曾經挖出一包陳年拼布，裡頭附了一張清單，詳細列出這些布塊曾經用

來做什麼。說不定，外婆直覺認為，後代子孫們可能會覺得這些手工藝品有趣、有價值；她猜對了。外婆曾為襁褓時期的我縫製過一套布積木，母親就憑著清單上的資訊，在每一塊方布背面別上字條、標明來歷：譬如某塊米白碎花棉布就釘著「中式領，窄裙」，另一塊則是「婚禮後脫落的扇形裙襬」。有張釘在造型奇特的卡通獅印花布上的字條則寫著：「我穿去參加多倫多露營晚餐約會的洋裝」，這些關鍵詞立刻將眼前這塊布料和我多次聽聞的故事連在一起：少女時期的母親，曾經在加拿大露營區遇見一名花言巧語的男子，對方也追求過她。雖然，我不記得小時候有沒有玩過這些布積木，然而，當母親翻出這些舊物與我分享，我倆仍細細搓磨布料紋理，聊起和每一塊方布有關的回憶。我在地板上將布塊翻來翻去，拿起手機對焦，將布積木的每一面連同字條一起拍下來，然後在雲端開了一個名為「縫紉室拼貼」的檔案夾，轉存進去。我打算用這些照片來裝飾我家縫紉機旁的牆面 —— 我的縫紉機和這處縫製許多洋裝、布積木的地方，相隔六千六百四十一公里。

不過，母親也在外公外婆家發現一件沒有標示的東西。那是個大小中等的素面紙盒，低調地端坐在客房衣櫥底部。當時，她急切追求效率，想必是為了評估這個盒子能不能直接扔掉，於是，隨口問了她父親詹姆士，盒裡裝了什麼東西；外公看也不看，甚至連想都不想，若無其事地即刻答出「情書」二字。然後，根據母親的描述，他倆便繼續清理雜物，將紙盒留在原處。

聽母親說完那天的回憶（超過二十年前的往事），我整個好奇心破表：外公沒再透露那些信件的任何細節嗎？那天，或是外公還

伊莉莎白親手縫製的布積木，上頭別著她女兒的
手寫字條。[1]

在世的時候，她有沒有打開盒子偷瞄過一眼？發現紙盒的當下，她
是否認為，說不定不久前才讀過那些書信，尤其是他又答得那麼乾
脆？外公是否給過任何指示，表示他希望如何處置這些信件？沒
有，沒有，統統沒有。一直要到我外公過世、母親準備把房子賣
掉時，她才又再見到那只盒子。於是，年過七十、剛成為無父無母
「孤女」的母親，決定把紙盒帶回家。

　　外公在世最後幾年，他開始以一種特別的方式，講述描述他和
外婆六十年的婚姻生活。「我愛伊莉莎白愛了一輩子，」他這麼

說，「但她從沒愛過我。」家族裡有些人認為，這話十足可信，因為在他們眼中，外婆的個性偏「冷」，為人不甚溫暖。大家都認為她聰穎、堅毅且勇敢，但這些特質同時也帶著些許兇戾、冷酷與頑固。有時，她對丈夫說話的態度相當強硬、不留情面，她的孩子們都見識過；至於她的內外孫們，亦全數體驗過她那偶一為之、彆扭地令人痛苦的僵硬擁抱。同為成年人的兩位舅舅甚至為他們自述「單相思」的父親感到難過，贊同並且亦支持他的論述。

這就是咱們專橫跋扈的雪后伊莉莎白。她把感情全部藏進冰牆裡，外公的溫暖情感亦不足以融化這堵冰牆；然而，外婆部分的「人設」卻和母親的感受不盡相符：有些家族成員不加思索即輕易接受「外婆不曾愛過外公」的說法，而這份說詞，不僅嚴重傷害我母親，亦不甚精確，但母親苦無實證闡明這份印象不是真的，無法證明伊莉莎白還有其他不為人知的面貌。這份貌似成為外婆「官方形象」的描述，使母親很不開心，但她猶如缺乏足夠素材的藝術家，無法為自己的母親添上幾筆不同的色彩。

不過，就在母親把紙盒帶回家後，事情有了轉機。掀開盒蓋，她不僅打開紙盒，也開啟了窺見父母關係的一扇明窗。她探進盒底，撈出一疊異常豐厚的信件——外婆與外公的書信，時間是一九四五年。當時，外公被分發到一處訓練營，準備打一場即將結束的戰爭（後來他根本沒機會登船上戰場）。那時，外公外婆已是結褵十載、育有三名年幼子女（母親和兩位舅舅）的夫妻，因此，外公詹姆士收到的那紙召集令，意謂小倆口即將面臨自青少時期初遇相戀以來的第一次長期分離；是以在詹姆士離家之後，他倆三天

兩頭就給對方寫信，最後累積這一疊厚厚的書信，也就不足為奇了。

從許多層面來看，母親撈出的這疊書信著實精采，引人入勝。看在任何一位讀信者眼裡，信件內容宛如一幅幅栩栩如生的生活彩繪，描述美國中產階級在這段嚴峻歷史關頭的居家生活。外公外婆文字功力了得，敘述詳盡，句句呈現兩人觀察與描述的天賦。然而，對我母親來說，這疊書信的意義不僅止於此——能讓她窩在椅子上整整兩禮拜聚精會神細讀的東西，絕非二十世紀中葉大戰期間的美國風情畫。

在一九四五年五月給詹姆士的信上，伊莉莎白寫道：「我最盼望的是這場戰爭不會拖太久。就算戰爭在六個月或三個月內結束，對我來說也不夠快。你離家的時間愈長，我心裡就愈難受，愈覺得孤單……今天我感覺特別寂寞，特別想你。屋裡好安靜，好孤寂，我肚子有點疼。有時候，我好希望就這麼沉沉睡去，睡到你歸來時再醒來…我花了一小時又四十八分鐘寫這封信，為了你，這一切都值得……我真的很喜歡寫信給你，因為寫信就好像在對你說話，而你也知道，在我們共處的這些時日以來，我從來不曾厭倦和你說話。」

在這樣和其他許多類似的段落中，「愛」就這麼透過白紙黑字記錄下來。儘管我們很難定義甚至量化「愛」是什麼，但有時你看一眼，就能清清楚楚感受到它正明白宣告自身的存在。外公委實錯得離譜，竟然以為妻子不曾愛過他。他記錯了。一九四五年，即使當時兩人已結婚十年並為人父母，伊莉莎白仍真心且瘋狂地、深深

地愛戀著他。這些書信使旁人不能再貶抑外婆的人格，將她與她離世前幾年最常呈現的形象劃上等號；她的冷酷頑固只能說是一種狀態，而非天性，或者頂多是一張面具而已，不能代表她整個人。母親一邊讀著她的文字，一邊感受這份不容質疑的真實，她感受到的不僅僅是辯駁與平反——她的心傷癒合了。伊莉莎白的形象與她父母對彼此真切誠摯的愛，再次變得完整，回復成她記憶中的模樣。她終於獲得屬於她母親、她雙親婚姻生活的清晰畫面，於是，她不再傷心，而是更平和欣喜地繼續自己的人生。

　　我母親自詡為這份「愛之遺產」的管理者。她花了好幾個禮拜的時間，將書信依年份整理編排，一份一份悉心套入透明活頁袋，再用大型檔案夾裝訂成冊。整理期間，她不時瞥見自己的童年時光（她以繪圖為信，寄給遠方的父親），同時，也重讀父親當年為遷就年僅六歲的愛女，捨棄書寫體而以正楷撰寫的回信。待我母親將所有書信收整完畢，最後總共集結厚厚五大冊；她想知道，這些書信能不能讓其他親人也獲得慰藉，就如同她所感受到的一樣，於是，便將檔案夾交給她的兄弟以及任何可能感興趣的家族成員。她哥哥拒絕接受，至死不曾讀過這些信函，而她弟弟——在這些書信寫就的一九四五年，他才剛學會走路——雖拿走第一冊，卻一連數月未置一詞；後來，母親問起檔案夾的下落，他才搜尋一陣，從某個堆滿書本廢紙的紙箱底下撈出來。小舅可能自始至終沒打開過。

　　我母親希望能與家人分享**她**心目中的伊莉莎白，希望利用這幾本檔案夾支持她的版本——其實，外婆生前擁有多重面貌，溫柔又頑固，脆弱卻剛強。然而，就算母親最後仍無法完成使命，我們也

不能將失敗的理由完全歸咎於眾人拒絕閱讀書信集：因為即使每個人皆從頭到尾細讀每一封信，也不可能對伊莉莎白產生一致無異議的印象。由於人生中的每一段人際關係皆有其獨特性，一般所謂的「哀傷階段論」（stages model of grief）無法適切描述每一位喪親者多變的個人經驗：親友離世所導致的哀傷過程，不可能分階分段切割得清清楚楚，也無從預測。每一位家族成員記憶中或所體會理解的伊莉莎白，皆不盡相同，因此，每個人也都有他們渡過哀傷的特殊需求。

這些書信確實對我母親產生些許作用。它們撫慰她的痛苦，修正令她心痛的不和諧感，終而助她獲得令她心境平和的母親傳記，讓她能繼續前進；至於那兩位沒花時間讀信的舅舅們，或許他們和母親沒有共同的感受，不曾體會過那種特別的心痛；也許，他們連需要解開的心結都沒有。不論他們需要哪些慰藉才能繼續人生，說不定他們早就找到了，也因為如此，這些書信反倒是種破壞，而非安慰。我曾問過母親，既然她的小弟一提起往事就心軟、對歷史亦頗為著迷，為何獨獨放著那些書信不讀？母親如此回答：「那些信會勾起他太多情緒。」能幫助她走出迷霧的事物，也可能擾亂弟弟的正常生活。

儘管最後，母親接受並尊重其他人拒絕讀信的決定，我知道，她仍盼望能有人站出來，挑戰或拆穿家族內流傳在我們家族裡，有關伊莉莎白的成見與描述。我看得出來，當外婆最人性的一面橫遭抹煞；當其他人將她貶為漠然冷酷的冰雕時，她仍十分痛苦；是以，當我表示對這幾冊戰時書信集頗感興趣時，也難怪她會這麼開

心了。窩進長椅，展冊細讀，最初完全不曉得該抱持何種期待的我，讀著讀著竟然被這些書信流露的親暱與溫暖深深撼動；有時屏息期盼，有時羞得滿臉通紅，而且，我不止一次感動到熱淚盈眶。於是，我就像母親一樣，急切地想馬上和同輩親戚分享這份感受。我把其中幾段輸入手機筆記，當天稍晚即唸誦給我的手足及表姊妹們聽，內容包括伊莉莎白在一九四五年五月寫下的另一段文字。

如果你在這裡，我會把未來二十年愛你、擁抱你、親吻你的分量一次全部給你。我無時無刻不想你。

我表姊眉毛挑得老高，驚訝不已；「哇噢，」她說，「這感覺一點都不像她耶。她，好吧，坦白說，她以前挺討人厭的。」

我並不介意表姊說得那麼直白，甚至理解她何出此言，但我再度激動起來，像我母親一樣急著想破除迷思。回到爸媽家，我坐上床，滑手機翻看早先存入的書信文稿，視線一次又一次落在前面提到的那幾個段落上。這些文字並不粗俗，但也絕對稱不上純潔；它像詩一樣簡潔，蘊藏深度，飽含無助渴望，傳達性與愛戀的熱情依戀。這段文字隱約流露大多數人在人生中所渴望、想盡可能體驗到的某種情感。我一再反覆讀信，內心升起偷窺的興奮感；即使如此，我還是拿出我的黑皮筆記本、選了一枝我喜愛的筆，將記在手機裡的內容抄寫下來。然後，我打開手機照相功能，選了正方形，拍下我的手寫謄本，再套用看起來相得益彰的舊照濾鏡模式，並且在底下添了一行字「真・浪漫」。

雖然心裡有些遲疑（或是良心不安），我仍在未經任何人允許（除了我自己）的情況下，把照片放上 Instagram。[2]

"I think of you every time I can, and sometimes when I'm not supposed to."
James to Elizabeth
April 1945

「只要能想你，我無時無刻不想你。
就連不該想你的時候也想你。」
詹姆士致伊莉莎白
1945 年 4 月

Ω

　　儘管這些書信對母親意義重大，她也希望別人能有機會讀到它，但她仍謹守分際，並未強加或向任何人灌輸她自己的想法。在整理檔案的時候，她隻字未附，不評論，不加注，不予詮釋亦未做刪節。這些紀錄就這麼完整詳盡、一件不少地依時間順序排好：書信，孩子們的圖畫，相片，以及裝載信件的信封。她把這份檔案紀錄整理得易取易讀，並未徹底改變它；然而，當我接觸到這份紀錄

的時候，姑且不論好壞，我卻以截然不同的方式對待它：母親忠於原型，我轉錄抄寫；她依從原樣，我改編設計。她保留隱私，我卻控制了區隔隱私與公眾的分際線，直接挪疆移界。

　　簡言之，母親始終維持傳統的「類比」做法，我則全部以「數位」方式對待。我對著這些靜止不變的有形遺產豎起數位稜鏡，調整角度，觀察光線變化，找出我最喜歡的映像；不僅如此，我不甘獨自欣賞，還邀請一票旁觀者和我一同觀賞。這是一份非署名給我的私人信件，我卻改變了它原本的功能與意圖——我想用這段文字來挑戰其他人的想法、影響他們的情感，就如同我所感受到的一樣。我想拉著他們和我一起與這段文字建立情感連結：和我身處同時代的女士先生們，請容我向各位呈現我外公外婆在一九四五年對彼此的深深愛戀。「真·浪漫」（加上愛心符號）。沒有這份愛，就沒有我，這似乎是一件值得分享的窩心事。儘管我加注說明，我知道某些還在世或者已經離世的人仍可能認為這篇貼文違反道德。詹姆士和伊莉莎白毫無疑問屬於後者。不過不知是幸抑或不幸，他們已不在世，看不到貼文底下的留言，也不需要點觸空心變紅心，增加我的按讚數。

　　外公外婆不曾透過文字、言語或行動，要求這份屬於他們的「愛的證明」必須維持在不得為他人讀取的隱私狀態；這些書信就這麼放在未上鎖、沒有特殊指示的地方，任誰都會猜想他們或許有意無意就是要留給我們的，而我們每個人也都有各自不同的解讀方式。在渴求慰藉與尋求個人意義的動機驅使之下，母親似乎理所當然地認為，家屬本就有權閱讀這些書信。我舅舅的前妻曾經表示，

雖然她仍經常參與我們的家族事務，但有時候，她也不太確定這份親屬關係的合理程度，不確定她是否仍屬於家族核心人物，不知她該不該閱讀這些書信、知曉我外公外婆的親密情感。對於這個隱私問題，母親以「一臉驚愕」規避我的提問，彷彿她是頭一回被問到這種問題似的；對此我並不意外。在涉及這篇家庭故事的種種議題中，「隱私」是最顯見的一環。我原本並不偏重隱私問題，理由是我從小就被大人反覆灌輸「隱私很重要」的觀念，所以不曾懷疑隱私會是個問題；然而，就因為我正好站在心理學、科技與死亡的交會點上，這才投入大量時間思索「數位世界如何影響我們」這個提問。

太陽在資訊時代升起的每一天，象徵「隱私」被扔進數位時代這個炙燙文明坩鍋的日子又多了一天：你我的隱私極限日復一日承受最嚴峻的挑戰。在網路環境中，「隱私」的複雜程度似乎呈現另一種全新狀態，其性質不斷地改變或扭曲，並且總是離不開多方辯論和審查。好幾個世代以來，不論在法律或一般認知上，眾人理所當然地認為，隱私權和其他人權都屬於「自然人」（也就是活人）的權利；一旦嚥下最後一口氣，死者即放棄了隱私權，而他們確實也不再需要它了。隱私權某種程度與自主權有關，既然人都死了，也就談不上什麼「自主」了。但現在，請你不限領域、隨意找幾位專家，讓他們試著就「死人到底有沒有隱私權」給出明確答案。當然，你們可能得先定義何謂「死亡」：是「肉體」抑或「社交」意義上的死亡？就算確立定義，你依然可能得到數種不同的解釋，陳述死者何以擁有或沒有隱私權，而這些答案，全都似是而非。

不管怎麼說，「人死後到底有沒有隱私權」仍是個懸而未解的提問。就現況來說，假如我或我的摯愛離家去打一場現代戰爭，而我倆若想繼續維持美好、動人、熱情洋溢的聯繫，肯定是透過手機、電子郵件、WhatsApp、臉書即時通（Facebook Messenger）等現代通訊方式。由於我對這些工具的隱私設定幾乎等同於最高安全級別的資訊監獄，任何數據皆逃不出這層設定，因此我的最近親屬（next of kin）或至親若想窺看其中一小部分（暫不論何以有此願望或需求），肯定像在地獄堆雪球一樣困難。至於各位對這種情況作何感受，部分條件端看你是「數位移民」（digital immigrant）或「數位原住民」（digital native）而定。[3]

　　不論各位對數位科技有多熟悉，若你的成長年代落在一九八〇中期以前，那麼，你可以把自己想作「數位移民」。我個人亦為此族群的一份子，因此，多少可以憑著熟悉感和強烈的懷舊之情，向各位描述這個族類的概略輪廓：數位移民仍偶爾使用紙本通訊錄，也會依循上一輩的習慣用紙筆寫信；若寄出的信件被蓋上「查無此人」或「無轉寄地址」戳章退回來，就代表我們可能再也找不到這個人了。此外，數位移民知道什麼是「滾筒油印機」，也還記得滾筒滾過紙張、留下黑紫色油墨的潮濕氣味。他們記得在圖書館翻找索引卡的經驗，也記得當廣播一播放喜愛的歌曲時，就要立刻按下卡式錄音機的錄音鍵，並且知道絕不可能在玩「酒吧猜謎」（pub quiz）或桌遊「全民猜謎大挑戰」（Trivial Pursuit）時蒙混過關。還有，他們肯定記得，站在異鄉的公用電話亭裡打電話回家的孤獨感──零錢就快用完，耳邊響起通話即將切斷的警告音，不知下次

何時才能再聽見家人熟悉的聲音。早在復刻版唱機與數位黑膠唱片問世的許多許多年以前，數位移民會去唱片行買真正的黑膠唱片；他們肯定還記得買下人生第一張 CD 或 DVD、望著那象徵太空時代的閃亮光滑盤面時，內心升起的驚奇與悸動。他們會模仿撥號電話的聲音。他們記得等待沖洗相片那段時間的心焦，以及拿到相片後的失望——好不容易盼到照片洗出來，才發現底片過曝、或是不知從哪兒冒出一根手指。數位移民傾向使用相簿或鞋盒（裡頭塞滿一堆褪色且邊緣蜷曲的相片或快照）；這些照片多半和其他紙張雜物混在一起，再加上閣樓高熱滯悶，導致成像日益斑駁模糊。數位移民眼中「具特殊意義的紀念品」泰半屬於易受鼠輩和衣魚青睞的類型，完全不受「檔案損毀」或「主機板掛點」影響。

儘管我可能愈來愈熟悉也愈來愈頻繁使用數位科技，我仍然只是數位時代的闖入者；即使我天天使用 SKYPE 和 FaceTime，然而，卻每每在接通視訊電話時，全身竄過一股興奮與敬畏感。我絕不可能像我的八歲女兒一樣，對這一切泰然自若：在她眼中，數位科技就和早餐桌差不多，都是居家生活的一部分。她從小就以為 WiFi 屬於氧氣分子結構的一環，無所不在，幾乎認定無線網路是維生必需品；不論何時何地，她都能與任何人聯絡，而且立刻就能連上她喜歡的節目，一切任她掌控；如果她想到或想問任何問題，Google、蘋果 Siri 或亞馬遜智慧語音助理 Alexa 都能提供解答。對於這一切，她既不特別感激，也不覺得訝異。

但話說回來，我的女兒生來即無法想像世界可能擁有另一種面貌。她浸淫在數位時代的社交自覺中，要求大人在 Instagram 分

享她拍的照片，或上 eBay 買賣交易；至於我們未獲她同意，就在
YouTube 開影像部落格，透露她的嗜好（譬如她那群小小朋友），
她亦全然無感。不過，或許是因為隱約意識到隱私權的重要，或者
就只是想明確界定「屬於她」的東西，她也和她媽咪一樣，會設定
智慧手機密碼。將來，等她進入青春期、對其所有物擁有完全主控
權的時候，她刻意儲存的記憶與無意間留下的生活軌跡，極可能一
天一天、無窮無盡、卷帙浩繁地歸檔收存，其形式可能都是數位檔
案。假如我女兒現有的數位足跡僅有百分之一保存下來，未來子孫
後代在接觸到這些資料的時候，說不定還會覺得自己其實挺了解她
的，他們將毫無困難、不費吹灰之力就能察知她的個性與人格。我
推測——而且百分之百有信心——未來我女兒家的閣樓，絕對不會
出現裝滿信件的鞋盒；等她告別人世之後，我甚至懷疑，與她同時
代的人還會不會冒出上墳探望的念頭。是說他們何必這麼做？因為
她將永遠停駐在他們掌心中呀。

　　今日的相片濾鏡效果和未經過濾即公開的種種資料，肯定會令
我外公外婆不知所措。從出生到離世，他們生活的年代完全早於數
位文化，就連成為數位移民的機會都不曾擁有，因此，兩人的愛
情故事、書信遺物以及家族成員各自不同的處理方式，乍看之下
與數位時代扯不上半點關係，然而，身分、失落、連結、記憶、控
制、所有權、管理方式和隱私，這些議題仍是相通的。它們與生者
的連結有多深刻，與逝者的關係就有多緊密，並且全部深受數位時
代挑戰與影響。這種影響和挑戰，並非逐步刻意亦非點滴進犯，而
是以位元海嘯之姿驟然來襲，瞬間改變所有與之相關的概念原則。

不論你是數位移民或數位原住民，本書意在督促想敦促各位動腦思考——思考死亡，也思考人生。我在大學時期研讀的存在主義哲學家，或許早已預見這種情形：原來「死亡」——**尤其是**數位時代的死亡——普遍說來是一種難以解釋卻頗為有用的媒介，促使我們思索在漫漫人生中所做的各種抉擇，斟酌哪些才是最重要的，並依此調整我們的作為。

因為如此，這本書也論及人際關係：你和你所愛之人、愛你之人的關係。你們對彼此的意義，雙方如何連結，以及在你或對方過世之後，你希望如何維持這份聯繫；其次，是在你的呼吸化為空氣、[4]肉身化為泥土之後，你希望別人如何記得你以及數位時代如何透過就連短短十年前也想像不到的方式，讓這一切成為可能。此外，鑑於資訊時代已徹底翻轉世人過去對於隱私的期盼與定義，一般人究竟如何決定哪些屬於隱私事務、哪些則可公諸於世，而你在臉書設定勾選的項目，又如何決定你將以何種形象永存他人記憶？還有，你無法決定你的哪些部分能繼續留存世間，一切都是控制個資的個人或勢力說了算，就連能取得這些資訊的人選，也由其掌控。本書還會提到「生死界線」在網路世界已不復存在，因為生死兩方隨時都能在線上相遇、傳播交流；在未來的某一天（應該不會太久），你的幾位知交、最能與你激盪出火花的對談者可能都是死人。最後，就是我們對永生不死的幻想以及數位科技獻上的誘人期盼——也許，只是也許，我們可以開始思考並且找到瞞騙死神的方法。

所以，你想讓你的數位遺產繼續且永遠留在世上，還是希望這

些數位足跡能隨你一塊兒消失，如同海浪抹去沙灘上的腳印一樣？你比較喜歡「數位不朽」的概念，還是傾向一併從物質與科技世界揮手告別？請認真思索再回答。不論你打算怎麼做，一旦做好選擇，請務必仔細**再仔細**閱讀服務條款。

第一章

新至福樂土

　　我已經在廁所躲了大概十分鐘。就算這輩子還有比此刻更尷尬洩氣的經驗，我也不記得是什麼時候了。我才剛完成一場演講，講題與數月前專題研討會的題目一模一樣，而那場演講可說是相當成功：社群媒體方興未艾，因此透過社群媒體哀悼逝者算是某種新興文化，故我也可以說是率先討論這種現象的講者之一。在那場研討會上，學界先進給我的反饋相當好，討論相當熱烈。

　　但今天，完完全全是另一種情況：在座的每一位聽眾看起來不是兩眼發直，就是一臉茫然。許多人要不抱起雙臂抵在胸前，要不就是擺出各種令講者洩氣的肢體語言，是以到了問答時間，全場安靜得就連針掉在地上的聲音都聽得見。顯然是我誤判了。這場講座的聽眾是一般大眾，我怎會錯得如此離譜？我就這麼一頭栽進主題，假設每個人都了解社群媒體的本質和運作方式，但這群人顯然聽不懂我在過去四十分鐘裡，到底講了些什麼。坦白說，這沒什麼好意外的：時為二〇一〇年，三十歲以上民眾使用社群軟體的比例低得不可思議。天哪，我真是白痴。我往滾燙的雙頰潑了些冷水，振作精神，重回藝廊的「星塵座談」（Stardust Symposium）會

場。[5] 聽眾四處閒晃，等候接下來的分組討論；可我仍心煩意亂，遂選了個角落位置坐下，試圖與壁紙融為一體、藉此隱身，但我失敗了。

她從講廳另一頭看見我，旋即迂迴朝我走來。在現場所有數位移民中，她肯定是年紀最長的一位：縷縷白髮如蒲公英裹住臉龐，像英國女王那般勾著手提袋，惟尺寸特大，款式古舊。儘管步履巍顫，身形嬌小，她步步進逼，果斷堅決，顯然有話要說，而我也非常確定她想說什麼。我虛弱地微笑，做好準備面對反對者的抨擊，聽她討伐這些新奇的 WWW（全球資訊網）全是毫無意義的鬼玩意兒。

「你今天講的，全是老掉牙的東西，了無新意。」她的語氣簡潔輕快，「你知道吧？」

「了無新意？」我愣愣應道。我滿腦子以為，她會抱怨這些概念太新穎，聽了不舒服。畢竟臉書四年前才開放讓一般大眾註冊，但現在大家已經會在上頭設置紀念帳號，甚至天天造訪這些「使用中」的個人網頁；世人不僅上臉書哀悼逝者，懷念故人，還經常留言和他們**說話**。我發現，這種人幾乎天天上網留言，語氣稀鬆平常，而且幾乎總是以第二人稱稱呼對方：「真不敢相信，你今年竟然不在我們身邊。天啊，這感覺好糟。寶貝我想你！！」有些人甚至隱約表達自己應該上網留言給逝者，或認為此舉多少有用：「抱歉，我昨天來不及對你說生日快樂。昨天待的地方完全連不上網路。」

不用說，當我和同為研究人員的與會者提起這類現象時，眾人

皆認定「上臉書向逝者傾訴」無疑是確認生者已解決悲傷的最佳方式。他們不盡然必須相信天堂真有「網咖」之類的地方，其中有些人甚至不一定相信有天堂或其他任何形式的死後世界。但不論是無神論者或是有宗教信仰的人，大家在「上網傾訴」這方面倒是意見一致：當你在逝者墳前或生前住過的房間對他們說話，誰知道他們聽不聽得見？若你把想說的話寫在紙上、留在某個地方，又有誰知道他們讀不讀得到？不過，如果你在臉書留言給對方——會喔，他們一定看得到。[6]這種概念怎會了無新意？但這位老太太顯然認為此舉相當「不新奇」，簡直乏味透頂。「你說的事兒就跟太陽一樣古老。」她嘆了口氣，伸進手提袋，撈出一只信封，再把裡頭的照片掏出來遞給我：這疊相片褪色斑駁、邊緣略有磨損，穿著十九世紀晚期服飾的影中人流露濃濃的懷舊氣氛。這些人坐在直背椅上，姿勢僵硬，哀傷與隱忍彷彿刻蝕在他們臉上；在他們身後的輕柔迷霧中，依稀可見透明模糊的臉龐與身影。那是故去親人的幽魂。

「你明白了吧？」她肯定看出來，我什麼也不明白。「我來自『格拉斯哥靈學會』（Glasgow Association of Spiritualists），」她繼續，「這些和你剛才講的，都是同一回事兒。其實，我們一直都能跟逝者交談，他們會找到方法和我們搭上線。」

「這些是靈異照片？」我試探地說。

「沒錯。」她的語氣相當得意。

印象中，接下來她仍繼續說個不停，但我完全不記得她講了些什麼。那一刻，我徹底關閉心門，換上禮貌的笑臉，視線在她肩後游移，尋找可能拯救我或是某位我必須在對方離開前攔下的人。這

位老嫗顯然腦筋不太清楚（上帝保佑她），不全然理解照片中的現象或是我講述的重點。不論她此刻心神迷失何方，我決意向宇宙發出乙太訊息（說不定那些靈魂也透過同樣的途徑現身照片中）：老太太，真心對不起。我不是故意無視您。不是您不了解我的講座內容，而是我不明白**您**在說什麼；不管怎麼樣，您說的都非常有道理。

　　心理學有許多闡釋「悲傷」的理論，其中一派名為「持續連結」（continuing bonds）。[7]未來，我們會在其他章節繼續討論，不過，該理論最基本的重要觀念是：繼續與逝者保持情感連結，是一種再正常不過的現象。若各位覺得這話聽來奇怪或認為這種想法不太健康，那麼，請瞧瞧四周，看看佛洛伊德的幽魂是否出現在您身後的迷霧中——因為，這全是這位早期心理學家對西方思維造成的影響。佛洛伊德認為，我們心中對死亡和悲傷的種種臆斷是可以，或者暫時被轉移的；然而，唯有當各位意識到佛洛伊德對這個主題幾乎是「有說等於沒說」，才會發現世人對「健康地哀悼」這份認知，是何等深刻地受到佛洛伊德影響。佛洛伊德透過論文〈哀悼與抑鬱〉（Mourning and Melancholia）為我們開示解惑，認為這套觀念只是簡單常識：「我認為，」他表示，「透過以下方式呈現哀悼與抑鬱，絲毫不牽強。」他繼續說明，所謂「悲傷之舉」是漸進性的，是「一步步」放手讓「所愛的對象」（也就是逝者）離開的過程。佛洛伊德並未針對細節詳加描述，但我們顯然得先仔細篩檢珍藏心中，與逝者有關的每一條記憶以及因此失去的每一份冀盼，然後才能放開這一件件細瑣小事，一步步穩穩地擺脫痛苦。假

如生者「在心理上延長所愛（逝者）存在的時間」，那麼，按佛洛伊德解釋，我們就無法「獲得自由，不再壓抑」，因此，我們必須逐步「解決」悲傷。[8]

問題是，這份就事論事的陳述聲明，雖頗具權威意義，卻經不起半點細究：不僅無法對應多數人的經驗，甚至無法反映佛洛伊德自己的喪親體驗。儘管缺乏實證經驗，也沒有道聽塗說的坊間佐證支持這套說法，這位大人物對於「應如何適應親友死亡」的通用詮釋本，在其身後的二十世紀仍緊扣世人內心，至少在西方世界是如此。數十年來，只要有人說「我走不出來」、「我很難放下」以及「我還是無法接受」這些話，即有如佛洛伊德的話語迴盪耳際。儘管察覺這套說法有問題的人愈來愈多，與逝者連結特別緊密的西方人仍傾向將自身病態化，同時也遭他人病態化。事實上，他們只是在回應一股與時間同樣古老的衝動——他們珍惜、甚至主動培養與逝者的心理及情感連結。基於無數種理由，他們能在網路環境中覓得這份感受，繼續與逝者保持聯繫。

渴望與逝者保持聯繫的急切心情，似乎一直埋藏在我們心底——通訊科技就是最好的例證。因為早在通訊科技剛嶄露頭角不久，人類便迫不及待把它當作重覓故人的一種手段。回溯一八四〇年代的紐約，年輕的凱特與瑪格麗特・福斯（Kate & Margaret Fox）顯然將其豐沛的想像力和敏銳的戲劇渲染力發揮至極致，令旁人信服她倆能與亡靈溝通。兩人的事業如野火燎原，迅速開展：從初次「接觸亡靈」，到最後坦承這全是精心設計的騙局這段期間，兩人以靈媒之姿盈利數十載，為看似無盡的「與亡靈溝通」需

求提供服務，甚至促成「唯靈主義運動」（Spiritualist movement）在美國蓬勃發展。到了一八八〇年代，假靈媒無所不在，招魂降靈儼然成為當時最流行的詐騙手法。[9] 以福斯姊妹著名的降靈會為例，亡靈「選擇」的顯靈方式是「說話」：猶如奇蹟顯靈的新式電報機持續敲出字母，亡靈叨叨敘訴。雖然我們並不清楚，凱特與瑪格麗特最初是否對這種新型玩意兒感興趣，直接受其啟發，然而隨著電報科技日益普及，世人也愈來愈習慣將電報視為溝通媒介，是以「亡靈透過電報發言」也就愈看愈合理了。

故事還沒完。隨著照相、攝影逐漸普及，修片工具日益發達，好操作又容易取得，靈異照片進一步成為專業靈媒法寶中的標準配備。一八八〇年，某記者前往洛杉磯「卡特夫人照相館」調查取材，得知拍攝通靈照片一次竟然要價三點五美元（卡特夫人保證絕不出錯），令記者大吃一驚；如果客戶要找的亡靈碰巧正在處理另一處靈界事務，暫時走不開，卡特夫人亦請客戶放心，保證靈界會派其他代理者過來。假使當真發生這種情況，靈媒也會收到靈界傳來的訊息，屆時應該會給點折扣，降至每張二點五美元左右。[10]

話說回來，其實也有些人與企業化經營的卡特夫人還有她的市儈客群不同，他們是真心相信科技的力量，認為科技能捕捉亡靈顯像，其中不乏聲名卓著之人——愛迪生即為一例。愛迪生在十九世紀末發明留聲機，並於一九二〇年在《科學美國人》（Scientific American）撰文表示，他希望有一天能發明靈敏度夠強的留聲機，用以擷取逝者之聲。[11] 鑑於當時為「以戰止戰」而引發的第一次世界大戰突然帶走大量年輕生命，這個主意無疑相當誘人。到了

一九八〇年代，亡靈轉而透過熱門影片中那些收訊不良的電視畫面現身（譬如白噪音和閃爍線條）。[12] 然後是二十一世紀的日本：從四面八方遠道而來的人們，紛紛踏進佐佐木格（Itaru Sasaki）設於山丘上的「風之電話亭」，拿起話筒，向故人傾訴思念。

一般而言，尤其是在親友亡故後，我們會湧上一股想尋回故人或與之聯繫的衝動──這稱為「尋索祈願」反射（searching and calling reflex）。佐佐木格的情況即是如此。佐佐木在堂兄過世後，沉重的失落感令他難以承受；出身岩手縣大槌町農村的他，恰巧有一片能俯瞰太平洋的園地，為了滿足與逝者聯繫的渴望，他在園中設置一座白色電話亭，並在亭中放了一具沒有連接電話線的老式黑色轉盤電話機。佐佐木明白，他不需要真的接通線路，因為他的目的並非與生者通話，而是向逝者傾訴。他表示：「我的思念無法透過一般電話線傳送出去，所以我給它取了『風之電話』（風の電話）[13] 這個名字。」將話筒緊貼耳際，凝望玻璃落地窗外的湛藍晴空、在微風中燦爛盛開且五彩繽紛的花朵以及遠方粼粼發光的大海，佐佐木將內心深處的思念與感受，徐徐說給堂兄聽。他相信，海風會將這些話語傳達給對方，而這個念頭也撫慰了他的心。

佐佐木在二〇一〇年造了這座電話亭。翌年，也就是二〇一一年三月，日本發生難以想像的大浩劫：東北大地震引發劇烈海嘯，吞噬沿岸地區，捲走數萬條性命，佐佐木所在的村莊，也有近百分之十的居民不幸殞命。海嘯發生後隔年，不知怎麼著，大槌町有座「風之電話亭」的消息不脛而走，於是，漸漸開始有人造訪他的花園；起初只有零星幾人，後來，穩定增加至數百人，直至今日不曾

間斷。走進電話亭，人們撥動轉盤，輸入被大海沖走的老家電話或是無人接聽的手機號碼，那些都是一度能聯絡父母、丈夫、妻子、兄弟姊妹、親戚朋友的尋常數字。訪者有時獨自前來，有時帶著家人同行；有人只來一次，有人定期造訪。有時，他們不發一語，有時叨叨絮絮，將完整的生活近況悉數說給故人聽。有些人會提出問題，亦誠心獻上祝福；儘管他們曉得，這些問題永遠得不到答案，他們仍殷切提問。這些人雖然來到風之電話亭向故人傾吐，但實際上，他們是在一處逝去所愛永遠不會造訪的地方；每當他們拿起話筒，耳邊除了靜默還是靜默。這裡既沒有熟悉的面孔，也沒有逝去親友的影像，他們仍來使用這具電話。

　　總歸來說，福斯姊妹是騙子，靈異照相師取巧詐財，至於《鬼哭神嚎》（*Poltergeist*）純粹是好萊塢電影特效。造訪大槌町「風之電話亭」的人，他們不一定真心相信自己對逝者傾吐的話語能順利傳達；對這些人來說，亡靈是否真實存在，訊息能不能跨越生死鴻溝都不是重點所在——他們就只是想「相信」而已。在面對這種彷彿難以承受的巨大失落時，即使是最憤世嫉俗的人也願意抓住任何可能機會，試圖再一次感受與逝者不論是實質或情感上的聯繫，而我們也從上上個世紀就開始利用科技來達成這份期盼；因此，至少在「與亡者聯繫」這層意義上，那位來自格拉斯哥靈學會的耄耋老嫗說得一點也沒錯。不過在此同時，若真要說太陽底下沒有新鮮事兒，似乎又不完全是這麼一回事。過去，科技是我們聯繫逝者的一種**方法**，但現在，科技已不僅僅是協助我們接觸故人的媒介——而是他們的棲身之所。

事實上，呈現在我們眼前的，可謂一片「新至福樂土」（Elysium）：[14] 不是某處應許之地，居民亦不僅限於希臘諸神挑選的子民，這裡是我們所有人都能自在享受的天地──但前提是，你得擁有「數位足跡」才行。若你真心希望世人記得你，假如你喜歡「別人在你過世後，依然能感覺到與你的聯繫」這個主意，那麼請務必牢記：數位足跡的「規模」很重要；而且是非常重要。我們馬上就會進入這個主題，不過，且讓我們先仔細思索另一件明顯的事實：截至目前為止，世上還沒出現「數位蛀蟲」這種東西，沒有實體食腐甲蟲穿梭網路，啃食逝者遺留的足跡數據；因此，所有（而且是一大堆）訊息就這麼繼續留在網路上，有時，甚至還能明確辨別其出處（但大多無法判別）。這種情況開始令我們反思，或者將其視為某種巨變的先兆，揭示我們將以截然不同的方式體會死亡，進而改變「祖先」在世俗社會的影響與位置。且聽我道來。

Ω

　　我們總說，西方社會多數擁有「集體否認死亡」的傾向，只消聽聽他們怎麼談論「談論死亡」便可略知一二：以英國人為例，英國的文化是不談論死亡的。在不列顛群島，死亡算是引人忌諱的話題。我曾經上過一個大清早時段的節目。節目開始前，製作人千叮嚀萬交代，要我切記這是「早晨時段」──其實他無須特別提醒，因為當時是清晨五點鐘。節目採現場直播方式，地點在布里斯托博物美術館（Bristol Museum & Art Gallery）。[15] 我們手邊都有一份謹守公認規範的制式推薦稿，文稿言明，我們這個社會不太喜歡討論

臨終和死亡。那位負責開播前置作業的製作人肯定就是這麼想的。雖然主持人打定主意,要在早晨時段安插一小段「死亡展覽」的介紹,製作人仍然擔心,若在觀眾享用每天第一杯咖啡的時候探討「生命有限」這個題目,可能招致反感。「現在是早上。我是說,我們都曉得,這場展覽跟死亡一類的事情有關,」製作人就站在 iPhone 螢幕的巨幅投影畫面前方,螢幕上有根火光搖曳的白蠟燭;「不過,儘量不要把氣氛搞得太沉重。**輕快**一點!」[16]

　　美國人也表示他們不愛思索死亡。藉由良好的醫療照護,培養健康習慣並透過科學提升生活品質,全人類說不定能攜手躲避死亡!專門研究長壽的科學家與追求永生的不朽主義者,終日絞盡腦汁,想端出一套結合遺傳學、生物學和科學技術的改良方法,設法延長人類的壽命,讓人活得健康豐足,或是徹底讓死亡變成非強制選項。[17]在準備向美國出版商提出我這本書的發行企畫時,我的經紀人內心忐忑,擔心這種討論死亡的書籍,在美國市場會是一場硬仗。經紀人問我,能不能換個不那麼**死氣沉沉**的書名?稍微偏重「永生」說不定更契合美國人對長生不老的幻想;然而,任何一位稱職的心理學家都曉得,「規避」猶如火箭燃料,能讓「焦慮」一飛衝天,因此,經紀人的這番話反倒使我進一步思索:避談死亡、以及對死亡的焦慮,何以在美國成為常態,甚至理所當然?不過,我倒是因此有了以下假設:網路生活可能開創一個新時代,使我們再也沒有規避「意識死亡為何物」的奢侈權利。

　　在人類絕大部分的歷史中,死神敲門的日子遠比今日早多了。彼時,生命汙穢、野蠻且短暫,死神伺機撲面來。十七世紀時,英

國人的平均壽命不到四十歲；約百分之十二的孩子還沒過一歲生日就死了；[18] 同一時期，美國新英格蘭移民的情況也只比老家好一點點，畢竟殖民初期折損了不少性命。來到十八世紀後期，工業革命逐步改善機械與工具，促進農業進步，提升糧食產量，營養知識益發精進，人類也過得更健康。潔淨飲水、良好的衛生條件再加上疫苗，讓我們得以降低傳染病的宰制力，隨後出現的抗生素與醫學進展，更使得許多疾病弱化成小小的不適而非致命死刑。人類僅僅花了四百年時間，就讓壽命翻倍延長；[19] 然而，在過去幾個世紀以來，延長性命並不是將死神遠遠推開的唯一理由。

在農業社會時代，若非為了躲避瘟疫饑荒，或為尋覓更合適的土地耕種作物、馴服畜牲或獵捕動物，一般人鮮少遠離自己的出生地。就算你渴望離開、搬得遠遠的，彼時也沒有超高效率的交通工具助你成行。舉例來說，珍·奧斯汀筆下那個只能以馬車代步的英國，一般人大多葬在自己活了一輩子的教區，和親戚鄰居一起長眠於教堂或家族墓地。若你是基督徒（就統計而言，基督或天主教徒在西方世界的比例偏高），每逢週日做完禮拜，你可能會在緊鄰教區座堂的墓地中，走過祖先們的墳墓，且街坊鄰居也都記得他們。但工業革命改變了這一切：人口數與流動率雙雙提高，運輸技術及交通網絡也發展得更精密複雜，將人們從出生地快速送往遠方。工業化之後，都市興起，譬如在十九世紀的前三分之一期間，倫敦的人口足足增加了一倍以上。[20]

從家鄉移居都市的人，死後可能在臨終處就地安息（若空間足夠），而非送回出生地下葬；因此，這些位在都市內、過度擁

擠的埋葬地點，沒多久就變得既不安全也不衛生，容不下所有在大城市往生的人。當時，英國首都新成立的「倫敦公墓公司」（London Cemetery Company）為了解決墓地短缺問題，於一八三二至一八四二年間一口氣造了七座大型維多利亞式公墓：「豪華七墓」（the Magnificent Seven），其中包括美麗的「高門公墓」（Highgate）和時髦的「肯薩爾綠野公墓」（Kensal Green）。[21] 這些都是獨立運作的公墓機構，和隱身在地街區或緊鄰教堂的墓地完全不同；稍晚興建的「布魯克伍德公墓」（Brookwood）甚至還有專屬鐵道，即「墳塚鐵道」（Necropolis Railway），將倫敦往生者的遺體從滑鐵盧車站一路運抵數哩外的最終安息地 —— 綠樹成蔭的郊區「薩里郡」（Surrey）。[22] 美國同樣面臨都會葬地過於擁擠的問題，波士頓約莫也在前述同一時期，找到與倫敦相同的解決方案：「奧本山公墓」（Mount Auburn Cemetery）建於一八三一年，不僅是美國第一座現代鄉村式公墓，也是所有後繼者的樣板 —— 讓生者可以在美麗宜人的自然環境中，探訪逝去的親人。[23]

　　這種新型墓園乃出於實際所需，無疑是解決葬地問題最明智且務實的做法。除了標榜是「緬懷故人」之處，還以愉悅舒適的園地 —— 擺置雕像、規劃野餐草坪、種植成蔭綠樹、鋪設精心修剪的花床、說不定還有天鵝悠游的裝飾池塘 —— 吸引大批生者造訪。然而，不知是有心抑或無意，公墓遂也成為勾勒並區隔生死世界的象徵。不論所愛之人最終安息於遠方都市或者葬在老家附近，儘管日常作息依舊，人們卻愈來愈不常經過故人長眠之地。現代人得特別安排時間掃墓，也不如過去那般輕易就能探望故人；於是，上墳的

頻率逐漸降低,終而成為某種儀式而非日常事務。在此同時,由於傳染病與相關疾病知識日益普及進步,患病者送醫治療而非在家調養的比例亦逐漸增加。基於維護公共衛生的新時代考量,病人過世後,遺體也會迅速移至太平間或設有溫控的殯儀館,交由訓練有素的專人接續處理。此外,法律也逐漸引入多項規定,規範應如何對待遺體,言明哪些可做、哪些不能做。

佛洛伊德在一九一七年寫下〈哀悼與抑鬱〉時,對於如何化解失落的哀傷、與逝者道別,他提倡的是一種線性、階段式的過程。從許多方面來說,佛洛伊德都是他那個時代的產物:針對「哀傷」這個主題,不論他的立場與其個人經驗有多背道而馳,或多或少都呈現了工業革命的價值觀:有效率的功能型社會,眾人目光灼灼,持續邁向更好、更健康、更豐饒富足的生活。生活是屬於「生者」的,至於逝者,就請移駕郊區或鄉間,駐留墓園大門後吧。我們可以把過去兩百年視為生與死(包括實質空間與心理狀態)的一場漫長、漸進的分手過程。但近年情勢丕變,甚至不是任何人刻意為之的結果;這種情況在近十年內愈來愈明顯,顯示人類正置身於充滿致命快感的狂歡派對中,而且還是一場連策劃者都不明所以的驚喜派對。這場派對的確實起始時間不明,但毫無疑問在二〇〇六年一飛沖天:那年,我們開始認真且適切地運用科技,讓逝者留在生者頻繁活動的空間與場所,令其駐足流連。

Ω

《時代》雜誌(*TIME*)從一九二七年導入「年度風雲男性」

（Man of the Year）專題，再於一九九九起年改為「年度風雲人物」（Person of the Year）。[24] 自年度專題成立以來，史上曾多次出現「一群人」而非「個人」獲選的情形：譬如一九五六年的「匈牙利自由鬥士」，或是一九六〇年「美國科學家群像」；二〇〇六年，該雜誌破天荒選出有史以來最大的一群集合體。雜誌封面是今日我們一看就聯想到的蘋果產品灰白色調，桌上型電腦螢幕和帶著優雅淺弧的鍵盤穩坐畫面中央。標題文字簡單扼要地標出二〇〇六年度風雲人物：**你（YOU）**。「對，就是你。你掌握了資訊時代。歡迎來到你的世界。」[25]

眾人大翻白眼，抱怨該雜誌未給予具影響力人物應有的認可，並且很快就玩膩了在推特（Twitter）個人簡歷列上「《時代》雜誌年度風雲人物」的玩笑哏。[26] 不過，就當是後見之明吧，當年（二〇〇六年算是歷史上一個特別的時間點）眾人大肆批評《時代》雜誌選擇「你」作為年度風雲人物為膚淺、耍花招之舉，似乎稍嫌短視，想法也很奇怪。

網路設計師姐希・狄努奇（Darcy DiNucci）在前述事件的若干年前，創造了「網路二・〇」（Web 2.0）一詞，[27] 然而要一直到二〇〇六年，網路二・〇衝擊的深度與廣度，才逐漸顯現出來。網路二・〇無關任何平台或系統，而是一種類別，描述具特定特質或可利用性的網路科技。網路二・〇強調「用戶原創內容」（UGC）、「操作簡單」（即使是阿公阿嬤輩的非科技人也能輕鬆上手）、「互動應用」和「協同合作」。[28] 網路二・〇亦提高網路環境等級，有了網路二・〇，各位就算不是徹頭徹尾的科技腦，不是電

腦資訊碩士，也能輕輕鬆鬆讓全世界聽見你的聲音。二〇〇六年，網路日誌（今稱「部落格」）衝破五千萬大關，然而在一九九九年，全球的部落格卻只有二十三個而已——我再強調一次，不是兩千三百萬唷，而是「**二十三**」。[29] 在二〇〇六這年，YouTube 第一次過生日，臉書和推特也剛誕生不久；這些網路平台雖是初生幼駒，卻如同賽馬寶寶奮力向前衝，是以四年後受封為年度最具影響力人物的不再是「你」或我們每一個人：二〇一〇年，《時代》雜誌選中名列網路世界主要幕後操盤手，也是全球最強、領頭改變遊戲規則的社群網站執行長馬克・祖克柏（Mark Zuckerberg）為年度風雲人物。[30]

這種新網路形態，讓即使是腦子離科技最遠的那群人，也能毫不費力上網發表文字和影像，呈現生活。過去曾有一段時間，就算是經濟富裕的已開發社會也存在所謂「數位隔閡」：有些人坐擁資源和技術，軟硬體兼備，隨時都能輕鬆上網；有些人則全數付之闕如。曾幾何時，這道巨大鴻溝縮減成狹窄縫隙：二〇一六年，全美智慧手機普及率已超過八成。[31] 難怪那些支配我們生活的無形力量，似乎想當然爾地以為人人都會上網，不過，這種情況倒是苦了那些老是愛唱科技反調、反對使用新科技卻又渴望表達個人意見、經營生意、處理瑣碎銀行事務、或純粹只是想隨時掌握最新消息的傢伙。他們內心肯定很掙扎。

話說回來。在網路世界裡，重要的不僅僅是你**做**了什麼，你是**誰**也很重要。一方面我們總喜歡把「躲在網路背後」掛在嘴邊，指責他人陳述不實或蓄意偽裝，認為別人不見得就是他們自己指稱的

那個人，不得全信；然而，另一方面又冒出第二種說法，表示某人如果**沒有**可供查詢的網路身分，網路上找不到此人的任何資訊或資料，那麼，這個人也同樣不可盡信（這種說法十足諷刺，接受的人卻愈來愈多）。[32]「不存在」或「疏於維護」網路身分不只啟人疑竇，也常成為眾矢之的，結果，導致大多數人都感受到某種牽引力，傾向以數位方式並且（或）在網路上儲存、分享並利用我們的資訊。若想在數位時代被視為身分真確合理且值得信賴的人物，似乎也必須承擔某些隨之而來的期望：若身為白領階級專業人士卻沒有 LinkedIn 簡介、經營水電修繕，卻不見半則網路評論或見證、搞音樂但推特無人追蹤、自稱時尚設計師卻生不出半篇 Instagram 貼文、明明寫了好幾本書卻沒有人在亞馬遜回饋寫書評 —— 如此狀況，輕者可能被視為生手，重則引人懷疑。

所以，我們真有如《時代》雜誌所言，掌控資訊時代，抑或資訊時代反過來掌控了我們？當你拖著數位資訊尾巴、一路留下痕跡，接受公開或不易察覺的獎賞（因為你妥善維持網路身分）或懲罰（因為你不認真經營網路身分），一切是否已然本末倒置？既然如此，那我們就來了解一下，各位掌控網路資訊的程度落在哪個等級吧。當然，數位公民的分類方式百百種，且讓我們從「排斥」到「熱愛」設法列出五個等級：隱士（hermits）、實用主義者（pragmatists）、策展人（curators）、不離線份子（always-ons, AO）、線上居民（life-loggers）。[33]

「數位隱士」真心選擇退出網路世界，在自己的數位洞穴裡樂得清幽，屬於日漸稀少的瀕危物種。正在閱讀本書的你，基本上不

太可能是隱士一族，但你可能認識一兩位這種人物。譬如不收發電子郵件，依舊仰賴紙本接收重要資訊的同事；不用手機（只用有線電話）只用膠捲底片拍照的祖輩級人物。他們或許以為自己不會留下絲毫數位足跡，殊不知他處也可能存備這種資訊，即使是最基本的資料（譬如工作經驗或曾經住過的地方）都可能被動地記錄下來。隱士的數位足跡猶如數位小腳趾，帶著最低程度的個人或情感色彩。

至於我口中的「數位實用主義者」，他們的線上足跡比「隱士」深刻，也更加明確，但可能同樣不帶個人色彩。數位實用主義者唯有在處理日常生活瑣事時，才勉為其難地上網或使用數位科技。就算使用頻繁或經常透過社群媒體往來互動，這類人大多採取制式化的方式。他們會上網處理重要瑣事，譬如管理銀行帳戶、查資料、工作、收發電子郵件，但不一定持有智慧手機；就算有，大概也傾向透過簡訊聯絡〔簡訊是各廠牌手機必定內建的 D2D（裝置對裝置）文字通信平台〕，不會選擇 WhatsApp、臉書即時通這類專用通訊軟體。自二〇一一年起，新興通訊軟體使得風靡一時的文字簡訊逐漸式微，但文字簡訊至今仍是全球最普遍的溝通途徑之一，[34] 也是無法取得上網設備時最可靠的選項。不過，這群實用主義者就像其他大多數人一樣，高度傾向使用數位技術拍攝與儲存照片。雖然數位相機近年銷量銳減，[35] 但也只是因為高畫質照相手機快速興起，而非社會大眾回頭擁抱底片機，喜歡把照片洗出來收進相簿所致。若你屬於數位實用主義者一族，你或許也低估了自個兒數位足跡的規模與識別度。

「數位策展人」對數位事務認識較深，因此，在使用習慣方面可能比較警覺或保留。前述實用主義者從事的數位活動，策展人一項不少，但他們進一步觸及網路二・〇技術，與親朋好友共享影音資訊，有時，其分享對象甚至擴及社群媒體上的陌生人，或透過部落格、微型部落格（如 Twitter）與更大範圍的社會大眾分享。數位策展人可能基於專業或個人理由，建立影音部落格（vlog）或 podcast。策展人的數位痕跡比實用主義者更趨向個人化，運用手法也更仔細且謹慎。他們多半會先考量後果再做選擇，也很重視傳統的隱私觀念。數位策展人可能是數位移民，因此，他們並不覺得線上人生、網路二・〇全景環境是不假思索或完全自然的生活方式；但策展人也可能是數位原住民，或是有過隱私遭侵犯這類負面經驗的原住民。數位策展人最害怕「社交情境崩解」（context collapse），[36] 常為此焦慮，因此他們會更謹慎考量潛在觀眾群，據此縝密規劃他們的線上行為與形象。

假如各位不了解「社交情境崩解」是什麼意思，請想像以下情景：你打算在家裡辦一場雞尾酒派對，正在草擬賓客名單。但是，從小跟你一塊兒長大的家鄉老友可能不喜歡你出身大城市的新朋友，反之亦然；你的健身房夥伴可能沒辦法和你讀書會的朋友打成一片，而說不定你的另一半還會跟你老闆或同事起爭執。於是，你很快得到結論，那就是你之所以在日常生活中將這些人區隔開來，其實是有理由的：要想把**每一個人**都請來做客，著實莽撞；原因不只是這群人不見得彼此合得來，而是假如大家都來了，**你該怎麼辦**？

這事關乎你的個人隱私，而且可能跟你心裡想的不太一樣：「隱私」不等於祕密，也不僅限於遠離他人注目，或與之保持距離。人生路上，我們隨時都在調整隱私的定義與範疇，時時刻刻都會根據當下所處環境，細心計算該顯現或隱藏多少自我。每次一碰上新處境，不論有意無意，我們都會評估並做出多重決定──決定敞開自我的程度，決定讓他人接觸到多少最親暱、最內心深處的你。這並不是說你在某些情況下是你，在某些情況下又不是你，而是你擁有多重面貌，並且會在開放與封閉之間時時來回調整移動，尋找最理想的隱私層級以及最合適的社交互動程度。總地來說，這是策展人處理人際關係的一貫策略，而他們也把這種策略從離線生活帶進線上人生。

然而，大部分線上世界（包括社群媒體）活脫脫就是一場社交情境瓦解的派對大亂鬥：雖然少了雞尾酒，與會賓客卻是你能想像得到角色最複雜的一群人──每一個人。一般的「不離線份子」（AO）大多充分意識到這種情況，搞不好這還是他們偏好的情境。這類人很可能都是（但不保證一定是）數位原住民，而數位原住民應付和體會隱私的方式各不相同。根據「網路想像中心」（Imagining the Internet Center）進行的第五次「未來網路趨勢」（Future of Internet）調查，他們對「AO 世代」做了以下描述：來到二〇二〇年左右，這群從小就持續透過網路彼此聯繫、接觸資訊的年輕 AO 世代，預料將成為更機敏、行動更迅捷的多功能處理高手，他們極度倚賴網際網路（網路猶如他們的「體外腦」），而且他們處理問題的方式，也和前人截然不同。[37]

在 AO 世代的朋友名單中，「圈外人」的數目可能比「圈內人」還多，而且經常包括一些未曾打過照面的朋友。對 AO 人來說，雖然只是透過科技來跟網友交流，但他們與網友的親暱程度，和實際面對面相處的好友不相上下。AO 人同樣意識到，必須謹慎呈現自己的網路形象，但他們遠比數位策展人更傾向利用網路記錄生活，也喜歡透過多種平台和更多人分享這些紀錄。至於「數位足跡可能永久保存、不會消失」這回事，他們也許想過、也許沒想過，因為 AO 人大多屬於數位原住民，或許還不曾認真想過這類問題。年輕人通常比較不常意識到「人生有限，生命終有時」這件事。

最後，就是「線上居民」這個等級了。這群日誌寫手執意且盡可能透過網路記錄人生所有大小事。照字面上延伸解釋，「線上居民」相當於「鉅細彌遺記錄人生」，包括錄下人生的每一分鐘和每一次交流；這項概念不僅喧噪一時，也因為種種可穿戴的小工具而得以成真。約莫在二〇一三年左右，全球吹起一股「生活記錄風」：迷你相機「生活記錄器」（如 Narrative clip 和 Autographor）大行其道，當然還少不了「Google 眼鏡」。這些裝置應允我們一個能記錄人生所有片刻的未來，不僅能留給子孫後代，也能即時與全世界分享人生。[38] 順帶一提，以上這段話源自二〇一六年 BBC 的一段新聞報導，報導主題為前款生活記錄器製造商 Narrative（前身為 Memoto）的興衰史，同時，還提到 Autographor 也在不久前倒閉收攤；這些企業最終以失敗收場，或多或少和隱私權及使用同意權有關。也許有不少人相當享受這類裝

置帶來的便利，但這類裝置記錄的不僅僅是**使用者**的生活，也記載了與之互動或萍水相逢的其他人的人生。

「記錄人生」之所以令某些人躍躍欲試，背後動機百百種：有人怕自己記不住事兒，有人則是自我陶醉或多疑妄想，當然也可能出於藝術創作、學術研究，或單純只是想留給後代一些生活紀錄罷了。戴夫・艾格斯（Dave Eggers）的小說《揭祕風暴》（*The Circle*）[39] 即描述一個透過記錄與分享生活所創造的反烏托邦社會；爾後 Netflix 又將小說翻拍成電影《直播風暴》〔湯姆・漢克斯（Tom Hanks）與艾瑪・華森（Emma Watson）主演〕，進一步提高書中描述的可能性，教人心惶不安。不論你讀原著小說也好，看線上電影也罷，應該都能體會「全面記錄人生」至今何以（還）未能全面起飛、所向披靡的箇中緣由。[40]

各位屬於哪個等級？假如你是數位策展人、不離線份子或線上居民，請明白你的肉體總有一天將化為無形、歸於平靜，不是隨風飄散，就是封進骨灰罈或關在墓園柵門裡；但你極有可能仍將保有某種可見、能發聲甚至才思敏捷的「死後實質自我」。此刻，你涉入網路世界的程度愈深刻頻繁（不論是出於選擇、情不自禁或被迫參與），你的數位足跡在你死後造成的潛在影響程度就愈大。除此之外，誠如各位現在已經了解到的，你的數位足跡其實和實際足跡極為相似：不僅結構異常複雜，還有許多可移動變換的部分；若詳加拆解、研究得深刻徹底，各位搞不好還能成為「數位足科醫師」呢。我先把幾項可能影響死後「數位遺體」（digital remains）的重要項目列出來：數位資產（assets），數位自傳（autobiography），

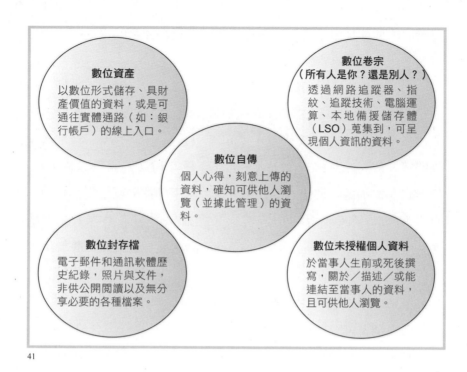

未授權的數位個資（unauthorised biography），數位封存檔（archives）及其他數位卷宗（dossiers）。

Ω

「數位資產」的概念尚處於嬰兒階段，也幾乎是全球每一位遺產規劃師、遺囑認證律師和遺囑執行人難以擺脫的障礙；就算是已盡力跟上數位時代的佼佼者，亦為之苦惱。傳統法律一套用在數位平台上，就顯得綁手綁腳，宛如笨重的鐵鍊鉛球，將大夥兒直直往下拽。以英國來說，驗證某物是否屬於可透過遺囑執行的「資產或

遺產」通常具備兩道關卡：其一，該物是否具有實體（有形）？其二，是否具有價值？數位移民對「資產」或「遺產」的觀念大多如此，瓊安・貝克韋爾（Joan Bakewell）也不例外。我在貝克韋爾夫人主持的廣播節目中首度接觸這位工黨出身的男爵夫人、記者兼資深節目主持人。她曾經在 BBC 節目現場對專家小組這麼說：「我必須請各位解釋一下『數位資產』這個題目到底有多重要。我是老一代的人，我對『資產』的定義，就是傢俱呀、書呀、相片呀，這類**摸得到**的東西。但此刻，我們討論的一切都在網路空間裡呀。」片刻之後，她又加碼提出第二道試驗：瓊安夫人使用臉書，甚至也有推特帳號，不過，對於她存放在這兩座平台上的資料或素材，夫人認為並不屬於有價資產；「我倒是有點希望這些資料會自動消失呢。」她表示。「那些東西當真屬於我這個世代嗎？…就我所知，『資產』代表『**價值**』。」[42]

　　我明白她有多懷疑數位資產的「價值」，因為製作人已先一步告訴我，瓊安夫人起初壓根不信「數位遺產」這個主題能撐完四十五分鐘；然而事後證明，僅僅四十五分鐘，根本不夠讓詹姆斯・諾里斯（James Norris）── 英國「數位遺產協會」（Digital Legacy Association）[43] 創始人 ── 詳盡且完整列出所有數位遺產。為求簡單扼要，諾里斯將數位資產分成兩大類：第一類主要是具有金融價值的數位資料。對於這類資料，我們握有的可能只是使用權利，而非完整持有 ── 譬如：透過第三方平台購得的電子書、音樂或影片「使用權」；隨著使用者亡故，這份權利也約滿失效。另一方面，原創文稿、譜寫樂曲、藝術及攝影影像等等以數位方式儲存

或發行的智慧財產，其所有權較為明確，也更適用於相關法規。換言之，除非各位在遺囑中另有指示，否則這些數位遺產的控制權，將全數轉移給你最近的親屬或繼承人。聽起來還滿簡單的，是吧？

　　不過，若是再深入探討前述兩大範疇，你很快就會發現，這一切宛如迷宮，教人摸不著頭緒。諾里斯好像還想把情況搞得更複雜，因為在他指稱的另一類數位資產中，竟然涵蓋「涉及情感、屬於個人或私人」的資料。就個人經驗而言，這些資料有價值，亦可觸及，但若從現有法律考量，它們並不屬於資產。此外，「分類」還只是這個問題的一部分，另一部分，是這些資訊的「量」實在太多太大了。打個比方讓各位體會一下：請上網並輸入一連串關鍵字（譬如「數位遺產」或「數位資產」）。注意喔，你在執行這個步驟的時候，整段搜尋過程，極可能遭到追蹤，於是，畫面很快就會出現「遺產規劃」相關廣告（這部分我們稍後再談），同時跳出許多輔助小工具。眼下我們只看其中一項就好：就選「盤點數位遺產」這張工作表吧。[44]

　　這份工作表的表頭相當簡單：第一類是「電子裝置」，舉凡智慧手機、平板、筆電、桌上型電腦、外接式硬碟都屬於這一類。表格預設五列，讓你填入裝置名稱、使用者名稱和密碼。我在心裡盤算了一下我家所有電子裝置以及我的管理使用方式，即刻意識到，如果我要把這份表單印出來，不僅需要新增一倍以上的行列數，還得囤積大量橡皮擦，因應不斷改變重設的密碼（各位或許會問，我幹嘛準備橡皮擦？理由是：假如我的繼承人要處理我以數位方式儲存的數位文件，勢必得先通過層層密碼驗證，才可能取得）。從這

裡開始，表單上的類別迅速增加，名目不僅限於技術類且具金融價值的資產；有些只是管理這類資產的數位**入口**，有些則進一步涉及能代表或描述個人的資訊（影音、錄音或他人可透過社群媒體及其他線上途徑取得的可見素材）；有些資料和你的數位封存檔有關（非刻意留存，你也無意分享的自傳性質資料，包括電子郵件、簡訊紀錄，或存在電子裝置內的照片及文件），還有一些根本沒必要**傳**給後代，只消關掉功能即可的帳戶，譬如：線上訂閱《華盛頓郵報》這一類。

我非常樂意與各位打個賭：這份「數位遺產盤點工作表」所列的數位資產，有些對你來說淺顯易懂，有些你大概連想都沒想過——這些資料竟然會在你過世後，令其他人大感頭痛？譬如：紅利累積帳戶（累積飛行或其他旅行里程數、飯店回饋方案、不同店家的會員點數等），電子信箱帳號（新的舊的、私人或工作用的），各種金融帳號（除了銀行帳戶，還有信用卡、共同基金、社會保險、個人退休帳戶、勞工退休帳戶、PayPal 等）、網路商店帳號〔譬如：亞馬遜、沃瑪超市（WalMart）、好市多、eBay〕以及各種組織、慈善機構的會員資格。此外，還有 Spotify、iTunes、Snapfish、Instagram、Flickr 等影音或相片帳戶，以及電子報、雜誌、部落格等訂閱帳戶。你的每一個社群媒體帳號，也同樣跑不掉：臉書、推特、Pinterest、LinkedIn，還有你在 YouTube 和 Vimeo 的影音帳戶。你的虛擬貨幣帳戶〔譬如：比特幣（Bitcoin）〕應該能變現，而你留在虛擬世界「第二人生」（Second Life）及「魔獸世界」（World of Warcraft）的物資法寶，可能也還有點價值。然

後你存在 Dropbox、Google 硬碟、蘋果 iCloud 及其他雲端儲存端的所有文件呢？最後，可別忘了你自己架設的網站，還有名稱專屬於你的網域空間。

我發現，這份清單其實還漏了好些項目，譬如：手機應用程式密碼（廣受歡迎的通訊軟體 WhatsApp 等）。一想到要在這些表格填上密碼，我心頭猛地一縮，突然意識到，這份表單得以順利運作的假設前提：我必須同意且樂意讓我的繼承人或遺囑執行人開啟我的**每一封**電子郵件，查閱通訊軟體內的**每一條**訊息，瀏覽我的**所有**個人文件才行；即便只是基於純粹務實的理由，我必須願意讓其他人在線上**扮演我**（至少暫時）；我必須百分之百相信，未來只有那個**對的人**才會在適當時機（我死後）取得這些文件。我必須假設，這些值得信賴的對象來得及在臉書、iTune 或 Yahoo! 等網路平台得知我本人死亡之前，在這類網站按其服務條款，輕則強制關閉帳號，重則刪除帳號之前，順利登入我的個人帳戶。而我還得假設自己應該不會經常變更密碼，就算常常變更，我也會認真且有條理地隨時更新紀錄表。

就統計學來看，我們大多數人都不是這樣做事的。保守估計，世上只有不到一半的成年人預立遺囑；[45] 在這群人之中，各位認為又有多少人會將數位資產納入考量，對其管理及分配做了安排規劃？話說回來，既然我們身處在這個急速變動的世界裡，我們倒是可以放膽假設一件事：以上這份本身已潛藏各種假設性問題的資產清單（即上述的數位遺產列表）可能**未盡**完善。

就拿「亞當」來說吧。[46] 他和絕大多數人一樣，從來不曾徹底

盤點他的數位資產，也不曾把所有帳密資料全部列出來。有一天，亞當突然腦溢血、昏倒在樓梯上，這一串不幸事件，最後使他丟了性命；由於他家大門沒鎖，事發狀況不明，警方判定，這可能是一樁犯罪案件，當下自然扣留了他的手機。亞當的女兒「金姆」此時正好出門度假，突然接到朋友馬丁的電話。馬丁不曾見過金姆的父親，卻透過社群媒體複雜的轉發機制，得知她家出事了。「雖然我很不喜歡臉書，也不覺得它對人有幫助，」金姆表示，「結果，臉書竟然是我們得知這項消息的唯一途徑。」多虧了臉書的多重朋友圈設定，金姆得以在父親離世前，趕來見他最後一面。

　　金姆是遺囑認證的合法繼承人，照理說有權也應負責處理亞當的資產。起初，這一切看似簡單，直截了當，所有傳統事務都很好處理，例如稅務、銀行帳戶、水電瓦斯扣款帳戶等。接下來，就輪到數位部分了。「數位遺產協會」的諾里斯表示，曾經有人請葬儀社協助「解鎖」（因已故親人的智慧手機必須透過指紋解鎖），這種軼聞他本人就聽過好幾次；後來，我和巴斯大學「死亡及社會研究中心」（Centre for Death and Society, CDAS）的約翰・托耶博士（John Troyer）聊起這件事，他認為，這招應該不太可能成功。[47]指紋辨識仰賴「電容感應」技術，也就是利用「皮膚產生的電流」來解鎖（但唯有活人才能產生電流）。總而言之，亞當的手機沒有這方面的問題：他根本沒鎖。「我可以登入他的所有帳戶。」金姆說。「我拿著他的 iPhone，登入他的蘋果帳戶、亞馬遜帳戶，每個帳戶我都能順利登入後台。而我之所以能登入他的每一個帳戶，是因為我能登入 Gmail —— 而我甚至還能透過 Gmail 重設所有帳號密

碼。」接下來的狀況就複雜了。亞當生前經營賣書生意，並且全部透過網路交易，使用的平台包括 eBay、亞馬遜及其他幾個專營書籍買賣的網站。

「父親過世後，」金姆說，「網站持續有訂單進來。我們查書找書，設法滿足客戶需求，因為這似乎就是我們該做的事，而且，這也比取消訂單好處理多了。」然而，金姆無意繼續亞當的書販生意，她想把帳戶關掉。於是，她把未售出的書籍全數下架，留下空蕩蕩的店面；不這麼做的話，訂單還會繼續進來，最後即可能因為無法完成交易而收到負評。「假如有人寫了不公正的評論、而我父親又完全無法控制，這樣多少會破壞他留下的回憶。」金姆表示。Gmail 讓她能輕易登入並清空亞當的線上存貨，她很開心，不過，這樣還不夠；「我想把他的店面關掉。我不知道，但我就是想這樣做。這應該很合理吧？畢竟這些店面已經沒有存在的必要了。」為了完成這項任務，她必須聯絡各平台的負責窗口，她也確實這麼做了，而且是一而再、再而三地持續聯絡。

「我打電話過去，對方告訴我應該這樣做。我再打電話過去，他們又告訴我應該那樣做……我花了好幾個好幾個好幾個禮拜在打電話。我登入、然後關閉他的 LinkedIn 帳戶，卻沒辦法完全關掉，因為 LinkedIn 還是會寄提醒郵件給他。我再打去 LinkedIn，對方回我，哦？可是這個帳戶已經關閉啦，但實際上卻不是這麼回事。亞馬遜和 eBay 也一樣。要不是我能取得這些細節、登入我爸的信箱，他們怎麼可能跟我說上話？而我甚至不能使用賣家協助專線。因為，除非你是賣家本人，否則你不能打這支電話。所以，要想移

除一個人的數位軌跡，看起來相當困難呀。」金姆拿起她的手機，在螢幕鍵盤上敲了幾下，然後把螢幕轉向我。她給我看的是亞當空空如也的網路店面。「看吧？」她說，「店面還在。」

「等等，你到底花了多久時間處理這件事？」我問。「令尊過世多久了？」

「到現在一年半了。」她答。

Ω

各位的「數位自傳」可能不像亞當的線上書店或其他數位資產一樣，具有金融價值；但也不是毫無例外。誰曉得哪天你的資產管理人會不會一時興起，整理你的部落格貼文，轉手將它變成洗榜暢銷書？不過，就一般而言，各位可以把「數位自傳」想成你在網路上「刻意向視聽者公開」的資料，內容則與你或你的生活有關。目前，多數社群媒體和線上出版論壇累積的貼文，大致可分成以下幾類：語音或書面，文字或影音，原創素材或連結至他人貼文。不論你屬於直接上傳不修飾一族，或是悉心選擇素材的數位策展人，或如線上居民不間斷更新內容，或傾向當個特別活躍的不離線份子，對於如何呈現自己、如何編輯自己的數位自傳，你都擁有相當程度的創造與控制權。這個形象代表了你，也是你希望展現在世人面前的模樣。透過與他人交談或按讚，你和其他人持續且共同建構你的數位自傳，而你及其他每一個人的日常面貌，也會透過這些人際關係脈絡顯現出來。傳統的訃聞或悼文一向由他人撰寫傳述，很容易就把當事人描述得更好、更差或者完全不同，當事人根本無能為

力；但是，當事人死後仍繼續存在的線上寫照，可就完全不同了。這副數位遺體讓其他人很難控制當事人留在眾人記憶中的模樣，逝者對於自己留在線上的形象與身影，仍持續保有控制權；而這份形象可能栩栩如生、豐富多彩，或許實際上不值幾個錢，不過，對許多人來說卻是無價之寶——尤其是在這個少有人沖洗照片，亦鮮少將字句寫在紙上的數位時代，更是如此。

二〇一四年，一椿駭人事件導致尼克・賈薩德（Nick Gazzard）失去愛女荷莉（Hollie）（事件始末稍後再述）。尼克告訴我，女兒的臉友大概七百多人，這在當年可是相當不得了的數字。荷莉出事時，本身仍是社群媒體新人的尼克，沒看過她的個人檔案；女兒過世後，他找到她的臉書個人帳號，並且發現令他感動得無以復加的各種紀錄。「那就是她留下的遺產，」尼克說，「那就是她。如果我想多了解一點荷莉的事，我會上網去看她的臉書。以前我不知道可以這樣做，因為我沒用臉書，但是，在這一切發生之後，我申請帳號，也連過去瞧了瞧…全部都在那裡，荷莉的人生。彷彿荷莉正親口告訴我，『這些就是我一直在做的事、我的生活』。一些我完全不曉得、而她也只跟別人說的事情，一些她和別人一同歡笑分享的回憶…總之，臉書讓我看見荷莉不一樣的面貌。我能看見…喜悅。荷莉的喜悅。」

臉書等社群平台逐漸成為這類具自傳或傳記功能的網站，成因不難理解：早在二〇〇七年，臉書便容許用戶以某種形式懷念故人，承諾他們會保留往生者的帳號和網頁，供人緬懷悼念。起初，這項功能只是為了讓用戶關注近期發生的事件；二〇一一年，臉書

決定擴展使用範圍，推出新的時間軸設計，明確將臉書定義為「自傳編撰工具」，使其成為一處能分享與儲存個人自出生到死亡，一輩子人生故事的地方。[48] 二〇一五年，臉書再導入新功能，讓用戶能指定由誰來管理他們死後的個人帳號。臉書也為這項功能取了一個頗具意義的名稱：「紀念帳號代理人」（Legacy Contact, LC）。[49]

對我們許多人來說，使用社群媒體是為了「生活」，絕大多數的人較少考慮到死亡或遺產方面的事。不過，若你屬於**已經**對數位遺產有所認知的族群，除非你時時關注服務條款的進化演變，並依此規劃處理數位遺產，否則，你大概會發現自己錯判了數位自傳資料的壽命和韌性。若你的個人臉書記載你完整的人生歷史，以及從十六歲起至今拍攝的所有重要照片，而你也百分之百確定，你的臉書個人帳號能原封不動地永遠保存下去，讓眾親朋好友及子孫後代記得你、懷念你，唔，那咱們姑且這麼說吧：本書接下來還會提到好幾則故事，而這些故事，應該會督促你重新且反覆檢查臉書的一般服務條款，尤其是你的個人帳號設定。

$$\Omega$$

想像一下：你的個資與公眾形象，完全掌控在你手中 —— 感覺確實美妙，然而，你選擇上傳的生平簡介及資料，可能不是唯一在網路世界浮沉且與你有關的數位資訊。你最近是否 Google 過自己？或許你該試試，因為，你可能會搜尋到來自四面八方，源源不絕的各種資料。除非，你本身是各方寫手競相報導的媒體寵兒（而且內容也還算可靠），否則，你搜尋到的這些「非授權個人資

料」，多半都是**拼拼湊湊**的零星片段，而非連貫有條理的敘事內容。對於這些搜尋結果，我猜，你可能會覺得有些還好，有些則使你起戒心。你可能會發現一些不甚精確或不符合時空背景的描述，或是一些即使精確但你完全不想或者沒料到會公諸於世的個人事蹟。你可能大吃一驚，因為有些事你壓根忘了，又或者你不曾意識到，這些資訊在事發當時，就已經被記錄下來。另外，還有一些是看似與你有關，實際上卻是別人的事。你說不定還會發現，自己竟然已經死了，而且是四年前就死了〔這碰巧是瑞秋・阿布拉姆斯（Rachel Abrams）的親身經歷〕。

不論這筆帳起先最初應該算在電腦演算或人為失誤上，抑或兩者都得負責，總之這個小失誤如漣漪持續擴大，最後，演變成「活著」的事實，竟然給瑞秋惹來極大的麻煩。瑞秋在二〇一七年十二月《紐約時報》撰文描述，她竭盡所能想說服 Google，「稱我已死，」──她借用馬克・吐溫（Mark Twin）的名言──「似乎有誇大之嫌。」[50]「許多人都想移除網路上和他們有關的負面或不實資訊，」她寫道，「而且，也有非常多公司提供這類服務。但這些錯誤資訊，大多出現在 Google 以外的其他網站，而 Google 則不太把這個問題當一回事。」[51]

非授權個資還有另一處來源，那就是別人在你死後所撰寫，關於你的種種事蹟，這也構成你數位遺產的一部分。某些人可能會在你還未刪除帳號的社群媒體平台上發文，和眾人分享他們對你的深深思念；他們也可能造訪「環球墓園」（World Wide Cemetery）（目前最長壽的網路墓園）[52] 這類線上紀念網，寫下辭藻優美的訃

告；或是在禮儀公司的線上賓客簿留言懷念。他們可能剪輯紀念影片，上傳到 YouTube 或 Vimeo 這類網站，甚至，自己架設網站來緬懷你的一生。這些舉動雖然貼心且立意良善，但不幸的是，有些時候確實也令人不快。讓我們繼續看下去。

Ω

「數位封存檔」一詞，可泛指所有各種各類的彙整資料；不過，就本書的主旨與應用類別而言，數位封存檔不同於前面提到的自傳或具傳記性質，也和網路上對一般閱聽者公開的資料不一樣。數位封存檔屬於「幕後」且不公開的個人資料，諸如電子郵件、簡訊內容、通訊軟體對話紀錄、儲存在個人裝置或有密碼保護的雲端伺服器內的文件與影像等。儘管我們也可能和他人分享這些資料（特別是我們主動傳播的對象），但是，這些終歸是私人而非公開資料。這些資料有的內容乏味或涉及行政，有些非屬個人，有的又暴露太多個人隱私；然而，不論其性質如何，當事人本就無意散布，或甚至與當事人傾向展現的公眾形象徹底衝突。不論你自認像一本打開的書無意掩飾，或傾向當機立斷，迅速重設檔案密碼或通關暗號，我猜，各位心裡應該都會有一絲絲猶豫，懷疑你的繼承人可能會在你死後讀到封存檔內的**所有內容**。不過，應該不會發生這種事吧。會嗎？

世界剛步入第三個千禧年時，出身美國密西根州的少年賈斯汀・艾斯沃斯（Justin Ellsworth）申請了 Yahoo! 的電子信箱。建立帳戶時，他做了一個大多數人都非常熟悉的制式動作：勾選幾個小

方格，表示申請人接受相關服務條款。統計指出，近四分之三的人根本沒讀半個字，就直接在小方格裡打勾；[53] 如果賈斯汀碰巧屬於其餘那一絲不苟、認真仔細的百分之二十七，那麼他肯定會讀到：這個帳戶是不可轉移的。在他死後，一旦 Yahoo! 確定他已身故，他在該平台的帳號與電子郵件內容將立即刪除，不會交給其他任何人。不過，也許賈斯汀根本不擔心這件事，他年紀輕輕、身強體壯，而年輕力壯的少年郎，總以為自己還會活很久。總而言之，服務條款列出的條款字字確鑿，也有法律約束力，因此，賈斯汀沒道理不相信 Yahoo! 在他死後會遵守諾言，依約處理。結果卻不是這麼一回事。

賈斯汀・艾斯沃斯英年早逝。他投身海軍，派往伊拉克，於二〇〇四年遭路邊炸彈襲擊，客死法魯加（Fallujah）。在世人記憶中，賈斯汀不僅是「為國捐軀的阿兵哥」，還是數位時代首次挑戰死後隱私權的重要判例。賈斯汀未婚，沒有孩子，也沒立過遺囑，所以，他的父親約翰順理成章成為遺產代理人。賈斯汀不曾向父親透露 Yahoo! 帳號密碼，但約翰執意取得賈斯汀的帳戶內容，理由不明。媒體將這件事描述為父親基於情感因素，想整理兒子在伊拉克的生活，製成剪貼簿；而約翰本人卻表示，賈斯汀把重要的金融資訊都存在電子信箱裡，他必須取得這些資料，才能妥善分配管理約翰的資產。Yahoo! 不同意約翰・艾斯沃斯的主張，認為賈斯汀已簽署同意服務規範，如果約翰想登入賈斯汀的帳戶，那就只有上法院一途。於是，約翰就這麼做了。[54]

網路平台之所以設立帳號不可轉移、保護登入細節資料等相關

規定，目的就是為了防止帳戶遭人冒用。服務供應商多半與「個人」用戶簽約，且單一電子郵件帳戶的權利與權限，不能為「一群人」所共享。再者，美國聯邦政府立有一項重要的《電子通訊隱私法》（*Electronic Communications Privacy Act*），[55] 該法案即是 Yahoo! 聲明帳戶不可轉移、用戶死後即銷毀資料的法源基礎；因此，法院最初並未准許約翰取得兒子的帳戶資料，這點不令人意外。

然而接下來的發展就出人意料了。賈斯汀的親人決定上訴，法院竟然讓步了；雖然，法院仍拒絕讓遺產代理人直接取得資料，卻做出幾乎等同於「直接取得」的裁決——至少，從賈斯汀的隱私權來看，情況確實如此。法院要求 Yahoo! 下載賈斯汀帳號內，所有受密碼保護的內容（照片、文件、電子郵件等），轉為可讀取的格式，並傳送給他父親。沒多久，約翰收到三個大型收納箱與一張包含近萬份資料的唯讀光碟片。[56] 不用說，這些檔案大多不適用於呈現賈斯汀在伊拉克渡過的短暫光陰，也和他的金融資產無關。事實上，絕大部分電子郵件寄件人或收件人，約翰一個也不認識；然而，他們和他兒子的通信內容，此刻卻成了可任意閱讀的資訊。我們的電子郵件帳戶，其實就像所有和我們有關、明確可見的線上資料一樣，也屬於「社交情境崩解」的一環。

法官對艾斯沃斯一案的判決仍具爭議，而我們大概永遠都不可能確知，最後說服法官要求 Yahoo! 將賈斯汀的電子郵件交給他父親的關鍵理由究竟為何。在亞特蘭大執業，專攻遺囑、信託與遺產管理的前法律教授蕾貝卡・康明斯（Rebecca Cummings）就表示，

艾斯沃斯一案足以寫成論文，辨明這項判決根本不該成立。[57] 她寫道，儘管遺產代理人可能提出各種主張並宣稱其合理性，但「沒有一項主張具有足夠的說服力，足以凌駕當事人（賈斯汀）透過合法程序所表達的意圖或憑以授予其代理人預設權限 [58]…使其取得受密碼保護的電子郵件」。[59] 若賈斯汀‧艾斯沃斯地下有知，大概也不會太開心吧。那麼你呢？你又有多心甘情願將密碼填進前述那張工作表，讓你的遺囑執行人、繼承人或其他任何人不受約束，完整讀取你無意公開的數位檔案資料？

Ω

截至目前為止，本書已約略提及我們所知的多種數位足跡；即使我們並未充分意識到，這些資料仍有可能成為數位遺產的一部分。至於最後，這項「數位卷宗」則完完全全是另外一回事。儘管現代人對「線上監視技術」的警覺心愈來愈高，然而，在我們暢遊網際網路之際，仍舊很難意識到，我們被默默觀看與追蹤的程度究竟有多深多廣。誠如我們天天都在離線的真實世界中落下無數皮屑，我們也會在數位世界中留下無數數位片段，且同樣無心亦不可避免。若你認為，網路追蹤器（coockies）、電腦運算、指紋記錄及追蹤技術無法精確描繪你的個人形象，那麼，你跟我顯然在這方面有完全不同的體會。

有一天，我盤算著我實在需要買雙新靴子了。我設想的是某種萬用皮靴，黑色，長度及膝。儘管我從未對任何人提及此事，也還沒正式上網搜尋，卻突然遭到一堆廣告炸彈襲擊──而且，恰恰就

是我想要的那種及膝長靴。這太超過了。我上臉書抱怨，描述來龍去脈，結果，這篇貼文毫不意外地引來更多靴子廣告。說不定就是因為我長期使用 Google 搜尋，導致我的需求變得格外好預測。《生活駭客》網站（Lifehacker）有篇文章寫道：「這個搜尋巨人的拿手絕活就是追蹤，然後再透過電腦運算預測你的需求。」[60] 顯然如此。

然而，監視你的不只 Google。每一次你在臉書按讚、在某處打卡，或點選社群媒體的推薦連結到其他網站購物，你同時也餵給第三方大量重要個資。假如，你的用戶設定有某些選項是開啟的或預設為非關閉，那麼，你的智慧手機或智慧手錶將時時刻刻在你不知不覺的情況下，無形地記錄甚至散布各式各樣的個人資料。就算你並未動手打卡，但手機應用程式仍有可能透過照相功能確認你的位置。[61] 好些年前，英國的科技線記者傑夫・懷特（Geoff White）和資安研究員葛倫・威金森（Glenn Wilkinson）就利用互動舞台秀《手機的祕密生活》（*The Secret Life of Your Moblie Phone*）提醒全英視聽者，同時也證明了這個論點。[62] 各位不妨點開他們拍攝的紀錄短片（應該不難找到），觀察這位倒楣的自願者，在聽聞傑夫和葛倫說出她最近曾造訪阿姆斯特丹的哪幾家咖啡館時，她臉上有什麼表情。

各位或許以為，這類資訊對於在世者不具有任何意義；那麼，就讓我們單單考慮一項固定會被追蹤的行為好了：搜尋紀錄（當然，這項設計的初衷是為了讓你更方便搜尋、更有效率地瀏覽搜尋結果）也就是你上網查資料時所輸入的少少幾個關鍵字。沒搞錯

吧？關鍵字到底有多「私人」，能證明出什麼名堂？二〇〇六年，超過六十五萬名美國線上（AOL）用戶個資外洩：洩露給一般社會大眾，而非該公司原本設定的學術研究對象。[63] 雖然，一小部分搜尋歷史或許不會洩露太多特別資訊，然而，在累積一段時間以後，一連串搜尋紀錄即可能暴露一個人的思路、內心掙扎與陰影。這些都是無心造就，卻極為深刻的個人心理傳記資料，而且是我們每一個人在不知情的默許狀況下，親自動手寫下來的。

《我愛阿拉斯加》（*I Love Alaska*），這部由勒內特·伊恩格柏（Lernert Engelberts）與桑德·普拉克（Sander Plug）於二〇〇九年共同推出的紀錄片，[64] 無疑是描述上述情況的最佳例證。《我愛阿拉斯加》由一位美國線上用戶遭洩露的搜尋紀錄貫串全片：在荒涼疏離的北方大地景象中，一位操美國南方口音的女子，徐徐唸出用戶「711391」整整三個月的搜尋史，展開一段動人卻心碎的有聲小說故事。這部電影的宣傳短片由十三部微電影組成，介紹這是一部揭露「內心充滿矛盾，夢想擺脫肥胖、性事挫折、皮膚問題的家庭主婦，渴望逃離德州火燒似的酷熱，遠走阿拉斯加」的故事。[65]

儘管，故事從頭到尾未揭露主角姓名，但我們都知道，她是一名中年已婚、子宮切除的休士頓婦女；體重控制令她苦惱，而她也懷疑自己是否失去性欲。在使用搜尋引擎時，「711391」的風格與措詞，使她的搜尋史不再只是一堆乏味字詞，而是進入了史詩級領域；搜尋紀錄的排列方式也反映使用者的內心活動。二〇〇六年四月二十一日星期五：「背痛」…「如何讓初次見面的網友留下好印象」…「乳房高潮」。二〇〇六年四月二十二日星期六：「花花公

子　定義」…「手機能用預付卡嗎」。二〇〇六年四月二十三日星期日：「如何擺脫對盲目約會的擔憂」…「如何分辨網友是不是在說謊」。二〇〇六年四月二十四日星期一：「心臟病徵兆」…「胸悶」…「絕不招認婚外情」。[66] 想像一下，假如「711391」的丈夫（而非兩位電影製作人）在她死後認真閱讀這一條條搜尋史，他會領悟哪些過去從不知曉的事實真相？

　　即便是再普通、再言簡意賅的搜尋風格，依然有可能洩漏個人思緒。用戶「4417749」的搜尋紀錄，雖透露較少的情緒折磨與身體痛苦，字彙也比較精簡——譬如「庭園設計師　喬治亞州立爾伯恩（Lilburn）」——但《紐約時報》還是不費吹灰之力就確認她的身分，防也防不了。這位六十二歲寡婦薩瑪・阿諾德（Thelma Arnold）向出示她搜尋紀錄的記者說道：「我的老天爺。這是我全部的私生活呀。我根本不知道有人躲在背後偷看我。」[67]

　　數位卷宗是數位遺產的部分要件，但鮮少有人早一步想到這點；比起其他更明顯招搖的臉書個人檔案、部落格、數位儲存相片，這些網路行跡的影響層面其實更深遠。這些資料從來都不是要展示給別人看的，因此，說不定更能代表我們藏在社交面具後的真實性情。薇瑞・沙維（Vered Shavit）在兄長過世後，取得他的筆電；看著他極富個人風格的桌面安排及檔案命名方式，薇瑞激動萬分——因為這彷彿是一扇窗，呈現他如何思考判斷、列出優先順序，猶如通往兄長意識認知的一道門。[68] 而凱特・布蘭能（Kate Brannen）在喪母之後，每當她想再一次感覺母親就在身旁時，她也會去看她的電腦；無獨有偶，這些零碎、非刻意留下的自傳性質

資料，正是整台電腦中最最感人的部分。「她的電腦活動就像麵包屑一樣，為她的內心生活留下線索——」凱特寫道，「譬如她的興趣，還有對未來的希望和規劃，即使有些從來不曾實現。她的瀏覽器書籤就像一只羅盤，引導我踏上旅程，進入她的內心世界。」[69]

$$\Omega$$

所以，除非你屬於幾近絕跡的數位隱士一族，那麼，你無論如何都會留下數位足跡。除非你特別採取某些預防措施，這些足跡不論好壞、總有一天，終將成為你的數位遺產。因為，凡是你登入電子信箱的每一天、使用智慧手機的每一刻、上網打發時間的每分每秒、你在社群媒體發表的所有狀態貼文，你都在為自己新增一條又一條的傳記資料，為自己將來的陵墓砌上一塊新磚（而且還不是刻意造在某個獨立的網路墓園，而是紮紮實實蓋在網路二·〇這座網際網路大都會裡）。看來，逝者已然離開郊區樂土，再次融入組織社群。在網路世界中，他們無所不在：他們的畫面顯現在你的螢幕上，他們的聲音迴盪在你耳邊——你無時無刻都能與之接觸，因為，他們就棲居在你的掌中。進入數位時代之後，哀悼與悲傷的定義是否也因此改變？在此提供讀者兩種答案。其一是：不會改變，完全不會。其二則是：會。所以，各位最好趕快認清現實吧。

第二章

剖析網路哀悼

　　若你搭機從任一處英國機場飛往愛爾蘭，你會發現，飛機才升上巡航高度，就開始下降、準備降落。來到目的地的那一刻，你幾乎不會擁有任何耳目一新的感受：愛爾蘭的建築風格、地形地貌、氣候形態與英國大多數地區沒有兩樣。至於文化差異，就比較看不出來：若語言相通，縱使表象存在極大差異，通常也很容易遭到低估。因此，不到兩小時的飛行時間，確實有可能把你扔進截然不同的哀悼文化裡。

　　我首度跨過愛爾蘭海的那一回，目的是前往都柏林的幾個協會發表演講，討論社群媒體的哀悼文化。[70] 時為二〇一四年，離我偶遇那位格拉斯哥靈學會員也才過了幾年，線上或網路哀悼卻已經成為廣為人知、普遍可接受的景象了。也因為如此，當我發現這趟演講竟然相當受到媒體關注，頓時有些受寵若驚。我在前往「愛爾蘭心理學會」（Psycological Society of Ireland）的路上，向講座主持人吐露我的訝異，正在開車的她如是說道：「我覺得，網路哀悼在這裡算是挺新鮮的。或許，我們只是稍微落後大家一點點？」是吧，我心想，但不確定理由為何。我在那個周末會用到的某張投影

片上，針對幾個國家做了一份臉書用途分析表，表中的愛爾蘭和英國，在這方面顯然沒有太大差異呀。

　　但話說回來，不論我在哪個機構演講，聽眾們（尤其是數位移民族群）對於上網哀悼仍舊抱持相當程度的疑慮。廣播和電視節目主持人以誇大、渲染的口吻表達他們的觀望態度，向聽眾挑釁，藉此維持收聽或收視率。「做這種事會不會心裡**發毛**啊？我是說，上網跟死人說話，感覺挺**病態**的，不是嗎？」他們也拋出一些試圖引人注目、非黑即白的問題：「網路哀悼是好還是不好？這樣做健不健康？我們該不該擔心這種行為？」

　　抵達學會之後，我滿心以為我會聽見這一類問題。心理學家和其他熟知悲痛及哀悼心理的專業從業人員，傾向以複雜的方式表達疑慮，譬如他們會說：「在哀悼故人的時候，若與故人的『數位遺體』進行交流，此舉是否帶有『複雜性哀慟』（complicated grief）的風險？」不用說，都柏林的心理學家們確實提出這類常見問題，但我也常反覆聽見另一種聲音，使我大感震撼——因為，我不曾在其他地方聽見有人如此明白地表達這種想法。當時，我向聽眾指出，網路哀悼其實有一項特別的好處，那就是我們一週七天、一天二十四小時，都能接觸到其他同感悲傷的人；這時，一名毫無疑問是數位原住民的年輕女子突然舉手，神色自若、斬釘截鐵地說：「我看不出來這有什麼幫助。這麼做哪裡好？他們應該和自己的**親人**在一起呀。」[71] 眾人點頭稱是，意見此起彼落，互表贊同。可不是嘛，悲傷的人不該成天捧著電子裝置、窩在房裡和故人的數位遺體或朋友或其他同感悲痛的網友聊天。這麼做很不恰當，搞不好根

本是不對的。他們應該關掉電腦，放下手機，**和家人一同哀悼**。

　　我自認理解他們的意思。我很熟悉這種態度，心理學家與其他心理健康專業人員尤其傾向採取這種面對面的交流方式。我甚至針對「英國心理學家看待數位科技的態度」做了一番研究，其中最重要的結論之一，就是發現這群專業人士（不分年紀）對線上互動的看法較為貶抑，認為這不是「真的」理解，只是替代「真實互動」的一種方式。[72] 由於手邊剛好有這份最近才蒐集到的資訊，我對自己的回答相當有信心，也鼓勵聽眾反思他們潛意識認定是「對的」、直覺反射的悲傷處理模式。

　　「您的提問包含好幾層假設。」我說。「您假設家庭成員在悲傷中痛苦掙扎時，**能夠**坦然討論死亡，您也假設他們**願意**討論死亡——可是，一般人大多認為在談論死亡時，應該要保護孩童和青少年，避免讓他們接觸這一類的事。因此，網路世界說不定是他們覺得唯一能放心表露哀傷、談論死亡的地方。在一般家庭裡，這類話題通常都有一套明白表示或心照不宣的規矩。」

　　換言之，當我督促聽眾反思自己的假設和想法時，渾然不覺我這番話又是如何地層層假設、處處限制。演講結束、回到主持人車上，我努力對抗某種似曾相識的感覺，坦承我可能誤判了聽眾的某些意見。我向她請教：「你可以稍微解釋一下，愛爾蘭人如何看待死亡與哀悼嗎？」我在行前不曾研究過這個主題，因為我從未意識到，愛爾蘭人對這兩件事的看法，可能與英國或美國民眾極為不同。我不記得實際上她是怎麼說的，但她描述的狀況，確實與我認知的完全不同。我把網路哀悼描述成對抗沉默、獨自承受死亡副

作用的解藥，但我的愛爾蘭聽眾確實有理由感到疑惑、也想試著了解：他們並不認為這是問題，又何來需要治療？

　　二〇一七年，凱文・圖利斯（Kevin Toolis）出了一本《為父親守靈：愛爾蘭文化教我們如何生活、愛人和死亡》（*My Father's Wake: How the Irish Teach US to Live, Love and Die*）。[73] 作者在倫敦某家報紙為這本書寫了一篇短文。「在盎格盧－薩克遜（Anglo-Saxon）的世界裡，死亡只能悄聲說。我們直覺認為，應該把燈光調暗、壓低音量、拉上窗簾。我們想把空間留給將死之人，留給死亡，留給悲傷。我們說自己之所以這麼做，是因為不想打擾他們。」[74] 然而，圖利斯的父親松尼（Sonny）的守靈夜，完全不是這麼一回事。在這個傳統的愛爾蘭守靈夜裡，遺體被好好地整理照料、安置客廳，小孩子就在棺材旁邊跑來跑去。親朋好友從各地遠道前來，交際寒暄，吃吃喝喝，在喪家客廳裡、在故人遺體旁，向遺族表達哀悼惋惜之意。過去，這種形式的守靈夜相當普遍，但圖利斯發現，都市化、醫療化與工業化等我們在前一章討論過的時代巨力，竟成為守靈在多數西方世界逐漸式微的原因。不過，在愛爾蘭這片土地上，圖利斯所謂「共同承擔死亡的古老形式」[75] 的凱爾特（Celtic）傳統，不知為何卻被保存下來，延續至今。

　　這次的愛爾蘭經驗提醒了我，我們的哀悼方式蘊含濃濃的地方特色，尤其依文化、信仰、社群或自身家族而異；因此，要想擺脫個人對「哀悼方式」的主觀假設，著實困難。我們自以為曉得什麼是「健康的」哀悼方式。對於哪些事物才算得上「遺產」、如何與逝者告別才算「恰當」、怎麼對待遺族才能為世俗所接受，或是面

對死亡時該如何表現，人人各有定見；怎麼做有用、怎麼做沒用，每個人都有一套自己的經驗。所以，若以經線比喻我們對死亡的個人看法，那麼此刻，我們手中正握著另一種更為雜亂、但材質更為新奇的彩色緯線：即「數位科技」。每個人對數位科技的假設前提都不同，必須納入考量的相關情境因子亦多不勝數。線上生活不會摧毀我們的社群，也不會強化社群與我們的連結。頻繁連線上網不會促成孤離，但也無法預防孤離。社群媒體不會激勵我們更合群，也不會把我們變成自我陶醉感氾濫的自戀份子。對悲慟哀傷的生者而言，逝者留下的數位遺體既不好也不壞。那麼，我們該如何剖析、理解**數位**社群的**數位**哀悼文化？又該遵循哪些規則？

二〇一三年二月，澳洲媒體披露一則關於少年「亞倫‧哈奇克」（Allem Halkic）數位遺產的故事。[76] 二〇〇九年，飽受簡訊和 MySpace 網路霸凌多年的亞倫，從橋上縱身躍下，結束年輕生命，而隨後的審判更是澳洲首宗正式上法院審理的網路霸凌案件。[77] 亞倫死後，他的父親阿里（Ali）不時會打開兒子的衣櫃，嗅聞留在衣物上屬於亞倫的氣味；然而一段時間之後，氣味消散，這些衣物終歸也只是「塵土」（阿里如此表示）。這時，亞倫的雙親發現另一樣不會消散的痕跡：亞倫的臉書帳戶（仍處於登入狀態）。諷刺的是，這項數位人工產品竟成為亞倫雙親心中最珍貴的寶物之一，讓他們得以接觸遭網路霸凌逼上絕路的兒子。「就算再給我們一百萬年，我們也不會登出他的臉書帳號。門兒都沒有。」報導中的阿里如是說。「在他死後的第一年內，大概每天都有朋友發訊息給他，一天一則，然後頻率漸漸下降。若是沒看到新訊息，我總是

失望，因為我不希望他們忘記他。」[78]

　　該報導的作者強調，「往生者的社群軟體帳號繼續存在」在眾親朋好友心中的價值與意義，肯定不會有人質疑；[79]但他錯了。這則新聞見報後過了幾個月，BBC 刊出一則「巴西母親為了女兒臉書紀念帳號告上法院」的報導：讓阿里和迪娜・哈奇克滿心喜悅的同一件事，卻令胡莉安娜・坎伯斯（Juliana Campos）的母親難以承受。「這面『哭牆』只會令我更心痛。」朵樂蕾絲・培里拉・庫汀荷（Dolores Pereira Coutinho）表示。「耶誕節前一天，她的兩百多位臉友紛紛貼上他們與她的合照，回憶往事。她真的是非常有魅力、非常受歡迎的人。我為此痛哭好幾天。」[80]剛開始，臉書採取比較中庸的方式，將紀念帳號設為僅好友看得到的狀態，然而這對庫汀荷女士而言還不夠。亞倫雙親心中最深的恐懼，竟同時也是胡莉安娜的母親最迫切的渴望：子女的臉書個人帳號永遠消失。

　　研究指出，對於經常使用社群媒體的人來說，社群媒體有助於撫慰傷慟；至於逝者的數位遺體是否應該繼續存在，不常使用這類平台的人，對此則抱持懷疑不安的態度[81]——這種現象稱為「因應矛盾」（coping paradox），[82]而且也不令人意外。同一項數位人工產品（譬如使用者死後仍繼續存在的臉書個人帳號）可能帶給不離線份子無以估量的慰藉，卻可能對數位隱士造成極嚴重的情緒苦痛。個人對「數位遺體」的體會和感受，以及讀取或親近數位遺體是否對處理悲傷有所幫助，完全取決於每個人和數位科技的關係，或再加上個人特殊經驗而定。假如前一章的案例促使你開始思考「數位遺體」這個題目，那麼本章接下來的內容則是設計用來協助

你思考前述第二道問題。不過，在繼續往下談以前，我必須先告誡各位（但我想這事兒對此刻的各位而言，應該已經見怪不怪了）：關於「哀傷、悲慟」這檔事，鮮少有人能準確預測，也沒有任何明確定義。若要問「生者與數位遺體維持互動」究竟是好還是不好？各位別想得到一翻兩瞪眼的標準答案。

$$\Omega$$

許多人都會擔心，我們在失去親友時的「感覺」或「表現」到底正不正確；又或者，我們會為了相同的理由，憂心其他人的表現。現在，請各位打開搜尋引擎，鍵入「悲傷」二字。若你使用Google，請注意網頁下方「…相關搜尋」欄位：此處正是窺見世人對哀悼行為普遍成見的窗口。各位可以從熱門搜尋的內容看出來，一般人認為哪些行為屬於悲傷的正常表現；但「悲傷」本身是什麼，沒有誰能說出個所以然。我自己動手搜尋「悲傷」的那一天，網頁跳出的第一項搜尋結果是「面對親友死亡時所歷經的『悲傷七階段』是什麼？」下一條緊接著就是「什麼是悲傷階段？」以及「悲傷與失落的五個階段分別有哪些？」逐條閱讀這些搜尋結果，頂多再往下讀幾行（甚至不需要捲動網頁），各位肯定會看見種種關於悲傷分級的參考資料。

這裡所指的**悲傷過程**，是由一連串可預測的階段組成，結束於「接受」。一九六九年，瑞士精神科醫師伊莉莎白・庫布勒羅斯（Elisabeth Kübler-Ross）藉其重要著作《論死亡與臨終》（*On Death and Dying*）[83]提出悲傷階段論，而這套理論至今安慰了無數

失去親友的人。庫布勒羅斯的悲傷五階段——否認、憤怒、討價還價、抑鬱和接受——其實並非以「失去的一方」為理論基礎，而是她在**臨終者**身上觀察到的五個階段；即便如此，這五個階段還是很快就應用在失去親友的一方所歷經的悲傷狀態。閱讀大眾猶如溺者攀住浮木一般，緊緊抓住這套理論，彷彿他們等了半個世紀——從佛洛伊德於一九一七年〈哀悼與抑鬱〉提及「解決悲傷」以來——終於有人出面說明悲傷該怎麼解決了。[84]

假如人類自古以來即不斷遭遇死亡和失落，為何還會產生這種絕望的不確定感，以致衍生出這種種尋求恰當或正確的「解決過程」之舉？說不定，世人直到二十世紀中葉——也就是庫布勒羅斯把〈哀悼與抑鬱〉對「處理哀傷」的模糊解釋轉譯成現代心理學的診斷之後——[85] 才開始重視「正確處理悲傷」這回事。由於心理學家林德曼（Lindmann）的致力推廣，以及透過醫療方式處理情感經驗（譬如「唯有靠自己才能走出來」）的蓬勃發展，致使各位今日若無法在一段恰當時間內，明確斬斷與逝者的情感束縛時，最後只能求助心理醫師，甚至在踏出診所時，還會帶上一瓶標示為「重度憂鬱症」用藥的抗憂鬱劑。以前，承受喪親之痛的人並不在憂鬱症的診斷對象之列；然而，二〇一三年的第五版《精神疾病診斷與統計手冊》（*Diagnostic and Statistical Manual of Mental Disorders*）[86] 倒是已經把「痛失親人」列為重度憂鬱的可能病因了。[87]

悲傷的人總擔心自己會發瘋或被別人當成瘋子，所以各位應該能夠理解我們何以緊緊抓住「循序渡過悲傷階段」此一觀念不放：我們認真服喪、花時間努力克服，直到束縛一層層解開，直到你

願意放手（或是悲傷願意**放你走**）為止。對於無法預測或無法控制之事，人類總是萬般掙扎；所以在遭逢壓力與創傷時，「不可預測」和「不確定」也是引致心緒混亂的兩大要素，這點絕非巧合。試想：某人因為剛失去親人而承受難以想像的痛苦。他想知道自己還得忍受這種狀況多久，想知道接下來還能期盼什麼，他渴望知道隧道盡頭是否終將顯現一絲光亮，遂於半夜兩點拿起手機，上網搜尋。在某些時候或過去的某一刻，各位或許曾經就是這個人；你甚至不需要打完「悲傷階段」四個字，因為搜尋網頁的「自動完成」功能會在你輸入「悲傷」兩字之後，自動跳出多個選項，而「悲傷階段」剛好就端坐在第一條。

庫布勒的階段論雖能予人安慰，但這套理論已被視為假象，甚至可謂「民俗傳說」；然而，「可預測」的美妙及其所帶來的希望和控制感，仍有助於解釋階段論何以能持續主宰線上與離線世界的情感交流。[88] 悲傷階段論最初教人難以信服的部分在於，該理論言明，這些感受會「依序發生」；但後來，庫布勒羅斯宣稱她不曾斷定階段論呈線性模式，藉此為大眾的期望解套。無奈社會大眾的想法普遍趨向簡單化，又或者，只要一想到可能再度滑落痛苦深淵、想到自己已經瀕臨極限，一切的一切實在令人洩氣絕望，以致許多人再也無力沉思琢磨；是以在人生最晦暗的時刻裡，我們總希望佛洛伊德當初保證再三的情況是真的：悲傷總會過去，也一定會結束——前提是方式要正確。

儘管西方社會擁有這些教人如何「處理」悲傷的教條典範，仍然有愈來愈多人逐漸明白：其實，說不定是我們壓根沒弄清楚「死

亡」為何物。一九九〇年代中期，曾有人奮力宣揚前項主張，終而匯集成我們曾簡單提及的「持續連結」概念。[89] 持續連結理論無疑是各位能想到的最新「舊聞」，理由是：與逝者繼續維持情感連結，不僅跨越多數文化、貫串人類歷史，甚至早在史前就已經存在了[90]。只是後來因為佛洛伊德的關係，西方社會才開始明確轉向，偏離幹道。「持續連結論」言明，持續與逝者維持情感連結，是人性的一部分，根本無須憂慮。這套理論不啻為重擊「解決悲傷」此「古怪思維」[91] 的一記洪鐘。長期以來認定必須強制斬斷連結，人生才能繼續前進的西方社會，自此重新學習其他許多文化長久延續的古老思維：親近祖先實屬正常、具調適意義的行為，而且多半都是正面的。

醫療實證主義和悲傷階段論感覺嚴肅拘謹，持續連結論則相對放任、不加控制，並且常主動變形以適應不同文化、次文化的背景環境，融入所有家庭與個人。我們或許都曾以「純內在」的方式體驗過持續連結：在心裡（或其他人看不見的時候）回憶逝者，感覺與逝者之間的聯繫。這種連結可能透過行為呈現，有些是私底下的舉動，也可能是高度公開的儀式。華人必須與祖先保持情感連結，由不得你說不；除了葬禮之外，平時也要進行各種紀念儀式（祭祖），確保祖先心滿意足，不致變成憤怒飢餓的厲鬼。若讀者來自偏重個人主義的文化背景，那麼持續連結就可能比較帶有官能性、個人化且主動自發的色彩；你可能只會和感覺最親近的少數逝者維持這份連結，對象可能但不必然是家人：你可能對某位不具血緣關係的「外人」懷抱這份強烈情感，對方可能是朋友或素未謀面的某

個人（譬如你崇拜的時尚名流或對你有所啟發的偉人楷模）。你或許會將對方視為守護天使，或是能觸動內心的性靈至交。

從這個角度來看，文化背景脈絡顯然至關重要。社會學家湯尼・華特（Tony Walter）對此提出解釋：在某些文化中，哀悼帶有關懷的成分。出身「關懷文化」（care culture）的人相信，逝者住在某種靈界國度，依然需要生者透過一些方式去關照他們。與「關懷文化」互為對比的是「紀念文化」（memory culture），基本觀念是生者必須接受逝者已逝，但鼓勵生者懷念逝者、向逝者致敬，認為逝者的精神將透過子孫後代延續下去，因此，通常不會將逝者視為獨立、分離的個體。亞洲、非洲、拉丁美洲大多屬於關懷文化，西歐則傾向紀念文化。「如果不能借用『懷念』、『回憶』這一類詞彙，」，華特表示，「歐洲人通常很難開誠布公談論死亡。」[92]

不論你出身關懷文化或紀念文化，兩者其實都不脫持續連結的範疇。若你曾失去某個關係親近的人，那麼你說不定有過這類經驗，惟形式不拘：你可能會經常聽見他們的聲音，瞥見他們的身影，甚至感覺到他們的存在。在你的思緒、夢中或人生的某些事件裡，你會察覺他們的指引和支持；你無時無刻不將他們放在心上——不光是他們留下的回憶，還有他們的價值觀、特質，或是某部分的個性。你可能會刻意去做一些**他們**也會做的事，造訪一些他們可能去過的地方。不論在情感或心理上，他們仍是你的一部分，而且也會繼續在你的生活中扮演某種角色。「一般人在家族或精神體系中，經常扮演多個複雜角色；」新版《持續連結》（*Continuing*

Bonds）編輯群寫道，「在他們死後，雖然角色變了，但他們在家族或社群中，仍然可以是具有特殊意義的重要成員。」[93]

因此，我們每一次失去親友，**必然**會是獨一無二的經驗，道理就在這裡。若你有四位兄弟姊妹，你和他們每一位的關係絕不可能是共通且一體適用的；假如你有兩百位臉友，你和他們每一位的關係，也絕不可能完全相同。這些夥伴們可能擁有相近的話題或特質，因為他們的最大公約數是**你**，但你和他們各自的關係因人而異。我們在世時的人際關係如此，死後也是，就算可能歸入某種特殊類別或軌跡，我們每一次的喪親體驗都不相同。譬如，研究悲傷的學者喬治·波納諾（George Bobanno）就把一般人喪親後的悲傷反應概分成三種模式：屬於「慢性悲傷」的人會被巨大的失落感淹沒，可能有好幾年無法正常生活；「漸進式復原」的人雖然一時遭到打擊，最後仍會設法振作精神，重拾人生；至於「適應力強」的人儘管因為喪親而「震驚」甚至「情感受傷」…卻能平復心情，繼續生活。[94] 不過，這並不表示我們每個人都已內建某一特殊型別的悲傷反應，而是我們會依不同的對象，而經歷慢性、漸進式或迅速復原等三種悲傷反應。

話說回來，這三種模式倒是有一處共同特徵：悲傷的程度會高高低低、劇烈擺盪。有時大悲，有時感傷，哀傷的情緒也會受開心或喜悅影響，起伏變化。此外，不僅起伏變化實屬正常，悲傷的另一典型特徵，是極難預測、情緒不連貫。有些悲傷理論試圖為這類經驗提出架構，歷如透過「雙重歷程模式」（dual process model）描述我們如何在兩種情緒之間來回擺盪：一是全心全意思念逝去親

友的失落取向，一是專注於少了他們的生活的復原取向。[95] 不過就連波納諾都認為，這種分法太刻板，不足以貼切描述情緒擺盪的頻繁程度。「若再拉長時間觀察喪親者的情緒感受，」他表示，「擺盪的程度肯定讓人吃驚。」[96]

這一段的重點很簡單：即使你個人可能對庫布勒羅斯的悲傷階段產生共鳴，但悲傷的方式並無對錯之別。不管你用哪種方式經歷悲傷，無論你的心情有多麼無法預測、千變萬化，或是在失落與復原、在悲傷耽溺與若無其事正常度日之間不斷來回擺盪，沒有什麼是不正常的。你會透過無數種不同的方式維持與逝者的情感聯繫，這不僅在預料之中，也是人類延續數千年的經驗。不論是主動關懷、積極維持也好，或者默默緬懷思念也罷，你的所做所為全都不脫持續連結的範疇。每個人的需要與渴望皆不相同，因此，不必太過深究。如何維繫甚至要不要維繫這份連結，應該由你而非由他人選擇決定——於是，這引導我們來到最棘手的問題：數位時代讓「持續連結」這件事變得更簡單，同時也更加困難。

Ω

讓我們先從簡單的部分著手。「數位環境」本身就是促進持續連結的完美設計。不過，這個媒介究竟支持**紀念**文化抑或**關懷**文化？這麼說吧：在智慧手機與社群網絡時代降臨以前，很難有誰會建立實質的數位遺產，因此網際網路本身的條件幾乎可說是完全倒向紀念文化。早在一九九〇年代，擁有數位化身或數位影子，十分活躍且經營得有聲有色者屈指可數；若各位造訪當時的網路世界，

大概很難找到哪個特別生動、特別吸引你的網頁。假使那個年代曾經有過任何有助於維持與逝者的情感聯繫的設計，大抵就是透過「線上紀念碑」憑弔逝者吧。

　　隨著網路二・○問世，人們把數千億、數萬億的數據資料存在個人裝置或遠端空間裡，於是網際網路也開始收存數百萬尋常百姓的個人擴充檔案。由於現代科技讓我們輕鬆就能儲存檔案──預設資料自動上傳至雲端，安全儲存、聰明分類，好讓我們或其他知曉位置與通關帳密的人日後更方便搜尋和存取──利用科技緬懷故人也就變得愈來愈容易了。我們不只在數位領域**懷念**故人，我們甚至開始利用數位領域**關懷**故人：與他們保持聯繫，同時感覺自己似乎能維持這份聯繫。基本上，由於逝者是透過科技繼續存在，因此我們可說是正在目睹西方世界「面對死亡」的觀念轉變。不過，先讓我們回到一開始關於「緬懷」與「憑弔」的討論。

　　一九九五年，名喚麥可・奇比（Mike Kibbee）這位年輕工程師著手創立一處可容納大量逝者，供人上網憑弔的線上平台，這也是全球最早的哀悼網站之一。奇比因為罹患「何杰金氏淋巴瘤」（Hodgkin's Lymphoma）而不久於人世，不過他卻以無畏、實際的態度，面對死亡的步步進逼：首先，他親手設計自己的棺木，然後跟朋友合作研發一種結合墓園、發訃與悼念的新技術，將其轉為線上形式。他在這個平台上的紀念碑（至今還找得到）重現當年多倫多《環球郵報》（*Globe and Mail*）刊出的悼文內容：「奇比設立『環球墓園』的發想完全是神來一筆，讓離鄉背井的兒子只要打開電腦就能給爸媽『掃墓』。」悼文還進一步描述，線上墓園如實反

映真實生活的悼念儀式，讓上網悼念的人能以數位方式獻花、獻詩或留下弔唁之詞。「這是一種十分美好的網路互連模式，」該文寫道，「讓人很容易就能回想並追憶逝去多年或散居不同國度的家族成員，及其鉅細靡遺的生活細節。」[97]

「環球墓園」宣稱是世界上最早成立的線上墓園與網路紀念平台，並且和真實生活中的墓園一樣「優雅、平靜且安詳」。[98] 這裡是專為緬懷故人而設置的獨立空間，一般家人之間會進行的各種悼念儀式，在「環球墓園」全都做得到：使用者可以分享小故事、回憶和照片，獻上虛擬花籃，寫下想告訴逝者的內心話。不僅如此，環球墓園也像實際墓園一樣，有些墓地時時有人造訪，有些則逐漸荒廢。環球墓園剛上線的時候，由於它算是該領域的「先鋒」，因此受到不少媒體青睞，一般大眾的接受度也不差。在環球墓園裡受人憑弔的對象，絕大多數都是鮮少或不曾在其他地方留下線上足跡的人。

馬克・薩能（Marc Saner）是環球墓園的現任經營者。他告訴我，一想到他可能再也無法讀到乾兒子的數位痕跡，他就無法忍受、坐立難安，因此便從疲憊的前任負責人手中接下管理工作。「他死後不到一年，網路上就幾乎讀不到他的資訊了。幾乎完全抹去他的痕跡。」馬克告訴我。「這事令我心煩。我之所以接管環球墓園、展開這場冒險，理由是我渴望給我的乾兒子還有我爸一份永不消失的線上存在感。」會不會消失目前還不知道，不過就近況看來，環球墓園著實冷清得可以：為了確保墓園能長期運作，管理者一開始就設立了百年營運基金，因此墓園撐到二〇九五年絕不是問

題；然而，造訪環球墓園的感覺就如同來到一處不再有新墳的教堂小墓地。據我調查，二〇一七年僅新成立一座（一頁）紀念碑；在我寫下這段文字時，二〇一八年已過了四分之一，但目前看起來好像還沒有人來申請的樣子。我直截了當問起馬克這個問題，他不太願意給我一個實際數字。「是不多。」他承認。

其他線上墓園的狀況可能比環球墓園好一些，理由是這些墓園的定位比較特殊，故能滿足當代需求，甚至符合現代人安排時間的方式。就拿香港一處線上紀念網來說吧。這個網站由政府經營，目的是鼓勵民眾選擇火葬或其他替代方案。[99]假如港人選擇將摯愛親友火化、埋在香港的墓園或納骨塔，那麼他們就只能以設立紀念網頁的方式來懷念故人。[100]至於 Legacy.com 的經營模式則完全不同：這個線上紀念網結合「搜尋引擎」和「死亡相關資訊平台」兩項功能，讓一般民眾以付費方式搜尋超過一千五百份報紙和三千五百家葬儀社刊出的訃聞，範圍遍及美加、紐澳、英國與歐陸（不過這些資料大多有年份或時間限制，依該網站與報社簽訂的合約而定。[101]該網站的特色是專寫政商名流，並委由專業寫手操刀，而非請關係較近的親人撰寫訃聞。

其實在「第二人生」這樣的虛擬世界裡，也有好幾座紀念園區。有的是紀念某些類型的人，有的則是紀念某種死亡方式。譬如，「跨性別仇視與自殺紀念區」（Transgender Hate Crime and Suicide Memorial）就蓋在一處能俯瞰大海的岩石露台上；垂柳迎風搖曳，陽光熠熠閃耀；[102]而葬在「和平谷寵物墓園」（Peace Valley Pet Cenetery）[103]的「寵物」，不一定非得是碳原子組成的「碳

基生物」（carbon-based）：穿過墓園，各位可以瞧瞧居民以各種有趣又感人的方式懷念他們心愛的、真實或虛擬的小寵物。除了墓園，這裡還有禮拜堂，讓居民可以為毛茸茸的朋友舉行臨終儀式。此外，假使你因為住得遠、行程無法配合或臨時身體不適，無法親自參加葬禮，弔唁問候，你隨時都能造訪殯儀館網站，在虛擬賓客簿簽名留言。

這些線上設施與它們在真實生活中的對應單位，功能大致相同，此外還多了「網路」本身的強項：讓散居全球的人能共享資訊、分享回憶。任何想向喪者致意的人，應該都要能不受限制、自由無礙地表達哀悼，因此在現實生活中，目前仍在使用的墓園鮮少開立門票或索取入場費。相較之下，有些專供線上哀悼的網站，確實開放給一般人免費入內瀏覽（「環球墓園」就承諾他們永不收取任何費用、也不需要設定帳號密碼才能造訪園內的紀念網頁）。但凡事總有例外。

我的某位前同事從臉書得知，一位久未聯絡的朋友的丈夫在多年前過世了。當時，哀慟逾恆的未亡人未多做說明，僅在臉書貼了一條訃聞連結。後來，同事和我在咖啡店聊起這件事，便順手拿起手機、滑了幾頁想找出友人的原始貼文；不過她對那條連結沒抱太大希望。「連結大概失效了吧。畢竟那是四年多前的舊事了。」但她還是試了一下。出乎意料的是，該連結竟然順利連上殯儀館登記簿，上頭還出現朋友丈夫的名字（在此稱他「勞夫・巴克斯頓」）：「為了保留勞夫・巴克斯頓的線上紀念館，您也可以出一份力。」網頁蹦出這行說明文字，也提醒我們該網站同時還提供多

項「紀念服務」商品。網頁列出繼續維持「勞夫線上紀念館」的時段規劃與費用，分別有三個月、一年、兩年、五年或十年方案；選擇十年方案可立即省下四百九十九加幣。我和同事震驚地呆坐了好幾分鐘。「勞夫‧巴克斯頓的禮賓簿已歸檔封存，暫不提供線上閱覽服務。」網頁寫道。「為了讓親朋好友能繼續弔唁慰問，分享深刻回憶，重新開放線上禮賓簿無疑是您的最佳選擇。」[104] 該網站強力推銷，表示非家族成員也可考慮將恢復線上禮賓簿閱覽功能當作一份「禮物」，送給勞夫‧巴克斯頓最親愛與最親近的家人。就這個案例來說，「死亡產業化」——保留線上回憶使其繼續存在——是必須付出金錢代價的。這一刻著實教人沮喪。

這種形態的線上紀念網都有一項基本共同特徵：此處所呈現的逝者形象，主要是他人提供的「傳記型」資訊，而非出於本人的「自傳類」資料，因此受制於作者群的編輯掌控。逝者並未參與這個塑造形象的過程，亦無法在場挑戰其他人的說法。悼念者可以做任何悼念者常做的事，包括美化逝者，將其聖潔化或任意汙衊，或者決定哪些才是最重要、最值得紀念的回憶。最後，這群親朋好友不經意地磋商琢磨，建立一套禁得起考驗的逝者生平小傳，塑造合理逼真、讓所有個人或群體都不覺得突兀且能永存心中的逝者形象；[105] 於此，逝者本人根本沒機會也沒什麼意見好說。話說回來，要是某人在生前即建立分量可觀、可見可讀取的數位資產，那又是另一回事了。

$$\Omega$$

我並不特別在意年紀，也願意大方承認：不論我對時代變遷的適應能力有多強，我仍穩居「數位移民」一族。我在一九八〇年代初期首度擁有個人電腦〔先是「德州儀器」（Texas Instruments）的 TI-99/4A 型，接著是「康懋達64」（Commodore 64），另外還用過「阿米加」（Amiga）〕，而我用這些電腦從事過最「社交」的活動，是找一群朋友連線玩射擊遊戲「Parsec」。我離家上大學的時候，「全球資訊網」（WWW）還沒發明，但我們學校有校園內部網路──這在當時已經是猶如「太空科技」的高端神奇技術，讓學生可以經由打字即時聊天通訊；不過，這種聊天方式無法看見對方的長相，因此也造成無數心碎與失望的故事。

　　畢業後，我揹上背包、遊走歐陸，前後大概有兩個月的時間和親朋好友處於實質失聯狀態。那時，我還沒申請我的第一個電子郵件信箱（美國線上），而當時的咖啡店桌上只有咖啡，沒有筆電。後來，社群網站「Friendster」與「MySpace」分別在二〇〇二及二〇〇三年問世，但我忙著應付研究所課業，無暇顧及。因為如此，我首度使用的線上社群網絡平台就是臉書，而且打從一開始就喜歡上它：我可以放照片、更新狀態，持續追蹤散居各地的親朋好友，操作簡單又方便。對於遷居城市工作求學、時時掛念家鄉親友的遊子來說，臉書實在是非常好用又有用的工具。

　　而我又是何時首次在社群網絡碰上「死亡」這件事？約莫在我註冊臉書帳號半小時後，我一連鍵入多位高中及大學好友的名字，想瞧瞧他們是否也在這個新平台上；有些人我是真心想主動重新聯絡，但有些就只是好奇，想看看他們現在變成什麼模樣、都在忙些

什麼。我輸入一位舊識的姓名（姑且叫她潔西卡・史密斯吧），結果跑出一大堆同名同姓的人，其中大多看起來比我的搜尋對象（三十七歲）年輕許多，不過倒是有一個人的檔案與眾不同。我之所以注意到她，並非認出照片中的年輕金髮女子，而是因為照片旁邊的那行字：「紀念潔西卡・史密斯」。出於好奇，我點開來看。

時值二〇〇七年，而臉書要到次年才脫離學術機構的限制，成為年滿十三歲即可透過電子郵件申請帳號的公眾平台。是以在臉書公開發布之前，我們實在很難想像祖克柏會和同事圍坐在一起說：好啦，夥伴們，從現在開始的十一年後，我們要讓全球一般用戶超過二十億。有鑑於每十年就可能死掉數百萬用戶，對此該如何因應？我們需要多少固定用戶，才能應付所有特殊或突發狀況？

雖然我不在場，但我很樂意跟各位打賭：以上討論純屬虛構，不曾發生。對於這麼一個最初設計用來讓「在世使用者」聯絡感情的社群網站，臉書剛開始並未設置紀念帳號（現有的各種混合功能與大量數位墓地，是後來才衍生出來的）；而且光憑該平台原本的設計特點，我們也無從分辨帳號使用者究竟是生存或死亡，頂多只能從塗鴉牆（動態時報的前身）內容、該用戶突然停止貼文或其他異狀作為判斷依據。

這種狀況顯然撐不了太久，而臉書沒多久也意識到，他們必須採取行動。二〇〇七年，臉書正式開放一年後，該平台採取一體適用的無差別操作方式，開始把過世用戶的個人檔案歸入「紀念狀態」：只要有人通知臉書某用戶已過世且經臉書確認後，該帳號將無法登入也無法更改個人檔案。該用戶的所有貼文將轉為「僅限朋

友讀取」的狀態，就算原本設為「公開」的貼文也一樣；而該帳戶的提醒功能（如生日提醒等）將自動關閉。其他臉書用戶依舊可在這位故人的塗鴉牆發文悼念，彼此交流，但除此之外，該用戶的個人檔案將永遠凍結，不再更新。

當時，臉書似乎不太確定「讓生前帳號轉為紀念帳號」是不是個好主意。「當用戶帳號轉為『紀念狀態』時，為了保護逝者隱私，部分個資與功能也同時設為隱藏，不開放瀏覽。」臉書發言人於二〇〇七年如此表示。「我們鼓勵用戶透過『社團』和『群組討論』來緬懷及悼念故人。」[106] 所以，我意外撞見的臉書個人檔案並非潔西卡生前建立及使用的帳號，而是如帳號名稱所示，一群朋友在她過世之後，以某種類似「環球墓園」方式所成立的悼念網頁。我閱讀訪客留言，細看他們分享的照片，體驗到某種似曾相識的感受——包括旁觀者的好奇，還有些許感傷心痛。這是我們在路經意外現場，或讀到別在泰迪熊身上、夾在枯黃花束裡、貼在路燈桿上的發黃字條時經常湧上心頭的感覺。摻雜些許窺探，冥思生命脆弱的片刻感受。

我繼續點閱、捲動網頁，不一會兒我開始好奇，不曉得潔西卡原本使用的帳號（如果有的話）現在怎麼樣了？臉書是很新的玩意兒，說不定她根本沒申請過帳號。我左點點、右敲敲，從社團管理員名單下手，再連到管理員各自的朋友名單；找到了。潔西卡不僅擁有自己的臉書個人頁，而且還經營得有聲有色。這也難怪。二〇〇六年，潔西卡二十一歲，生於一九八五年、生在這個科技高度發展國度的她肯定是電腦時代之子，數位原住民。她和她的朋友顯

然都是臉書的早期使用者。短短幾個月內，她們在這個剛起步的社群網絡平台留下的數位足跡既深且廣。潔西卡的人生猶如一本打開的書：不論她的衣著打扮有多麼露骨不雅、用字遣詞有多麼粗鄙褻瀆、派對聚會又是何等瘋狂喧鬧，她的一切紀錄都在這裡。她顯然是個盡情享受生命的人，也和一大群觀眾（讀者）分享生活——現在，她的分享對象又多了一個我。

潔西卡生前使用的帳號和紀念帳號，兩者內容很不一樣。大家會在紀念帳號**聊她的事**，但是在她生前使用的網頁上，大家會**對她說話**，延續始於她生前的種種話題。我看見一張她和朋友躺在某熱帶地區涼椅上的照片。照片在她生前即已貼上塗鴉牆，她也在下頭寫了評論：「媽呀！我們看起來黝黑又苗條！！下次我還要再去！！！」潔西卡過世後，她的朋友仍繼續對話串，好像這是世界上最自然的事情一樣。底下的留言很隨意，閒話家常，而且每天都有新留言，彷彿她並非不在人世，只是暫時離開，無法參加這一年一度的佛羅里達遠足；雖然今年不克參加，或許下次還有機會。我在我自己的診所經常與失去親人、深陷哀傷的人打交道，也研究過這類主題；因此，潔西卡個人網頁上有許多與哀悼相關的事件或活動一再挑動我的好奇心，不過，其中最吸引我的當屬以下這一項：她過世至今已六個月，然而她的朋友群仍持續著乏味卻頻繁的對話交流，並且總是以第二人稱（你）直接向潔西卡叨叨敘訴。

我注意到的另一件事，是我本人的心理反應。閱讀潔西卡寫下的話語、與朋友的對談，瀏覽她的照片、體會她在人際關係脈絡中的位置，這種感覺和瀏覽紀念網頁的感受截然不同。穿梭在她親身

參與建構的數位遺產中，我漸漸產生某種親暱感，幾乎可以說我彷彿認識這個人了。說真的，我到現在還記得她的長相；即使至今已過了十年，我還記得她網頁上幾張比較特別的相片。不過，這並不是因為我仍不時瀏覽她的個人網頁——現在我已經沒有讀取權限了。那年，我正式展開本書這個主題的研究計畫，為此想回頭搜尋她的個人檔案，這才發現搜尋結果並未出現她的名字。當時我不懂為什麼，現在我明白了：那個帳號大概已經隨著臉書服務條款修改，變更為「紀念狀態」，唯有她的朋友才找得到她、讀得到她。

　　我並未因為失去這條線索而特別困擾。我不過是個對「現象」感興趣的研究者，而我永遠都能找到其他資料來研究；假如潔西卡這條線行不通，那就換個對象。但我至少因此明白一件事：我感覺不痛不癢，或只有一點點不舒服的情緒體驗，對其他人來說可能完全不是這麼一回事，而這個人可能是和潔西卡頗為親近卻因為某些理由不在她臉書朋友圈裡的人。假如她母親或祖父母原本經常看她的臉書，聊以安慰，有天早上醒來卻發現再也看不到了，那該怎麼辦？

　　現在，我自己也擁有相當大量的數位足跡了。臉書的個人封存檔——包括數千份照片、影片、貼文與評論——無一不標記著「我」是誰。我的 Instagram 帳戶呈現我眼中的美麗事物，我的 Pinterest 貼文呈現我的穿著打扮，以及我如何裝飾我的家，而我的 Apple Music 和 Spotify 紀錄則透露哪些音樂最能觸動我的心弦；然而這一切全都只有我挑選的少數人才看得到。對於廣大的閱聽大眾，我透過部落格傳遞我的想法和意見，透過推特動態影射我的專

業認同和政治傾向，而我的個人網站則用來宣傳我對大倫敦地區居民提供的治療和撰文服務。我透過成千上萬則文字與影像，持續書寫自傳，告訴這個世界我是誰、我在做什麼、我關心哪些人事物。這些栩栩如生且豐富包含多重感受的紀錄，幾乎等同於我在日常生活中的「自我呈現」（self-presentation）。許多年前，一位韓國學者曾描述道：「數位存在」介於心靈（「思維實體」res cogitans）和身體（「物質實體」res extensa）之間，與兩者擁有共通的特質，然而在性質上卻有所不同。[107] 在我留下的所有數位足跡中，臉書最能完整捕捉我的性格、價值觀、情緒、形象，以及我這十年來的人生故事。假如我明天就要死了，這些足跡對於在世的其他人有何價值？如果我的個人檔案隨我一同逝去，**「檔案消失」**這件事會對哪些人造成影響？說不定影響可大了。「艾娃」的好友車禍喪生。她本身是數位原住民，也是我某項研究計畫的一份子，她曾扼要地向我描述，在她心裡，這位好友的臉書擁有何等生命力：「假如她的帳號被刪掉，這會讓我覺得我再也無法好好跟她說話了。」她說。「就像是把世界上最後一點點幾近真實的她給刪除了。」[108]

好好跟她說話。我常聽到這種說法，而且這似乎並非只有懷念故人的成分。剛進入二十一世紀時，有項針對「悼念者在虛擬紀念平台（如線上墓園）的交流行為」的研究顯示，會**對逝者說話**的人，大概僅占百分之三十。[109] 十年後，我根據我研究的五個臉書紀念頁製表統計（合計一千則貼文），發現百分之七十七的人，會對逝者說話。對於出身背景傾向「紀念文化」，認為逝者可能聽不見他們心聲的人，這種情況尤其明顯。對他們來說，寫下文字訊息

是對逝者親屬表達弔唁、支持，而非與逝者聯繫。「我知道，我們寫在這裡的東西，他一個字也看不到。」某位造訪紀念頁的使用者如此表示。不過有趣的是，他們仍舊認為有必要強調此舉的動機：「我只是想和他的朋友、家人分享我的感受而已。」[110]

另一方面，仍有四分之三的貼文出自以下心情：「雖然透過臉書講話好像很蠢，但我知道你一定看得到，也會明白我打在這裡的每一個字。」某人如此寫道。「我曉得你能讀到。只可惜你不能回答我，這感覺好糟…謝謝你讓我有機會能再跟你說話。」另一人寫道。臉書在促進人際連結方面，顯然具有十分獨特的效果，致使「無法登入」竟可能導致聯繫阻礙。「生日快樂！昨天我沒辦法連線…但我沒忘記你的生日喔，而且我整天都在想你！」某人說。另一人也透過臉書表達歉意，不過這一回與忘記生日無關：「很抱歉我好一陣子沒留言給你。住城堡確實很奢侈，但是有網路更奢侈！」[111]

以這種方式留言、寫訊息，是否代表我們仍屈服於習慣、依循傳統常規，而非明確表達我們對死後境遇的想法？又或者，我們能不能將這些訊息視為留言者真正的信仰？人們當真認為逝者不僅有感覺，還能在往生世界中類似網咖之處讀到這些訊息？而宗教信仰是否也會左右每個人對「生者能否與逝者接觸」的看法？說到底，我們活在一個宗教影響日益式微的社會，光是從二〇〇一到二〇一一這十年間，英格蘭與威爾斯的人口普查即顯示：認為自己是基督徒的比例從百分之七十一點七降至五十九點三，宣稱自己沒有宗教信仰的人則從百分之十四點八上升至二十五點一。[112] 一九九〇

年，僅百分之八的美國人表示自己沒有宗教傾向，然而，這個數字卻在不到三十年內暴增至百分之二十二，幾近三倍。[113] 二〇一七年，美國的天主教徒約占總人口的百分之二十，[114] 然而據保守估計，美國的無宗教信仰人口，大概會在二〇二〇年超越天主教徒人數；到了二〇三五年左右，無宗教信仰者會進一步超越新教徒人數〔基督新教（Protestants）是美國目前最大的宗教派別，約有百分之四十五的美國人屬於新教底下的不同支系〕。眼見宗教影響持續減弱，這是否表示世人對死後生活、感知逝者的概念亦隨之削弱？

　　各位或許認為結果勢必如此，實際上卻不必然是這樣。和我一直以來的假設完全相反且頗有意思的是，信仰上帝並不完全等同於相信死後得永生；此外，即使是無神論者或不可知論者，他們也可能相信，人死後還會有另一種**生活**。[115] 雖然過去十年來，正規宗教教育及信仰傾向明顯下滑，不過，一般人相信舉頭有神明或死後有來生的程度依然偏高，[116] 甚至還會透過線上活動明白表現出來，讓學者輕而易舉就能完成調查。[117] 社會學家湯尼‧華特經常利用線上素材進行研究，希望能更了解現代人對天堂、天使、靈魂、死後或來世的看法；華特就曾提及：「許多貼文看似相當世俗，卻經常意外提起天堂。」[118] 某研究人員指出，在瑞典，從「屬靈」角度思考死亡與來世似乎相當普遍；比起傳統宗教，一些「新世紀思維」（New Age）似乎更常提倡「死後人生」（life-after-death）這類概念：他們「讚頌個人」，頌揚「來世沒有任何懲罰」的至福極樂。[119]

　　華特還注意到一個現象，那就是有愈來愈多人提及「死後成為天使」，就連完全不信神的人，似乎也擁抱這個概念。「曾以人類

的身分活在凡間」的天使已然成為一種新的天使類型，與傳統教會描述的天使毫無干係。華特認為，相信世上有這種美好、神聖的存在，無疑也是我們清楚表達自己與逝者關係的一種方式，而永存於線上空間的「天使化逝者」檔案，更進一步促成這種關係。「我們最常遇見『天使化逝者』的地方，」華特寫道，「就是網路。」[120]他主張，「網路空間」和「天使」其實有某種相似之處。在世人眼中，兩者似乎都是「往返世間與天堂」的管道。「以前我們總認為，人死了以後，靈魂就被『關在』天堂裡了。」華特表示。「但天使不同。天使能讀到社群媒體貼文，因此，科技發展就算不足以成為信仰，至少也提供一處能讓靈魂彼此交流的嶄新空間。」[121]不論線上環境本身是否足以成為另一處新天堂樂園，又或者僅僅是一種媒介，讓世人能與另一個世界的天使接觸，證據顯示，沒有宗教信仰和有宗教信仰的人似乎都願意相信，逝者不僅能接收到我們的訊息，還會關照我們在世間的利益福祉。

　　我自己的研究對象同樣證實了這一點。我研究的題目是「使用者在臉書向逝者傾訴之現象」，[122]而臉書符合華特筆下「天使特別關注傾聽」的媒體平台。[123]我問艾娃（艾娃很年輕，沒有宗教信仰），「透過臉書發訊息給亡友」和「寫一封信放在亡友墳前」感覺是否不太一樣？她答得毫不遲疑：「我覺得她會看到塗鴉牆上的留言。」她說。「如果我自己看不到我寫給她的話語，我會覺得她肯定也看不到。」那麼在心裡訴說，或透過祈禱呢？「你當然可以在腦子裡想好要跟他說什麼，」露比說（她堂兄過世了），「然後心想：『噢，好希望他能聽見我說的話。』可是如果你寫在臉書

上，感覺就是一種比較實在的溝通方式。」[124] 不只是懷念，而是「溝通」。好，那如果像亞倫・哈奇克的父親一樣，走進他以前住過的房間、嗅聞衣物氣味，置身在他過去的所有物之中呢？「那很奇怪。」克萊兒說。「不過我心裡也會隱隱覺得他應該看得到。我上臉書和他說話的時候，當下不會意識到他已經不在了；但要是我走進安靜的墓園、看見墓碑上刻著他名字，或是看著他宛如時光凍結的房間，那種失落感應該相當震撼。」[125]

如果這些天使般的存在仍有其媒介，那麼這些媒介理當也具有某種社交意義。不論是臉書紀念帳號或使用程度略遜一籌的訂製紀念網頁，我在絕大多數寫給逝者的留言中，都看見這一類假設，且證據頗為充足。逝者肉身已死，沒有人否認這一點；但是從社交層面來看呢？那倒不一定。社群網絡的逝者與中華文化的孤魂野鬼有所不同：後者必須在適當時節、透過適當形式給予適當關注（**否則就會倒大楣**），而前者大多被視為良善的，與他們互動就像和天使保持關係一樣，經驗大多是正面的。儘管如此，我們仍會設想這群網路幽魂可能抱持某些期盼；至少，我們會覺得自己仍應對他們承擔某些社會責任。假如你忘了上線祝他們生日快樂，或好一陣子疏於問候，他們**有可能**會感到失望或受冷落，所以你極可能會為了自己的疏忽而留言致歉。此外，他們可能還是很關心日常瑣事，譬如美式足球賽事、誰家生了寶寶、誰聽了哪場音樂會等，所以上網和他們分享這一切的感覺非常美好，就像我在第一章提到的 —— 日本人頻繁造訪佐佐木的「風之電話」，透過未接通的電話，與親人分享自己的生活。如果你解除與逝者的朋友關係，他們說不定會因此

傷心難過、覺得被拋棄或遭嫌棄；因此，在社群網絡刪除亡友，常令許多人內心五味雜陳，感覺不舒服。[126] 更重要的是，有時你還得上網留言致謝，感謝他們傳訊息給你或幫助你（譬如：某些自然現象，或代禱保平安等）。「感謝你託夢給我！你這怪咖。」「最近夜空裡有顆星星特別亮，我知道那一定是你。」「那輛車差點就打滑衝過安全島了！感謝你沒讓我就這麼一路歸西！。」[127]

我們身處的數位環境是否真有什麼特殊之處，讓我們相信網路能協助我們跨越人世與天堂的隔閡，像天使一樣穿越生死界線？不論有沒有宗教信仰、相不相信有死後還有別的世界，我們又何以直覺認為「社群網絡」是跨越生死最有效的一種方式，讓我們能聯繫那些有感知能力、投入社交生活的逝者故人們？這麼說吧，現在我們已經非常習慣透過科技媒介與遠方親友聯絡了。不需要語音提示、也無須看見彼此的臉，我們就是知道對方收到訊息了。這份信心來自 WhatsApp 那兩道藍色小勾勾，來自朋友大頭貼滑落至臉書即時通的最後一行訊息，又或者來自電子信箱自動傳送的讀取回條。將訊息發送至乙太空間，幾乎等同於料想對方會立刻收到，不管彼此距離多遙遠都不成問題。

然而，不知各位是否有過誤發電子郵件或簡訊的經驗，內容可能還頗為敏感？在這種時候，你會不會自我安慰、告訴自己對方可能不會收到，或根本不會打開來看？你當然不會這麼想。你就是**知道**對方已經收到了，而且此刻說不定正在閱讀內容；於是，你肯定心慌意亂。假如你對科技媒介溝通的認知就是無疆界、無限制、即送即達，那麼，如果你會因為朋友離世就不再這麼想，可就相當奇

怪了：因為，以前他們就算看不見或聽不到你，也不會因此收不到你的訊息呀。

社群網絡的聯繫力之所以如此堅韌，還有另一個理由，各位應該也看出端倪了——答案就在艾娃的那段話裡。她說：「如果我看不見我寫給她的話語，我會覺得她肯定也看不到。」[128] 照這樣聽來，艾娃描述的是某種內在連結，讓亡友融入或與自我合併，如此對方就能透過艾娃的雙眼看見這個世界。不過這也反映社群網絡的一項根本特質：社群網絡存在的目的是聯繫感情，也因此將所有人都放進一個漸趨複雜的人際網絡中，透過演算法隨時提供各種新的接觸點。

德國哲學家海德格的英譯者們經常刻意使用連字號「-」，傳達我們與其他人持續互聯的傾向。「Being-in-the-world-with-others」，意即我們不只存在，「也和世上其他人共同存在」，我們每一個人，永遠不可能脫離這種特殊的既定存在。[129] 社群網絡恰恰是我們「與世界上其他人共同的**數位**存在」。當然，我們最初只是建立自己的個人帳號，但從此以後，這個帳號就是眾人共同打造、共同撰寫的世界了。二〇一一年，祖克柏推出新版「動態時報」（Timeline），邀請大家一起寫自傳，大方提供臉書作為出版平台。「讓各位訴說自己的人生故事，這是臉書非常重要的一步……各位可以挑選最精采的部分，編排策畫你所有的故事，呈現你真正的模樣。」祖克柏在線上發布會上如此表示，[130] 但所有上臉書寫自傳的作者們，必然會得到一大群小幫手。假如你打算出**紙本**自傳，那麼直到送印之前，所有創作與控制權都在你手上，字句屬實；然

而在社群媒體上，你得和其他共同作者、親朋好友一同撰寫你的自傳。如果你和某位朋友在社群媒體往來特別頻繁，並且在對方過世後，繼續造訪她或他的個人網頁，你感覺到的肯定不只是「她／他以前就是這樣」，而是「**我們**以前就是這樣」，或甚至是「我們**一直**都是這樣」，不分今昔，始終不變。

臉書功能持續進化，服務對象亦延伸至逝者，擺明了就是要讓生死兩隔的人延續這份聯繫。我會在後面幾章進一步討論這個主題，不過，就目前而言，各位知道臉書近期有「紀念帳號代理人」這項創新就夠了。紀念帳號代理人的角色有點像線上平台專屬的遺囑執行人，由各用戶在生前指定生效。臉書的紀念帳號代理人不能刪除逝者生前為自己挑選的朋友，但他們**可以**新增原本不在朋友名單上的用戶，例如雙親或祖父母，或是純粹為了能讀到亡友生前記事的臉書新手。如果有人覺得上網瀏覽紀念頁令他們感覺不舒服（研究顯示，不常使用社群媒體的人在與數位遺體交流時，大多心情緊張、而非寬慰），[131] 代理人也可以下載封存檔給他們，只要用戶在設立帳號代理人時開放這項功能就行了；而下載封存檔也能讓沒有臉書帳號的人讀到這些紀錄。[132] 此外，用戶也可以透過這項功能表明「死後刪除帳號」的意願，不過你得先意識到有這件事，並且在生前主動深入研究隱私狀態裡的各種設定、勾選小方格，你的意願才可能成真。

臉書帳號歷久不衰（一般公認如此）、用戶數量龐大（超過二十億且持續增加），結合這兩項事實來看，這個全球最受歡迎的社群媒體平台「幽靈」用戶激增，似乎也就沒啥好奇怪了；至於紀

念帳號的成長幅度有多快，以及已故用戶數目超過在世用戶的明確時間點，此刻還說不準。「二〇六五」[133] 和「二〇九八」[134] 這兩個數字在大眾媒體之間流傳已久，但若仔細檢視，各位會發現兩造的估算皆太過草率粗糙。想藉由精確統計推估「生死翻盤」的臨界點，確實是一大挑戰；特別是在我們完全無法預測臉書的未來命運（說不定臉書會因為某個商業決策而將營運推向高峰，或因重大醜聞而導致發展受阻或深陷低谷），這項推測尤其困難。打個比方來說，該公司二〇一八第二季成長停滯，部分原因可能與二〇一六年美國總統大選的爭議有關。[135] 即便如此，「牛津大學網路研究中心」（Oxford Internet Institute）研究員仍設法利用最可靠的原始數據（臉書現有十九億用戶，再配合聯合國的人口統計數字），針對全球臉書已故用戶的累積趨勢，盡力提出最詳盡且深思熟慮的預測結果：假使臉書人氣暴跌，導致二〇一八年後不再有人註冊，那麼約有十三億在世用戶會在二十一世紀結束時成為已故用戶，成長幅度自此逐年激增。另一方面，如果該平台經營順利、平步青雲，每年的註冊成長率達到百分之十三，且用戶於死後依然保存帳號，那麼在本世紀來到尾聲時，臉書大概會有三十六億八千萬個帳號屬於已故用戶。[136]

　　無論從哪個角度來看，這群已故用戶的勢力都很龐大，「數億幽魂成天『掛網』卻不社交往來」的傳聞確實可能為真。雖然「環球墓園」絲毫無法撼動墓地在現實生活中的地位，臉書卻已經成為目前全球規模最大的「墓園」了。各地墓園和殯葬業者無不將臉書視為競爭對手，唯恐自己的收益會逐年下降，最終化為烏有。其中

不少業者已拿定主意：既然無法打敗敵人，那就加入敵方陣營。譬如西雅圖的「基靈石材公司」（Quiring Monuments）是少數將QR Code嵌入傳統花崗岩墓碑的製造商。該公司網頁將這項「圖碼－網頁」串連服務明確定位為「臉書紀念網頁的替代方案」或附加服務：遺族親友可以連上網站「活出歷史」（Living History™）撰文悼念，上傳照片，編寫評論或家族傳承等各種資訊。[137]「死亡及社會研究中心」的約翰‧托耶博士就設想了一種「未來墓園」：戴上虛擬實境視聽組，穿梭墓園，向沿途「復活」的祖先們招呼問候。[138] 我見過別人示範「強化實境」（augumented reality）技術：把 iPad 相機鏡頭對準一座外觀極為普通的墓碑，一張張照片就如同「寶可夢」（Pokemons）活靈活現出現在螢幕上了。[139]

　　以上種種科技，都可能拉近我們與實體墓園的距離，讓墓園成為更有意義的地方；然而隨著時代變遷，當我們可以舒舒服服窩在家裡，不論刮風下雨都能透過手機輕鬆維繫這份情感，屆時我們還會有動力繼續走訪親友肉身安葬之地嗎？話說回來，無人上墳的墓園，還不是我們唯一要擔心的問題。因為，誠如數位遺體和數位科技能提供潛在的情感聯繫，它們同時也能斬斷這份聯繫。現在就讓我們透過一兩幕猶如天方夜譚的場景，來瞧瞧故事的另一面吧。

Ω

　　請各位先想好一位最親近、關係最密切、相交最久的朋友。在理想情況下，此人多半是你的童年玩伴，或學生時期認識、你知之甚深，一想起對方便分外珍惜的人；當然，你也可能最近才認識對

方。不過重點是，此人必須是你人生不可缺少的一部分；如果他們不曾在你身邊、不曾陪伴過你，你今天可能會是另一個完全不同的人。沒有人比這個人更了解你，而你們倆也一起創造了許多回憶。你壓根算不清這些年來你們有過多少次對話，傳過多少訊息，或者合拍過多少相片。請想像你把這所有的痕跡全部收在一只大鞋盒裡，並在盒蓋寫上朋友的名字。這個紙盒超級大，因為所有的友誼記錄都在這裡──上課偷傳的小紙條，你搬到另一座城市之後、對方寄給你的每一封信（摺好放回蓋了郵戳的信封裡），還有累積數十年的厚厚一疊照片。

有一天，你收到這輩子最糟糕的消息：這位好友突然過世了。意外身亡。你震驚麻木，不敢置信。他總是一直在你身邊，但現在，你的一部分隨之而去。哀慟逾恆、渴望再一次感覺對方的你，慌忙翻找衣櫃頂層，將那只盒子拿下來擺在床上。自此一連數日或好幾個禮拜，你天天審視盒子裡的物品，甚至一天好幾次。雖然這和朋友回到你身邊的感覺不太一樣，但盒裡的東西不僅使你憶起好友的一切，也讓你回想起兩人相處的模樣，使你大笑、哭泣、微笑。得知你痛失摯友的眾親朋好友紛紛捎來關心訊息，你同樣也把這些卡片收進盒裡。又過了幾個月，你發現自己翻看這些東西的時間變少了，不過不要緊──哪天你需要它們，想再一次找回這條聯繫感情的絲線時，你知道上哪兒去找：紙盒就在那裡，只要伸手摀取即可。

然後有一天，你聽見有人敲門。門一開，你驚訝地發現好友的雙親站在門外；你們從葬禮過後就沒再見過彼此，而對方竟然大老

遠飛越數百里、沒說一聲就來到你家門口。他們不發一語，甚至無視你的存在，然後一把推開你、直接踏過走廊來到你房間。他們粗魯地取下鞋盒、用繩子綁好，接著就如同來時一般突兀與沉默，甩上車門揚長而去。你挫敗癱倒，失控發狂，絕望地想奪回你的回憶；然而當你好不容易聯絡上對方，質問對方令人費解的行為與鞋盒下落時，他們卻回敬你再糟糕不過的消息：他們把那只鞋盒還有盒裡的東西全部銷毀了。血液直衝腦門，先是耳內一陣嗡嗡響，然後全身血液彷彿瞬間流光。你幾乎能感覺到好友與你交握的手正緩緩抽離——你又再一次失去他。彷彿他又死了一次。

　　好，現在咱們換個身分。這回你不再是某人的朋友，而是父母——就說是某個十來歲少男少女的父母吧。有一天，你的孩子照常出門；數小時後，警察上門。悲傷的你步伐踉蹌，強打起精神做該做的事：通知親友，打理一切必要安排。身為孩子的父母，你理所當然以為自己會是安排追思會或紀念儀式的中心要角，你想讓大家聚在一起懷念他，相互支持，哀悼沉痛的失落。然而當你好不容易踏出最艱難的一步，拿起電話，撥給親朋好友時，卻萬分訝異地發現他們竟然都已知情，而且幾乎是在事發當時就知道了；甚至還有幾個孩子（孩子的朋友）比你更清楚細節。結果竟然不是由你來發布這樁噩耗。

　　儘管你滿懷憂愁，惶惶不安，你仍設法繼續原先的計畫。你著手搜尋相片，想描繪孩子的一生，卻發現你幾乎沒有她／他近期的照片；於是你再度聯絡孩子的朋友，想請他們幫忙，唯獨此時你又再一次驚訝地發現，他們早就把手邊所有的照片都用上了——

他們也在為你的孩子舉行紀念儀式，而且儀式正在進行。這場追思會有數百人參加，會場在一個你不曾去過的地方。你匆匆趕抵現場，卻發現大門上鎖，門扉緊閉。你聽見大夥兒在裡頭一起哭、一起笑，原來他們正在瀏覽照片，分享故事，聊起你的孩子並給予彼此安慰。你敲門，但無人回應。你用力敲、使勁踹，哀求他們讓你進去，威脅他們再不讓你進去就燒了這個地方——那可是你的孩子呀！你應該是這場追思會的一份子。這場追思會應該由你主辦。至少至少，你也應該在場。

但是沒有人讓你進去。

Ω

各位是否覺得這些場景很荒謬？確實荒謬。若有任何人膽敢不請自來、奪走並擅自摧毀一大箱重要文件，大概會以非法侵入、竊盜和恣意破壞他人財物而遭逮捕論罪吧。再者，又有誰會集體策畫並參加亡友的追思會，卻刻意排除其父母，不讓他們參與？但是，從本質上來說，這兩種情況其實正在發生。若說數位遺體可能破壞情感連結、致其瓦解，大抵不脫「讀取」及「控制」兩種權限；若非涉及其一，就是與兩者都有關聯。

與**讀取權限**有關的惱人經驗，大致可分成三大類，而這三類經驗都可能左右、干預哀悼者的決定權：決定自己要或不要、並以何種方式維持情感連結。第一類是數位遺體可能徹底消失的威脅。「雲端自動備份」這類機制或許讓你覺得安心，以為所有數據資料永遠都在——別上當了。數位存在具有「誘發焦慮、雙重矛盾」的

本質，它們一方面總是無時無刻緊跟著你，另一方面卻可能消失得無影無蹤。[140] 由於你家閣樓已沒了那只收存記憶的鞋盒，因此，害怕無法觸及（讀取）逝者數位遺體的憂慮更形強烈，甚至將其視為二度死亡，猶如一夜盜走你最後一絲連結希望的竊賊。「我應該會到『傷心欲絕』的程度吧。」一位參與研究計畫的年輕人說。「對其他人來說可能是微不足道的事，對我而言卻有可能非常重要。這類個人檔案彷彿是對方留給我的最後一條繩索，如果弄丟了，感覺就像再一次徹底失去對方這個人，內心的傷口也會再度裂開。」[141]

許多機制都能一刀斬斷你和故人數位化身的連結：系統故障、網頁過期未續訂、平台服務條款言明，會在（帳戶持有人過世後刪除一切資料）、硬體毀損或淘汰，或是繼承人直接移除被繼承人的社群網絡個人資料等。如果你是數位原住民，你的談話紀錄和影像記憶可能大多存在臉書上；假使有一天你最要好的朋友過世了，個人帳號亦遭停用，那麼這就如同有人闖進你家、搶走你的鞋盒、摧毀裡頭保存的所有記憶——而且還完全合法。

讀取權限引發的第二個煩惱是：你曉得逝者留有數位遺體，你也想與之接觸，卻不得其門而入。在現實生活的一般狀況下，通常不會有人阻攔你、不讓你參加紀念儀式，也不可能有誰會禁止你在公共墓園上墳獻花；然而在網路世界裡，你可能輕易就發現，逝者的數位化身仍好端端地**活著**（說不定還活得多采多姿），彷彿唾手可得卻無法觸及，因此沮喪萬分。也許你不用臉書，而你的孩子雖然使用，卻未開啟紀念帳號管理人權限，故你同樣不得其門而入。你好希望有誰能坐下來解釋給你聽，帶你操作一遍，擷取螢幕畫面

或下載你想要的資料給你；但另一方面，一般人之所以會在社群媒體排除父母或某些人，是有理由的，而他們忠心的朋友可能也會意識到這一點。身為父母的你不僅碰不到這些**資料**，也被同在這個平台哀悼的群體排除在外。參與我另一項研究計畫的一位母親，就曾精確描述這種被排除的毀滅感。[142] 她表示，兒子過世時，他的朋友竟然沒有一個寄慰問卡或悼念信給她。葬禮期間，兒子最要好的朋友告訴她，他們在臉書上弄了一個網頁紀念他；但她沒有臉書帳號，看不到。這位母親說，她原本打算擺放慰問卡的位置「空無一物」。她不曉得該怎麼辦、能怎麼辦。[143]

這個問題對家屬的影響，遠遠大於對朋友的影響，兩者不成比例。以前，通常是家屬或法定繼承人享有接觸逝者的種種優先權：處理遺體、財產遺物、手稿或照片等所有相關資訊。一切按繼承法規行事。這項優先權也代表家屬有權管制擁有接觸管道的**其他人**，唯有家族成員才能擔任守門人。朋友則恰恰相反。在傳統權限的分布光譜中，朋友處於相對的另一端；無論他們與逝者的友誼有多緊密重要，他們常常一不小心就遭人遺忘，成為「被剝奪哀悼權」（disenfranchised grief）的一方。這個詞彙主要用來描述悲傷遭人漠視、無人認知或辨識其有權哀悼的人，[144] 譬如祕密交往多年、想索回情書的地下情人大概就永遠不得其門而入。學生時期的朋友或許永遠無法獲知同學死訊，或者來不及得知並參加他們很想參加的紀念儀式。然而，在一段極短暫的時間裡，這座權力天秤劇烈翻轉——理由是社群網絡時代同時也是「朋友時代」。如果那位地下情人使用臉書和 Instagram，那麼她就比悲傷但恐懼科技的正牌遺孀

擁有更多接觸逝者數位遺產的途徑；哀傷的爸爸可能發現他找不到半張可沖洗出來的照片，只好央求孩子的朋友幫忙準備葬禮遺照。以上這第二幕場景看起來就沒那麼荒謬了，是吧？

　　與讀取權限有關的第三種麻煩是：訊息**超出負荷**。鑑於紀念帳號的普及度日益提升，各位碰上「使用中的已故用戶帳號」的可能性相對少了許多；不過，我們偶爾還是會收到來自未轉為紀念帳號的已故用戶、也就是逝者發出的提醒，建議你該給亡友「蕾絲莉」祝個生日快樂，或者推薦你參考某家旅行社的代辦方案，因為亡友「凱斯」非常喜歡他們的服務。這些未轉為紀念狀態的已故用戶帳號可能繼續有人登入管理，故而處於使用狀態，然而此舉卻可能造成眾親友的困擾。或許是因為不諳數位科技、或是心理上太過天真，有些人當真不明白他們使用逝者帳號的行為有多惱人；然而，有時候他們就算知道，卻仍我行我素，照用不誤。

　　這第三種場景或可透過凡妮莎・尼可森（Vanessa Nicolson）的揪心故事作為例證。凡妮莎經常瀏覽女兒蘿莎未轉為紀念狀態的臉書帳號（帳號仍維持在她生前的登入狀態），尋求慰藉。有一天，凡妮莎看見女兒生前的男友「亞當」更新個人狀態，貼文描述他已經開始另一段新戀情。後來凡妮莎投書《衛報》（*Guardian*）描述她當時的心路歷程：[145] 她覺得女兒被「取代」了，這感覺令她極度心痛。她幾乎連想都沒想就在亞當的更新狀態底下發表評論：「難道你不覺得你太快愛上別人了嗎？」她寫道。但她一按下發送鍵即恢復理智，意識到這則回覆會顯示在貼文底下的討論串裡，而且發文者還是亞當過世的前女友蘿莎（有頭像為證）。凡妮莎此時已非

常複雜的痛苦情緒因為驚惶而雪上加霜，在那個瞬間，她覺得這則回覆對亞當及其他朋友造成的衝擊簡直難以想像。

確實如此，而且也不教人意外。研究顯示，若已故用戶的帳號由其配偶或雙親控制，幾乎普遍會對其他人造成負面影響，令人難以招架。[146] 不過，就算帳號轉為紀念狀態，從此不再有「來自陰間的嚇人訊息」之虞，這類帳號仍是個問題：由於臉書並未區隔悼念平台，故你無法選擇要或不要點進去看；即使臉書對紀念帳號的功能設計與時俱進，在作者撰寫這段文字的當下，已轉為紀念的逝者帳號 —— 用戶名稱明確注記「緬懷」（Remembering）的逝者帳號，字樣 —— 仍與其他在世用戶依姓氏筆劃或英文字母順序共列於好友名單上。我們在「失落」與「復原」這個雙重歷程模式的來回擺盪，也因此簡化為「點選」、「滑動」兩個動作：一下子瀏覽在世友人的動態，一下子造訪已故友人的紀念頁，如此重複循環。這就好比在繁忙的商業大街上赫然發現墓碑，走著走著又冒出一座。我們總是無法排除在網路平台連上紀念帳號的可能性，也總是很難決定是否該就此打住（不再想念、切斷聯繫）並斷定此舉是否妥當？還是該再維持一陣子、繼續逛逛看？

Ω

「控制」則是另一項可能切斷情感連結的潛在挑戰。即便你擁有某人數位遺產的部分或完整讀取權限，你還是可能碰上一些麻煩事、剝奪你的代理權，斷絕你維持情感連結的職權或能力。不具備或缺乏控制權的相關問題百百種，「死亡通知」就是其中一項。社

群媒體傳遞消息的速度比各國警方都快上許多，因此，誠如前段第二幕所描述的場景，某人的死訊可能先一步在臉書或推特披露，關係最近的親人反而最後才知道——他們來不及消化親人死訊，甚至無法決定要不要公布死訊。於是，這類死亡通知可能成為另一種不可抹滅的足跡，讓家屬永遠忘不了得知沉痛消息的那一刻。

　　此外，若是意外觸及逝者的某部分數位遺產，也可能顛覆你對此人的認知，粉碎你們之間的堅韌連結。各位不妨想像一下：假使《我愛阿拉斯加》那位「711391」女士過世後，她的丈夫不巧讀到她的搜尋紀錄（滿滿的性幻想、計畫私會其他男子、夢想遠走阿拉斯加），原已悲慟萬分的他將作何感想？即使是內容傾向正面，也提供哀悼者不少慰藉的數位紀錄，若其中夾雜少許令人憤怒或感覺受傷的訊息，也可能玷汙或破壞整體感受。個人頭像也可能引致反感。看著所愛之人的檔案頁上處處散布行兇者的細節描述（譬如某女子遭伴侶殺害，某人遭朋友霸凌，或遭家族成員虐待後輕生），家屬卻無權刪改。這些數位足跡雖不致構成令哀悼者難以承受、不易抹滅的逝者印象，亦不若前述場景來得戲劇化，生者仍有可能因此感覺束手無策，進而在維繫情感連結方面產生問題。懷有不同需求、傾向迥異的個人或團體隨時都可能觸及同一副數位遺體，結局自然不太可能皆大歡喜。逝者**到底**是個怎麼樣的人，答案誰說了算？

　　一九七〇年代初期，「艾登」決意開闢嶄新人生，因此他拋妻棄女（女兒凱西當時才六歲）離開英國，任這個原本仰賴他維生的小家庭在貧苦中掙扎度日。[147]「他愛喝酒、打老婆，他拋妻棄子，

而且沒留給我媽半毛錢。」凱西如此表示。她拒絕原諒他就這麼離開她們，再也不曾見過他。然而多年後卻發生一件令她非常不舒服的事：她收到臉書「加好友」的請求──是他。凱西從來沒想過要把這位失格生父視為自己的父親，更遑論當他是「好友」；於是，她不理會他的請求。不過艾登仍不放棄，凱西只好妥協；萬一他打算回英國看她們，或永遠待下來呢？她出身小鎮，地方不大，她可不想在大街上意外撞見他。但若他洗心革面、變了一個人呢？又或者他完全沒變，哪天死了呢？即使他不曾在她人生中扮演過任何角色，難道她就因此不該得知他的消息？

　　後來，艾登真的過世了。雖然他倆不曾在臉書平台上有過實際互動，然而對凱西來說，他的數位存在確實令她很不好受。凱西的一位手足早先已和艾登盡釋前嫌（凱西為此不太開心），近年才認識艾登的人則不斷透過其紀念帳號讚美他。「我最不高興的是，他的大頭照竟然是他和我姪子姪女的合照。」凱西解釋。「我永遠擺脫不掉他。那張照片永遠都在那裡，然後大家又一直讚美這個根本不配…我並不是說這人沒有優點。只是在紀念網頁上，他的個人歷史完全重寫，就這樣**一字一句**掛在那裡，而我什麼都不能做。我不能把他從朋友名單刪除，因為這樣我就無法知道接下來的安排…可我又不想看見他的網頁，我受不了，因為每當我讀到那些根本**不是他**的描述時，我噁心得想吐。」儘管凱西知道自己屬於少數意見，她仍執意將她的版本貼在父親的臉書網頁上；即使艾登已過世數月，凱西仍深陷天人交戰的掙扎中。

$$\Omega$$

　　艾登猶如史蒂文森（Robert Lewis Stevenson）筆下著名的「化身博士」——既是好人傑基爾醫師，也是惡魔海德。兩種人格皆真實存在，至少對於分別認識這兩種人格的其他人而言，事實如此。從艾登在美國的家人與社交圈來看，他死後延續的數位化身和他們認識的他完美相符（凱西曾透過臉書即時通挑戰其中幾人。她認為他們的某些陳述不完全正確，或至少並不完整，而她為此相當痛苦）。艾登的數位遺體促成美國親人與這位近故父親／丈夫／友人的情感連結，然而對凱西來說，留在艾登臉書上的生平傳記極盡扭曲之能事，持續刺激她；這裡不僅成為她的痛苦來源，也是在哀傷過程中無法除去的惱人芒刺。「我認為這不屬於『複雜性哀傷』，」凱西相當堅持（看來她十分熟悉這類喪親詞彙）；「但感覺很複雜。」確實複雜。當數位遺產是某人的良藥，卻是另一人的傷口，我們到底該拿它怎麼辦，並且由誰來決定？或許答案出乎預料，不過這件事竟然是「商業力量」說了算。為了讓各位了解這究竟是怎麼回事，我來給各位講講荷莉・賈薩德曲折又悲傷的故事。

第三章

服務條款

　　二〇一四年二月十八日，二十歲的荷莉・賈薩德前往她工作的美容美髮沙龍，大概也想尋求一點當時急需的正常感吧。幾天前，荷莉好不容易結束與前男友艾舍・瑪斯林（Asher Maslin）的關係 —— 這名年輕人是個有暴力傾向的麻煩人物，始終以高壓手段控制她、控制兩人的關係。每當荷莉可能離開這段關係時，艾舍總是特別暴躁易怒，因此這個禮拜對荷莉來說相當不好受。不過，髮型設計始終是她的最愛，況且在分手以後，待在「美人瀏海沙龍」（Fringe Benefits and La Bella Beauty）度過平凡的一天，應該能讓她好好喘口氣。荷莉就快要下班的時候，前男友持刀闖進沙龍。雖然急救人員盡全力拯救她的生命，身中十四刀的荷莉最後仍傷重不治。

　　這個殺害年輕女子的兇手受到媒體廣泛注意，理由有好幾個。荷莉曾向警方報案表示艾舍多次威脅她，有人質疑若相關單位早一步積極干預，或許就能挽回她的性命了。此外，在英國格洛斯特（Gloucester）這個犯罪率不高的中小型城市裡，情殺案相當罕見，因此警察總長公開呼籲，希望社會大眾將任何可能與本案有關

的影像紀錄直接交給警方，不要上網公布（顯然當時有目擊者以手機拍下攻擊畫面）。[148] 如果這些影像在網路上散播開來，可能對案件調查與審判造成負面影響——這是執法單位，或荷莉的家人在案件剛發生時，對於社群媒體必須思考的最迫切問題。

幾個月後，艾舍被定罪並判處終身監禁，痛失荷莉的家人很快就發現網路上竟然冒出一些令人震驚、憤怒的言論。首先是來自酸民的惡意挑釁與攻擊。各位或許以為，是網路造就了酸言「侮辱死者」的現象，但「出言中傷死者」才不是什麼新鮮事呢。根據幾份可追溯至西元二世紀的文件，我們推斷哲學家「契羅」（Chilon）就是創造「切莫議論逝者短處」這句警世格言的人。[149] 契羅活在西元前六百年的斯巴達時代，料想當時的人必定很常說死者壞話，否則契羅無須如此勸告世人。話說回來，不論在網路或真實世界裡，人類都很擅長把別人搞得極不愉快，而網路環境不僅使得這類霸凌或侮辱變得更惡劣，還讓這些殘酷惡評如影隨形、傳播範圍既遠且廣，變得更難抹滅、遺忘。

我和荷莉父親碰面的咖啡廳，離荷莉遇刺的沙龍僅數店之遙。我在第一章提過尼克，他細數荷莉的數位遺產帶給他的安慰，描述這些資訊如何讓每一位讀過的人深深感受到「荷莉的喜悅」。然而她才過世沒多久，網路上竟然冒出一些與喜悅完全沾不上邊的未授權個人生平資料。媒體才剛以被害人稱呼荷莉，嗜血酸民便立刻盯上這個受創的家庭，毫不猶豫地發動攻擊。尼克還記得，當時有位朋友警告他，說他們家被盯上了；「有人傳了一條連結給我。他說，你看，我們看到這種東西，你必須知道這件事。」尼克進一步

說，「美國的網站指責我不該讓女兒跟黑人約會。其中一個網站甚至還登出我、我孫女、克洛伊（荷莉的姊姊）、荷莉本人以及我太太的照片。」眼見這些批評並未激起太大迴響，酸民覺得無聊，開始增強砲火，做出更直接的人身攻擊。「後來，就連臉書也出現酸民，而且是在我們的家族網頁上。內容都差不多，無非就是不該讓女兒跟黑人出去這一類的。可是克洛伊的另一半也是混血兒，我的孫子孫女也是。所以這件事實在令我們十分恐慌，非常苦惱。」

「這些事大概是什麼時候發生的？」我問。「失去荷莉之後，您大概是從什麼時候開始意識到網路出現這些麻煩事？」

「噢，」尼克說，「不到幾個禮拜吧。」

當時賈薩德一家仍處於荷莉遭殺害的痛苦陰霾中，他們不確定該怎麼做：你要怎麼控制陌生人在網路上的發言？要從哪裡著手？「這種攻擊不只來自英國，世界各地都有…網路上不斷湧入這類負面訊息，我們只好盡力應付。」尼克說。但他們**必須**採取行動。這一切實在太難以承受、太恐怖了。於是賈薩德一家設法穩定心緒，開始尋求解決辦法。「我們嘗試透過英國政府通信總部（GCHQ）和美國聯邦調查局（FBI）去關閉這些管道。」尼克表示，「警方在這方面非常拿手，而且他們也願意正視這件事。我跟他們說，我們需要關掉這些東西，各位能不能幫幫忙？拜託了。然後他們說，交給我們吧，我們會處理好的。然後…我想他們也真的處理了。那些東西最後真的都被拿下來了…應該不是百分之百啦。」他停頓一會兒，又說，「後來我就沒再上去看了。因為我實在不想看見那些東西。」

後來我自己上網搜尋了一下。我覺得有點不舒服，好像我在做什麼骯髒事似的：我輸入荷莉和克洛伊的名字，再加上網路酸民用來辱罵荷莉的惡毒字彙。結果顯示，荷莉和這些酸民網站的連結似乎切斷了，至少看來如此。搜尋結果底下跑出一行字：「依歐洲地區資料保護規範規定，已移除部分搜尋結果。」按尼克的推測，賈薩德家已經向政府表達他們的擔憂，後者也確實聽進去、遵守諾言並妥善處理。「接下來換我們自己要認真處理了。」尼克告訴我。「剛才那是麻煩一號。」他豎起食指強調，「第一件麻煩事兒。」

　　荷莉過世時，尼克只是自學有成的「網路二・○新手」。電子信箱他當然有，但他不曾使用任何社群媒體平台，臉書更是在他的偵測範圍之外，致使他到現在仍嚴重低估臉書在荷莉過世時的普遍程度──他似乎以為，當時（二○一四年）大多數人對臉書的了解和他自己差不多。「畢竟臉書也才剛開始沒多久。我們講的是近四年前唷，那時候臉書還沒這麼普遍。」對於「用戶數已達一億兩千八百萬、每三名用戶中就有兩名天天登入，而美國用戶更是將整整五分之一的手機使用時間貢獻給這個應用程式」的那段時期，尼克竟如此描述。[150] 荷莉過世後，克洛伊協助尼克開始使用臉書；也難怪尼克看見臉書上的資訊時會這麼驚訝了。「竟然有人成立一個『願荷莉・賈薩德安息』的紀念頁！」這個紀念社團和我一開始撞見的那一個（潔西卡，也是我首度來到數位與死亡的交錯點）十分相似。「而且一下子就有一萬五千多人按讚呢。」我問那個網頁是誰成立的，是朋友抑或家族成員？

　　「是我們不認識的人。」尼克回答。「就某方面來說，這挺令

人高興的，因為這表示有人想念她；然而另一方面…我們完全無法控制這塊地方。在那裡，什麼都可能發生，什麼話都可能蹦出來，所以我們其實也滿擔心的。別忘了，我們之前可是經歷過酸民攻擊那種事呢。」

這一回──據尼克表示，這次他們真的是過了好一段時間才敢這麼做──這家人在臉書成立他們自己的荷莉紀念頁，理由是他們設立了一個慈善基金會：荷莉・賈薩德信託基金（Hollie Gazzard Trust）。臉書上同時存在兩個紀念頁，這種情況不只令人擔憂（唯恐再遭酸民攻擊），也可能使人困惑。尼克認為，說不定有人會以為「願荷莉・賈薩德安息」是家族經營的官方網頁，甚至擔心那個網頁有可能分散大家對基金會的注意。賈薩德家不想失去在那個網站得到的點讚與留言支持，然而一想到他們受過的嚴重傷害，他們實在無法不擔心缺乏控制權可能帶來的後果。於是他們再度採取行動。尼克表示，克洛伊主動聯絡「願荷莉・賈薩德安息」的網頁管理人，表達賈薩德家族想取得及取代管理權的意願。

我屏息等待尼克公布故事下半段，同時也想到我的另一位研究夥伴（克萊兒）曾經提過她的版本：她的表姊過世後，臉書也同樣出現多個彼此較勁的紀念社團。「大家無所不用其極想抓住機會，就只是為了曝光。」克萊兒說。「其中有個傢伙，他總是想控制每一件事，但他這麼做也只是為了討讚而已。還有，意外才剛過一個禮拜，我朋友就不小心聽見另一個女孩抱怨好多人退出**她的**紀念社團、加入我的。這實在太可悲、太不成熟了。」[151]

幸好，「願荷莉・賈薩德安息」的管理人既不可悲也夠成熟。

賈薩德一家的努力有了好的結果：「他回覆說『好啊』，還把所有細節資料全部交給我們。」尼克說。「於是克洛伊就接手管理了。我不太清楚那個網站目前是否還在運作，因為我們把全部的資源都用在信託那個主網站上了。」他們的幸運令我印象深刻。其實「願荷莉‧賈薩德安息」的管理人極有可能漏掉或無視克洛伊的訊息，或甚至拒絕她的請求。「是呀，」尼克說，「然後可能也會貼一些跟荷莉有關的事。他無意設立假帳號，你知道的，這是紀念荷莉、願她安息的網頁。而且他也沒打算扮演任何人。只是這一切就足以顯示可能發生哪些問題：假如他拒絕讓出管理權限，又沒有惡意違反或破壞臉書的服務規約，我們根本無能為力。」

　　對於「願荷莉‧賈薩德安息」網頁管理人的樂意配合，願意把管理權限交還賈薩德家這件事，我並不意外。他與荷莉的家人素不相識，亦無關聯，只因為荷莉之死的某個部分觸動了他，促使他成立社團紀念她。這種舉動不算特別奇怪，誠如前一章曾經提到的：出身「個人主義」文化的人，大多會基於情感共鳴、而非家族聯繫來選擇緬懷紀念的對象。有時他們甚至會選擇完全不認識的對象，向其致敬；不過在許多個月之後，這個與荷莉個人毫無關係的人應該不會再特別關注這個網頁。所以尼克說對了：在網路上，什麼事都可能發生。要是那位管理人並未回覆訊息、交出登入資訊，賈薩德一家將徹底被排除在外，無計可施。不過就像結果所呈現的，這家人的恐懼迅速平息。他們可以自由判斷合適與否、選擇要不要把這個網站的內容併入信託基金主頁，因為他們拿回主控權了；只不過，接下來的「麻煩三號」頓時讓前面兩項看起來像在公園散步一

樣輕鬆愜意。

二〇一四年的尼克或許是社群媒體新手，但荷莉可不是。她使用得相當徹底——推特、臉書、Instagram 統統都有。荷莉死後，尼克註冊臉書帳號，他在女兒個人網頁上讀到、看到的一切無不令他大為震撼。「那是一個全新的世界。」尼克說。「她和同在臉書上的家人、朋友互動，好多好多人。這實在太棒了。臉書是我們接觸荷莉的地方，真的。彷彿她在告訴我，這些就是她以前一直在做的事。」

尼克能讀到荷莉的所有貼文，純粹是運氣好，而且唯有在兩個前提下才可能成立。首先是臉書近期做出的重大政策變革：在二〇〇七年至二〇一四年初這段期間，一旦已故用戶帳號轉為紀念狀態，該帳號的所有貼文即刻改為僅限好友閱讀；因此在這之後才首次註冊臉書的人，可能永遠都無法讀到紀念帳號裡的所有資料，因為**全部**不公開——逝者不可能復活並接受新增好友的請求。至於原本就不在逝者好友名單上、但始終能讀到公開貼文的人，也會突然什麼都看不到了。不過，就在荷莉身亡後不久，臉書發布新聞稿，表示該公司一直在認真思考要怎麼做才能維護已故用戶的隱私、展現最高程度的尊重，同時還得盡可能顧及遺族感受。「使用者會怎麼想？紀念帳號的本意是要向逝者的祝願與遺贈致敬，抑或盡可能關照痛失所愛的生者？」[152] 他們的結論是，若要平衡這兩項目的，最好的辦法是讓用戶死後的隱私設定與生前狀態維持一致，不再更動。某種程度來說，臉書的做法就是延續它們和帳號所有人生前簽訂的同一份契約條款。

假如荷莉屬於個性比較防備或謹慎的人，她的隱私設定肯定更嚴格；要是她原本的預設狀態是「僅限好友閱讀」，那麼尼克就不可能有機會讀到荷莉的完整檔案了——至少無法透過他自己新申請的帳號讀到這些資料。不過這碰巧不是荷莉的作風。她盡情擁抱所有能聯絡老朋友、結識新朋友的機會，所以好友名單上大概就有七百人；而她大多數的貼文都未設限，誰都看得到。「是呀，絕大多數都是公開的。」尼克表示。「也許她並不了解全部的設定吧。此外，她應該也想讓大家都看得到，因為她喜歡這樣。荷莉的生活就像社交劇場。我們之所以知道這一點，是因為她的死讓周遭的人感受到極大的痛苦。」按照臉書的新規則，荷莉的貼文設定將繼續維持原樣，在虛擬環境中亙古不變。看在尼克眼裡，荷莉至今分享的生活點滴幾乎毫無設限。然而所謂的「生活點滴」自然也包括荷莉與其加害者的諸多合影。

Ω

新聞媒體首度報導合影事件時，這類照片共有九張。由於尼克並不熟悉臉書的架構與設計（包括各式各樣的相簿），故起初他以為兩人的合照就這麼幾張。後來，他又陸續發現更多合照，數目達八倍有餘——總計七十二張。荷莉的社群網頁似乎處處可見這名殺人兇手的身影，但這種情況其實不足為奇——據統計，這種可能性**相當高**。荷莉是二十歲的年輕女子，而「皮尤研究中心」（Pew Research Center）在二○一七年提出的報告指出，十八至二十九歲的美國人約有百分之八十八使用臉書，而全美擁有臉書帳號的女性

高達百分之六十九。[153] 此外，美國疾病管制中心（CDC）的統計也顯示，女性遭熟人殺害的可能性遠高於男性，而且超過一半的兇殺受害女性是被自己的親密伴侶所殺害。[154] 在荷莉出生長大的英國，從二〇一四年三月至二〇一五年三月這十二個月之間，遭伴侶或前伴侶殺害的女性被害人占了百分之四十四。[155] 最後再考量這類人際關係透過社群媒體記錄下來的可能性（我們在個人動態留下的資訊、貼文都是最明確的紀錄）：譬如，二〇一八年一月就有一份報告指出，每天從全球各地上傳至臉書的照片就有三億五千萬張。[156] 因此若把「在臉書或 Instagram 留下關係紀錄」和「遭熟人殺害」這兩種可能性加在一起，那麼，各位哪天如果當真遭遇不幸，你和你的加害者極有可能曾經並肩出現在你自己的社群媒體網頁上。

每當一段關係結束，有些人會選擇清掉帳號內所有與前任有關的照片，但每個人在網路上的實際作為依然有著相當大的差異。荷莉和艾舍才剛分手，她之所以留著這些照片難道是出於喜愛且刻意為之，藉此反映內心期盼？或者她只是漏掉沒刪（刪了一些卻仍漏掉這七十二張）？抑或荷莉其實打算全部清掉，只不過她還來不及刪，艾舍就在那個恐怖的下午衝進她工作的地方了。荷莉是否差一點就讓照片下架，又或者繼續留著照片對她而言有何意義，你我永遠不得而知；不過有一件事我們非常清楚，那就是這些照片對她家人的意義。

假如單單考慮社群網絡這個部分，其實尼克並未認真查看或思索 Instagram 的問題；當我問起她的推特帳號時，他似乎也不太清楚，甚至推測那個帳號可能已遭刪除（因為她已不再推文）。不過

他的認知並不正確。在我寫下這一段的當下——離她最後一次推文已過了整整四年——她的推特帳號還在。在荷莉留下的所有數位遺產中，臉書是尼克認為最具說服力、最吸引他的部分；然而當他在她的個人檔案裡看見艾舍的照片時，原本從臉書獲得的安慰瞬間被憤怒淹沒。「看著這些照片，我感覺非常不舒服。」二〇一五年，這位父親對 BBC 記者如此表示。「說真的，我甚至開始避免去看她的臉書，因為我一看就心煩。」[157] 尼克和我碰面時，他的描述是「一打開她的臉書，那些照片就**啪**地甩在你臉上」。我發現，在進行訪談的那一個半小時裡，就算他不得不提到那個殺害他女兒的人，他一次也沒說過他的名字。

　　既然賈薩德一家能在適當的協助下、好好處理前兩椿麻煩事，他們認為這一次應該也能相對輕鬆地解決第三道難題。細心的現代資產顧問通常會建議大家，平時應該要整理網路登錄資訊，留給最近親屬或繼承人，然而荷莉卻未留下完整的虛擬鑰匙圈，無法提供能解開每一處數位遺產的所有必要工具；即便如此，這家人仍不覺得這會是問題。荷莉的姊姊克洛伊知道密碼，因此他們可以登入她的臉書帳號，直接移除那些令人不快的照片。這總辦得到吧？然而他們確實遇到麻煩了：等他們終於決定登入荷莉的帳號時（尼克的印象是在荷莉過世後幾個月，但他記不清楚了），帳號已經轉為紀念狀態；尼克不確定這是怎麼發生的，因為賈薩德家沒有任何人向臉書官方提出申請。「我們只能假設是媒體公開的關係，而臉書也注意到了。」尼克聳了聳肩。「或許他們搜尋了一下或什麼的，然後就把帳號轉成紀念狀態。總之臉書主動做了這件事。」轉為紀念

狀態後，其他人就不能再登入這個帳號，因此就算克洛伊知道密碼也無濟於事。

即使他們已確實遭遇障礙，這家人仍堅信一定還有直截了當的做法，可以選擇性地編輯荷莉的個人檔案，刪除那些照片。賈薩德家認為，只要他們聯絡臉書官方、說明狀況，臉書定能理解這些照片有多教人憤怒，確實該刪除。「於是我寫信說明情況，表示我們想移除荷莉網頁上的一些照片，能不能請他們開放登入權限，讓我們解決這個問題？根據我的印象，那次他們沒有回信。」不過賈薩德家沒打算放棄。「於是我們又寄了一次。這次他們回了，但好像是說…嗯，說他們沒辦法變更設定，不過倒是可以幫我們關掉荷莉的臉書。」尼克說。「不不不，這不是我們要的！我們不希望荷莉的臉書被關掉，我們只是想移除裡頭的某些東西。他們的回覆實在太麻木、太沒有感情了。如果交涉對象是銀行，我當然可以說『麻煩你們關掉這個帳戶，因為她已經不在了——她的存款全部由我繼承，因為我是她的財產受益人。』這沒問題。但臉書…不行，這種方式完全行不通。」

所以他們嘗試走另一條路。荷莉過世後，賈薩德家結識不少媒體人，其中一位記者就曾經請尼克協助完成「數位來世」的採訪報導。同時參與這篇報導的還有事務律師蓋瑞・萊克福特（Gary Rycroft），專長是遺囑及遺囑認證，他對數位資產及數位遺產特別感興趣，也想提供一些建議。我在幾篇賈薩德家的報導看過蓋瑞的名字，遂打給他問問是否還記得這件事；「臉書的態度相當一板一眼，」他說，「不是關掉帳號就是轉為紀念、放著不管。總之就

是不能改，你只能二選一。可是尼克家的意思是，他們不要關閉帳號，他們想繼續看她的臉書、留言給她…他們不要關掉帳號，但他們不想看見**他**。於是我跟尼克說，這樣吧，我想到一個折衷辦法：那些照片是荷莉拍的，所以著作權屬於她，既然你是她的遺囑執行人和受益人，你可以說你要收回這些照片的使用權。我想，尼克應該就是這樣跟臉書交涉的，他們雙方也都同意這樣處理。」

聽完蓋瑞的說法，我不知道該怎麼回答——因為那時我已經和尼克在咖啡廳見過面，而我的理解和蓋瑞的認知有出入。或許賈薩德家確實曾經向臉書請求移交著作權，但結果並未實現；賈薩德家後來是透過完全不同且意料之外的管道，了結這樁心願。那時，賈薩德家蒐集到一萬一千多份請願書，再次聯絡當地媒體——譬如BBC 布里斯托的《西部觀點》節目（*Points West*）。「我們也只能設法維持媒體對這件事的關注熱度。」尼克表示，「除此之外還能怎麼辦？結果『網路保安官』（Web Sheriff）就主動找來了。」

在接到約翰·吉亞科比（John Giacobbi）的電話以前，尼克壓根沒聽過「網路保安官」的名號。[158] 我也一樣。「網路保安官」似乎是負責「網路大西部」的巡警，專門處理網路盜版、智財小偷和侵犯隱私這類不良份子，而該公司創辦人兼執行長吉亞科比應該是專辦智財案件的律師，經常替政商名流、影像工作室、唱片公司和搖滾明星處理智慧財產權方面的瑣事。「網路保安官」官網醒目地亮出幾面老式星形徽章，而《滾石》雜誌（*Rolling Stone*）、《好萊塢報導》（*Hollywood Reporter*）、《告示牌》雜誌（*Billboard*）也常提到這家公司。「有位搖滾明星告訴我，要想清除網路上散布

的個人隱私及其他個資、維持「乾淨」空間，你得像在花園除草一樣時時巡視、即時清理，否則雜草隨時會再長回來。只要持之以恆，最後肯定能擁有一座美麗的玫瑰花園。」吉亞科比在官網上寫道。「從許多方面來看，這個比喻都十分貼切。顧客之所以找上我們，多半是為了幫他們把雜草叢生的網路風景變成美麗花園。」[159]

確實如此。艾舍就如同荷莉網景花園中的雜草，不過吉亞科比的公司是否只服務名流、演員和音樂人？不盡然如此。「這年頭，就算不是好萊塢一線演員或超級搖滾明星，任誰都可能在網路碰上麻煩。」吉亞科比在該公司網站的「執行長有話要說」專欄中寫道。「從小商家到上網購物的消費者，還有家庭、學校，或甚至孩子們，只要你身處弱勢，隨時都有可能碰上各式各樣的網路問題，包括網路詐騙、帳號盜用、中傷誹謗、侵犯隱私、酸民攻擊、網路流言，還有其他更糟糕的事。」[160] 我倒是很難想像還有什麼比「在女兒永存的數位遺產上，處處看見殺害女兒的兇手身影」更糟糕的網路問題。吉亞科比透過新聞得知荷莉的故事，決定主動聯絡尼克。[161]

「他說，『嘿，尼克，我知道發生了什麼事。你跟臉書之間有些問題……我會幫你把那些照片處理掉，還有你想從網路、Google或其他任何地方拿掉的照片、引述等等…我都會幫你移除。』」尼克回憶，「他做到了，而且他還從 Google 拿掉一些東西。現在你搜尋某些字彙，什麼都不會跑出來。」

「所以你有一天就發現它們全都不見了？」我問。

「約翰通知我們的。」尼克說。「他說，都處理好了。大概是

他首次聯絡我的兩三個禮拜後吧。全部不見了。」荷莉的家人和朋友終於能放鬆心情造訪她的數位遺產，感受荷莉的喜悅了。

$$\Omega$$

　　某方面來說，我是從心理學的角度來看待賈薩德家的故事。我發現，他們在讀取、控制荷莉數位遺產時所遭遇的挫折，進一步複雜且加重這家人承受的痛苦與折磨。身為心理學家，我明白「無法控制、預知下一步」確實可能造成壓力，甚至創傷。要是賈薩德一家已具備相關知識與洞見，也有能力和心力防患未然、應付網路上的種種問題，要是他們對荷莉的數位遺產擁有更全面、整體的控制權，或許他們就不會這麼痛苦了。然而，要想控制和預測網路活動根本不可能，理由有好幾個，首先當然是這項科技本身的特性。網際網路使資訊量暴增，傳播範圍無遠弗屆，同時 —— 暫且不論好壞 —— 也讓我們得以影響遙遠的陌生人、或反過來受其影響。假使沒有網路，美國酸民說不定永遠不會知道英國荷莉的遭遇；沒有社群媒體，酸民或許就不會這樣沒來由地大肆發表種族歧視言論，攻擊她的家人。至於另一個使這家人苦無宰制力的原因則是「法律」。每當誕生於數位時代之前的法律碰上現代資訊科技，引發的局面總是充滿矛盾，教人一頭霧水；如果再讓「死亡」加入這場混亂，情況更是一團糟。

　　法律規定及其強制力確實可能造成相當程度的情緒衝擊，這已不是新鮮事；但我意識到，若我不能釐清法律問題，幾乎就不可能理解數位時代的遺族心理，這種情況令我有些意外。在這次網路研

究的寫作初期，我發現法律經常是折磨家屬的痛苦來源。我寫信給倫敦的「情緒與法律研究中心」（Centre for the Study of Emotion & Law），[162] 詢問他們是否做過任何有關死亡與數位環境的研究。對方回給我一封極短信，表示「沒有，此刻言之過早」。我回信建議他們應該及早探究，因為在我看來，這個領域造成的情感衝擊確實存在，也至關重要。我想這也是我正在嘗試進行的研究。幸好，我認識一些超級專業的專科法律人，他們早已在法律、死亡、數位三者短兵相接的模糊地帶投入大量時間與心力。

我和其中幾位曾在二〇一二年阿姆斯特丹「隱私研討會：死亡與死後隱私小組」（Privacy Conference, Panel on Death and Post-Mortem Privacy）共事過。[163] 他們各有專攻，但全都對死亡議題深感興趣。我就是在這場研討會上首度得知並欣賞《我愛阿拉斯加》這部影片（美國線上用戶 711391 不經意表露的自傳內容）。我在那場研討會的發表也相當精采（這可不是在吹牛），雖然聽眾只有小貓兩三隻，但個個聽得津津有味、全神貫注。不論其他與會者是否受到「死後」一詞影響、不明白講題跟「隱私」有何關係，或者純粹只是找不到講廳而未參加，我不知道；不過對我來說，加入這個研討小組讓我首次意識到該議題涉及大量法律條文，包括契約法、隱私法、智慧財產法與繼承法。各位或許已經看出來，這絕不是個有條有理、簡單好走、每個人都摸清楚交通規則的十字路口；相反地，此處指標不明，圓環也令人摸不著頭緒，導致遺族家屬一繞繞了好些年還沒繞出來，不僅使用者經常意外受傷，甚至連通用的道路規則也沒有。最重要的是，當初規劃、建置道路的人同樣苦

苦掙扎，不知該如何引導眾人順利上路或穿越路口；眼前能取得的最佳指引，只有各網站管理使用者的「服務條款」——這正是你會碰上的第一個麻煩。

在剖析「服務條款」對你我往生後可能造成多大影響之前，且讓我們先從比較普遍、籠統的角度來思考何謂「服務條款」。在數位時代以前，對實際生活影響最大的大概就是會直接衝擊金融財務的服務條款吧。我曾不止一次怒氣沖沖地打給手機電訊、信用卡或水電公司，抗議費用過高或不當收取費用，並且堅信一定是對方的錯；而我幾乎每一次都被轉給溫和但堅定的客服人員，提及我在簽約啟用服務時，已同意遵守相關服務條款。悻悻切斷電話後，我每次都發誓下回要更仔細閱讀服務條款…但下一次又忘了。至於網路世界的服務條款，眾人比較關心的條文多半與個資使用及隱私保護有關；正因為網路世界將這兩項視為首要考量，使得「隱私政策」經常與「服務條款」劃上等號。即使你使用的是免費線上服務（如Instagram、臉書及某些陽春版電子信箱服務，嚴格說來都屬於免費服務），若不仔細閱讀使用規範，你也不能斷然假設你不會為此付出代價。

早在二〇〇八年，就有兩位卡內基美隆大學（Carnegie Mellon）的研究人員針對我們使用或造訪的所有網站，著手估算仔細閱讀隱私政策必須耗費多少時間與金錢成本。他們估算的不是你我**實際**花了多少時間，而是我們**應該**花多少時間去閱讀、承擔這套普遍被視為「消費者責任」的條款。「在『企業自我規範』的概念下，消費者應該貨比三家，細讀各網站條列的隱私政策，選擇能提

供最佳保護的網站。」克拉諾與麥當諾在論文中如此闡述。[164] 我猜，以如此縝密謹慎的態度面對造訪的每一個網站，大概不太符合各位的習慣；如果克拉諾與麥當諾計算的數字近乎正確的話，那麼我們之所以對「耐著性子閱讀條款」如此反感，確實情有可原：因為在兩位學者進行研究分析的當時，一則隱私條款平均長度是二千五百一十八個英文字；而一般人閱讀學術類文章的平均速度是每分鐘二百五十個英文字，換算下來就是每則隱私條款得花十分鐘才能讀完。十分鐘聽起來不算太長，不過，如果再想到各位過去一年造訪過多少網站，耗費的時間就相當可觀了：克拉諾與麥當諾約莫在二〇〇七至二〇〇八年之間進行研究，以當時的數據估算，美國人每年平均造訪一千四百五十二個網站。如此換算下來，全美一年花在閱讀服務條款的假定機會成本就是七千八百一十億美元；以人均計算，每人每年得花二百四十四個小時閱讀這些條款；若依從克拉諾與麥當諾「貨比三家」的建議，這個時間大概要乘上兩倍，再以美國標準工時計算，每年大概得耗費七十六個工作天才讀得完。

我不知道各位怎麼想，但是要把七十六個工作天奉獻給閱讀服務條款，我個人可是相當掙扎（鑑於過去十年來，智慧手機與行動裝置儼然成為人類的另一隻手，閱讀天數肯定又往上添了不少）。當然，「沒時間」並非我們不讀服務條款的唯一理由，最重要的理由是你我可能都像荷莉‧賈薩德一樣，純粹因為「不在乎」而不讀。「她應該也想公開讓大家都能看見，因為她喜歡這樣。」她父親表示。不過他也推測荷莉大概沒搞清楚臉書的每一項設定，而他

的推論很可能是正確的。

　　「我曾經找來一些十幾歲的青少年，以淺白文字向他們解說Snapchat、Instagram 這類網站的『服務條款』內容，算是個小規模的單一研究計畫吧。」曾協助賈薩德一家人的事務律師萊克福特說道。「我問他們，『一旦勾選或簽署同意，這些公司就能讀取你們的私人訊息還能販賣這些數據。這你們知道嗎？』孩子們紛紛說『我不知道！要是我知道就不會簽了！』這些青少年或年輕人在勾選『同意』服務條款的小方格時，根本不明白這個動作的意義。」此外，要想理解一些壓根**找不到**的東西，同樣也很困難。這使我想起《銀河便車指南》（*The Hitchhiker's Guide to the Galaxy*）的一段情節：主人翁亞瑟‧丹特的房子即將被剷平，因為他家—— 以及地球—— 剛好擋在星際高速公路的規劃路線上，是以他躺在黃色推土機前激烈抗議。一名來自建造委員會的傢伙不高興地回嗆，表示拆遷公告老早就貼在當地計畫展示室了，難道丹特先生沒看到？亞瑟氣得語無倫次。他說他是看見了，但公告貼在那種地方實在很難發現，而且大概「只有住在門上貼有『小心惡豹』的廢棄廁所裡的上鎖檔案櫃底下、並且對這件事感興趣的居民才會看到吧。」[165]

　　誠如該書作者道格拉斯‧亞當斯（Douglas Adams）所預見的，我們要麼沒有足夠的時間閱讀服務條款，或者就是得再多敲好幾下，才能從**實際使用**的網站或應用程式介面移至服務條款所在；又或者這些條款根本就藏在網站深處，很難找到。不過，這個問題也不是沒法兒解決。研究顯示，若把服務條款放在應用程式商店裡，使用者大多不會花時間點閱；然而，如果在使用應用程式時也

能看見這些條款，使用者大多會注意到它。[166] 不過，即使使用者找得到這些條款，也可能看不懂艱澀的法律詞彙，或使用者並不具備一般理解能力，或無法正確解讀模稜兩可的條文措詞。或許是因為這些服務平台在制定服務條款時，大多將「遵循法規」擺在「對消費者的道德義務」之前，因此條款內容並非愈來愈精簡，而是愈寫愈冗長、愈編愈複雜。[167] 巨量資訊使我們難以消化，而我們又急於享受使用服務的快感，最終使得我們沒能好好為自己把關，就算是我們真心關切的資訊也經常略過不讀。荷莉本人或許不太關心個資是否受到保護，然而許多社群媒體使用者確實在乎這個問題，故而當媒體在二〇一八年三月報導「劍橋分析公司」（Cambridge Analytica）遭控「非法入侵」臉書安全系統、「駭進」數千萬用戶帳號時，臉書用戶大多感到震驚且憤怒。[168]

後來新聞進一步釐清，劍橋分析公司僅能取得部分用戶個資──這些出問題的用戶**允許**第三方取得個資──憤怒的紅霧方才消散。[169] 儘管如此，臉書依舊和《銀河便車指南》的建造委員會差不多，總是讓使用者難以審閱及理解自己的選擇、行使個資宰治權，因此這次事件就像其他許多案件一樣，不能把錯誤全推給使用者。幸好全球已有不少國家開始採取行動，明白指出服務條款有冗長、複雜、隱蔽難找的問題。譬如歐盟就在二〇一八年三月實施新的《一般資料保護規範》（General Data Protection Regulation, GDPR），要求所有經手個資的企業組織必須以「簡潔、透明、易懂、便於取得的格式，敘述淺白且立意明確」提出該機構保護個資的具體做法，[170] 這確實是令人振奮的好消息。不過，當我一頁又一

頁刷過各企業的改良版個資處理辦法時，依舊察覺到緩緩襲來的疲憊感。不管怎麼說，既然管制數據資料的法規與時俱進，照理說我們應該很快就會比過去更清楚「個資保護」——包括個資在當事人身故後如何處理——這一類的事吧，不是嗎？

呵，別高興得太早。歐盟在精簡版《一般資料保護規範》條款中說明，表示：「新規定不適用於往生者的個人資料。惟各會員國仍可提出處理往生者個資的相關辦法。」[171] 歐盟把名為「個資保護法之模糊領域」的燙手山芋丟還給會員國，其實並不意外，而我也能理解歐盟何以認為這項主張合理且正當：因為目前的個資保護條件鮮少擴及死者。涉及資料保護、隱私、著作權及契約的相關法令，一般只保障「自然人」，也就是「具有法律地位的活人」。自然人享有人權，能擁有實體財產及智慧財產，能簽訂與維持具法律約束力的契約合同，也能期待他們的個人資料在通用標準規範下獲得適當的保障。然而前述事項往生者一件也辦不到，再加上他們並非自然人，因此不具有這些權利。

有些契約規範的權利義務或許可由繼承人繼承，但線上服務商提供的個人帳戶或帳號並不在此限。許多線上服務商將「一人一帳號」列為使用規範的核心部分，各位應該不難明白箇中緣由：網際網路猶如隱形斗篷，我們無法透過形體和臉部特徵辨識每一位線上使用者（至少目前還不能），因而導致網路犯罪層出不窮——盜用身分、冒用帳號、侵犯著作權、銀行詐騙、惡意通訊、侵害名譽、誹謗等等。若網路服務公司無法確認使用者的真實身分，就可能一腳踩進蛇窩、還必須負起法律責任。因為如此，網路服務公司與使

用者的契約關係必須隨使用者過世而中止，帳號也應設為不可轉移，即使內容可透過其他方式傳遞也一樣；乍看之下，這種做法確實有理。尼克‧賈薩德就認為，荷莉壓根沒煩惱過這些細節問題。「荷莉可能根本不知道她簽給臉書哪些權利，也不曉得這些權利在她過世後可能造成哪些影響。」尼克說。「她搞不好連想都沒想過。即使這些資訊就這麼白紙黑字列在那裡，她那個年紀的人哪會注意到呢？」

　　不過，不僅使用者為此困惑，掌控你我數據資料的企業商家也同樣困擾。他們或許握有很大的權力，然而一旦涉及使用者亡故，對於該不該接受並回應他們掌管逝者個資的重責大任，企業其實相當頭疼。我把金姆嘗試關掉父親亞馬遜賣家帳號時所遭遇的挫折，轉述給那位事務律師萊克福特聽；「這無疑是一種跡象，顯示這是個全新領域，而且相關企業的服務規約也還沒建置妥當。」他說。「目前還沒有哪一條法律能約束或要求企業擬好規約。但我認為，假以時日，市場上一定會出現這類商業需求，因為這畢竟屬於企業提供給消費者的服務呀。我在想，以後等使用者碰上這些問題、開始抱怨，而服務端也束手無策時，企業才會開始思考：『好吧，各位，我們遇到麻煩了，得花點時間解決。我們必須把條款改得更順應實際才行。』我認為這是他們未來不得不面對的商業現實。」

　　或許吧，我心想。對於亞馬遜這類大企業，我只能說我姑且信之。畢竟從金姆初次聯繫亞馬遜、告知父親死訊的那天以來，事情過了整整一年半都還沒處理好；話說回來，這會兒他們說不定已經比較能夠掌握這類「商業現實」了，因此我決定派給自己一項

任務。首先，我從亞馬遜的網站著手，設法了解「若要處理逝者帳戶，遺族必須辦理哪些事務」。我設定手錶計時，不到二十分鐘便舉手投降——因為我處處碰壁，不論怎麼走都是死路一條。於是我打給客服。

「請教一下。假如某人在亞馬遜有賣家帳號，那麼在這人死後，我要怎麼做才能關掉他的帳戶？」我問。

「是您本人要關閉帳戶嗎？」客服人員問我。

「不是，不是我，」我說，「不是我要關閉帳戶。只是我剛剛在逛你們的網站，想看看有沒有什麼例行程序，或是用戶**必須**提出申請之類的。不知道您是否方便指點迷津，告訴我哪裡可以找到這些資訊？」

對方請我稍候。我足足等了五分鐘。

「網站上沒有這一類資訊。」客服終於回來了。「不過，您只要通過安全認證程序、要求關閉帳戶就行了。」

「要怎麼做才能通過安全認證？」我問。

「您必須驗證用戶手機號碼、姓名，還有申請帳戶使用的電子信箱。」對方回答，但語氣聽來不太確定。

「不需要帳戶密碼？」我追問。

「不需要，您不用提供密碼。」他的語氣甚至比前一刻更不具說服力。我又問，如果只需要提供手機號碼、姓名和電子郵件信箱，那我豈不是想關誰的帳號就能關掉誰的帳號，不論這人是死是活都一樣？這不對吧？當我明白指出這一點，對方似乎比我還要困惑；「難道你們不需要查證用戶是不是真的死了？」

「呃，不需要。」語氣依舊緊張慌亂，「您只需要提供手機號碼、姓名和電子郵件地址就好，其他的都不需要。或者我去請示主管再回覆您？」

我請他呈報主管。過了一會兒，那位倒楣的客服人員回來了。這回他給的答案完全不一樣。他表示，假如我知道密碼，我可以直接登入帳號、申請關閉帳戶；不過如果帳號持有人當真過世了，我必須另外提供死亡證明，然後他們才會關閉帳戶。於是我建議對方把這些有用的資訊放上網站，讓逝者家屬能更方便查詢辦理；他對這項提議沒表示太多意見，於是我問他，我還能找誰討論這個主意？結果我又多等了至少五分鐘，然後這名客服人員再次拿起話筒告訴我，近日會有「內部審查部門」的人跟我聯絡。我到現在還在等。

在前述整段對話中，[172] 我很清楚我只是個利用假設情況打探詢問的文字工作者。我既未失去親人，也未處於哀傷愁雲中；然而每當對方開口請我「稍候片刻」，我對金姆的同情立刻三級跳。我想起至今聽過的軼聞瑣事，想起逝者家屬碰上令人惱怒或事不關己的個資管理員的痛苦經驗——尤其是那些與死者關係最近、最核心的家族成員，譬如賈薩德一家。他們總以為自己擁有相當程度的宰制權，實際上卻不是這麼回事。

Ω

所謂「國內法」（law of the land）必然具備「地域特殊性」，意即**當地**通行的規矩。誠如悲傷和哀悼帶有地方文化特色，死亡與

繼承也受到當地法規約束。世界上有多少國家,這類法規就有多少個版本。其中有些較為一致,例如著作權法(各國著作權法原則上遵守普遍常規或慣例),而資料保護法的差異就比較大(整體趨同,但條文略有差異)。歐盟與美國的資料保護法可能大相逕庭,不過在歐盟**內**則是各國一致。如果你在歐盟會員國內定居或做生意,你就自動成為《一般資料保護規範》的保護對象。那麼規範數位遺產繼承的相關規定呢?若從彼此最協調到歧異最大的相容程度來看,這些法條可謂各擁山頭,互相對立。

艾蒂娜·哈賓尼亞博士(Edina Harbinja)是我先前提到那群超專業的專科法律人之一。在我們極短暫的交談中(短到來不及討論細節),她二話不說直接挑明:「我們不能細究各國法條,只能看原則、看大方向。」她說。「不要管歐盟二十六或二十七個會員國的各自規定,也不需要分析比較美國各州法條。」她簡要解釋:美國的繼承法歸各州管轄,不屬於聯邦,所以內華達州的繼承法可能跟新罕布夏州不一樣;歐盟也是,各會員國的繼承法差異極大,所以,住在匈牙利和住在芬蘭的人可能都受到同一套資料保護法與隱私法保護,但是在繼承關係上就可能相當不一樣。「繼承法的差異真的非常非常大。」她邊說邊搖頭。

我們只有幾小時的時間,但我有**一大堆**問題要問。我明白法規非常複雜,可是我想盡可能搞清楚最基本的幾件事:我好奇,至少在英國和美國,數位「所有物」到底算不算可傳承的資產,像個人財產一樣可以透過遺囑執行?我們常聽人談起數位遺囑,不過如果有人提出質疑、狀告法院,這份遺囑在法律上站得住腳嗎?

臉書「紀念帳號代理人」或 Google「閒置帳戶管理員」（inactive account manager, IAM）擁有等同於遺囑執行人的權力嗎？還有，如果像荷莉・賈薩德那樣意外死亡，並未留下遺囑或數位遺囑，或者未指定任何人執行前述遺囑，又會發生哪些狀況？

我和荷莉不同，我已經立有遺囑；就四十幾歲這一代來說，預立遺囑算是相對少見的。不過我的遺囑不是請遺囑顧問或遺囑認證律師做的，而是我自己在網路上找到類似服務、自己寫的。我想當然耳地認為，我愛留什麼給誰就可以留什麼給誰，我以為我可以把每件事都安排好 —— 從遺產分配、遺體處置到我的葬禮要放哪些歌 —— 不偏不倚全照我的意思進行，我的遺囑說了算。我之所以如此認定，是可以理解的。東方世界大多偏重集體文化，家族力量經常凌駕個人，因此法律多半規定你**必須**把部分遺產（財富）留給特定的人；而我出身的西方傳統強調個人自主，將「自由處分及分配遺產」列為優先考量，所以「我可以按照自己的心意，決定哪位受益人可以獲得我的哪些資產」的假設是正確的。不過，我原以為「幾乎每一項事物（包括數位所有物）都屬於個人資產」，這項認知有誤。根據艾蒂娜的說明，法律確實明定我們可以、或不可以對實體財產及智慧財產做出哪些行為，一切看似清楚明白、並且是可以處理的，就算各國法令不同也不會造成大問題；然而一旦加上「數位」二字 —— 數位資產、數位遺產、數位作品 —— 情況就變得有點意思了。

我拿賈斯汀・艾斯沃斯（在法魯加被路邊炸彈炸死的美國軍人）的案例請教艾蒂娜。賈斯汀和荷莉一樣，沒留遺囑也沒做交代

就過世了；而他也極有可能像荷莉一樣，從來不曾認真讀過網路平台的使用規範，也不知道自己的數據資料在他身故後將如何處置。這兩件案例僅有一處截然不同：荷莉的數位遺產完全公開，賈斯汀的則涉及私人電子郵件。不過，賈斯汀的父親也和荷莉的父親不同，前者有能力對抗服務供應商的服務條款，而服務供應商最後也把賈斯汀父親索討的權利——即讀取賈斯汀個資的權限——交給他了。誠如第一章所述，雖然 Yahoo! 服務條款言明，在帳戶所有人身故之後，其所擁有的帳號亦應隨之關閉；不過約翰・艾斯沃斯仍舊拿到從賈斯汀 Yahoo! 帳號下載的完整封存檔。其父主張，根據加州繼承法，他身為兒子的最近血親，故他有權讀取這些資料。

　　我個人維護「廣泛隱私權」——涵蓋逝者隱私權——的立場始終不變。但是為了盡可能了解相關狀況，我在和艾蒂娜討論這個問題的時候，決定扮演惡魔的擁護者，支持法院「將賈斯汀的私人郵件交予父親」的爭議判決。不久以前，我們的金融資料、個人紀錄或通訊內容都是以紙本形式保存下來，沒有其他替代辦法；如果，你希望你的私人文件在你死後不會遭他人偷看，你的選擇不是放進保管箱、用完馬上絞碎，就是得在遺囑中寫明，這些文件全部交由值得信賴的遺囑執行人妥善處理（最後一種做法在英國很常見，因為這能滿足他們對「有形」的需求；即使嚴格說來毫無意義，他們還是傾向這麼做）。紙本有形，一箱箱書信也都是「實實在在」的東西。假如某人還來不及毀掉私人書信也沒立下遺囑便離開人世，其遺族可毫無限制地閱讀他們想看的文件資料，一切全依個人良心而定。所以，雖然賈斯汀的電子郵件不屬於紙本形式，但這些郵件

和紙本信件不都是同一種東西？將賈斯汀的帳號內容視為近似傳統財產的物件，並且在當事人未立遺囑即身故的情況下，將這些物件移交給他的最近親屬，這不都是法院的權力嗎？如果約翰・艾斯沃斯（賈斯汀的父親）在數位之前的傳統年代能輕易讀取兒子的書信紀錄和金融資訊，據此，法院也可能認為，處於數位時代的約翰又何以不能擁有相同的權力，就像其他許多哀慟欲恆的父母，認為自己應當擁有此等權利才是？

「從『黑字法』（black letter law）來看——所謂『黑字法』是本身已無合理爭議、也是法界公認的基本規則——電子郵件不能視為財產。」艾蒂娜說。「電子郵件無法滿足『有形』要件。但撇開這點不談，線上資訊具有極高的**私人**屬性，屬於個資，具備法律位格和**身分識別**的意義⋯電子郵件也和真實世界中私人性質不高的實體資產不同，後者多是傳統房產、土地、財富、金融遺產這一類的。」可是實體信件也具備私人屬性呀，我反駁。書信也能透露寄件人的個人特質與身分識別，而且還**可以**作為實體財產，傳給子孫後代。

「紙本書信確實具備『有形』的基本元素，」艾蒂娜說，「可是紙本書信附帶的個人資訊量及數據比較少，也沒那麼複雜。撰寫紙本書信不需要服務平台提供帳號。紙本書信不過就是幾張紙，一件有形物，一封信，由所有人持有，故離線世界的書信簡單多了。而線上書信必須要有媒介供應商，還涉及許多個體、數據、伺服器等等。電子郵件帳號的組成元素太多，也很複雜。」

所以就「有形」這項條件而言，**數位**物件與**非數位**物件可能被

視為兩種不同的東西，就法律而言也可能存在「可執行」或「不可執行」的差異，一切端看當地法規而定。那麼智慧財產權呢？智慧財產是人類心智所創、有價但無形的東西，可透過多種形式儲存，也能傳讓給最近親屬。對此，艾蒂娜解釋：「是的，法定繼承人確實在一定時間內享有被繼承人的著作權。按各國法令規定，享有權利的時間從五十年到八十年不等；不過約翰‧艾斯沃斯不能以著作權為由，索取閱讀賈斯汀書信的權力，理由是賈斯汀的書信並未向公眾散布傳達、亦不具備原創作品的條件。但荷莉不同。她的臉書貼文、拍攝照片幾乎全數設為公開，而在『網路保安官』成功移除她個人檔案中所有出現艾舍的照片之前，荷莉的最近親屬原本希望能藉由主張著作權的方式，要求臉書移除那些照片，特別是荷莉本人拍攝的照片。這個辦法或許可行，因為荷莉的個人檔案幾乎完全處於公開狀態；說不定這也是那位網路保安官採取的做法。」好，那萬一荷莉只有十個朋友，或五十或一百個朋友呢？這樣還算不算是著作權法定義的「向公眾傳達」？那我呢？我熱中攝影，所以我肯定會把自己悉心製作的影像視為智慧財；假如我把其中一張照片貼上臉書，只開放給三百多位臉友欣賞──而且我的隱私設定相當於惡魔島等級，滴水不漏──那麼這張照片算不算「公開」？在我死後，如果我的最近親屬無法登入我的帳號，她或他能不能主張照片所有權，認為她或他說了算？

　　「因為目前缺乏判例，這個問題還不明朗。」艾蒂娜說。「以臉書來說，著作權依隱私設定而定。因此，假如你設定某些內容只讓朋友，或朋友的朋友看見，那麼這就是限定範圍，我會主張這

並無『向公眾傳達』的意圖，屬於個人資料與個人隱私。既是個人隱私就不在公開範圍內，因此本案例不適用規範『出版著作』（published works）的著作權法…話說回來，假如你把臉書設為公開，那麼這毫無疑問帶有『向公眾傳達』的意圖，自然也就涉及著作權了。但問題是，這裡頭牽涉的議題太多──智慧財產權、資料保護、財產、契約，真是**一團亂**。真的是，簡直毫無章法可言。」

在和艾蒂娜討論這片糾結凌亂、希望渺茫的法律場景時，我全神貫注，感覺時時都在腦力激盪；然而說起「米凱拉」的故事，[173]我的感覺就只有難過。米凱拉的案例介於實體與數位的模糊疆界，一方面屬於有形資產，卻也同時帶有無形、創意或智財性質，因而帶出逝者**線上資料**的爭權問題。米凱拉與男友路卡交往多年，路卡是攝影師，他拍照，也拍影片。他把某次兩人前往加州旅行的無數珍貴照片和影像存在筆電裡，沒有其他備份。後來路卡意外身亡，他的家人宣稱路卡留在兩人公寓裡的東西全歸他們所有──包括路卡的筆電。

目前為止的故事發展還算明朗。根據英國法律，筆電屬於逝者所有的有價、有形物品；鑑於路卡並未留下遺囑，這對愛侶也沒有婚姻關係，他的父母毫無疑問是法定最近親屬。路卡的照片和影片──也就是他的智慧財產──同樣依著作權法和繼承法規定，由他的最近親屬繼承。起初，米凱拉覺得這事不重要。她的情緒還未平復，而且她還有更要緊的事情要處理：她得先照顧好自己。多年後的某一天，她突然好想念好想念路卡，想再看看那些照片；於是她發臉書訊息給路卡的弟弟，問他能不能把筆電裡的檔案拷貝一份給

她，結果她得到的回覆不僅粗魯，甚至帶著防備——對方說，她就不能早幾年來討嗎？筆電幾年前就壞了。米凱拉感覺整個人都垮了。她始終以為，等她重新振作，她就能取回那些影像的備份檔，但檔案顯然全都消失了。

然而，一如數位時代可能碰上的其他麻煩事，這樁事件的複雜度不止於此：因為那台筆電不只儲存了路卡的影像創作，還有米凱拉的——她也是攝影師。她曾經用路卡的相機為路卡拍照，所以照片檔也一併存進那台筆電；再者，筆電裡的影像檔似乎並未全數消失——路卡的家屬顯然在筆電壞掉前，就已經將部分影像下載另存了。對米凱拉來說，這些都是極度涉及個人隱私、在情感上具有非凡意義的影像。她之所以知道檔案還在，是因為路卡的家人不時會把這些照片貼上臉書。

「看見他們把**我**拍的照片貼上社群媒體，感覺真的非常奇怪。」她說。「那是透過我的眼睛看到的。我眼中的他。那些照片應該屬於我。」於是我試探地問，問她是否考慮主張著作權、提出告訴，這樣說不定能成功取回照片；不過，儘管那些臉書貼文令米凱拉心痛萬分，她仍無意透過法律途徑處理這件事。她試著轉移注意力來讓自己接受事實：譬如她在住處附近的公園種了一棵樹，紀念他。「我想做一些象徵生命成長的事，展望未來。」她說。

Ω

即使臉書突然冒出路卡的照片，攪亂米凱拉心緒，她面對的處境和服務供應商並無太大關聯，而是朋友與家屬之間的衝突，以及

由誰取得看管逝者遺物及其所有權的權利。我們會在後面的章節進一步描述她的故事。不過，在我們親手交付個資的虛擬世界裡，這些掌管你我生活數據的線上服務供應商，確實還有許多有待補足改進之處，尤其是和死亡有關的領域。不少企業已動手披荊斬棘，衝進這片制度鬆散、令人困惑的未知之境，因此艾蒂娜和我又花了好幾杯咖啡的時間繼續討論這件事。

　　Google 率先跨出這重要的一步。二〇一三年，Google 推出「閒置帳戶管理員」（IAM）服務，這項服務和我早先與亞馬遜網站客服交手的經驗截然不同。我在網頁上很快就能找到所有相關細節，而且用戶顯然可以主動編輯、設定其他人的讀取權限，因此我一開始就對這項功能的透明度及運作方式感到衷心佩服。Google 使用者可以指定信任的聯絡人（最多十位）為其閒置帳戶管理員。不過在設定當下，該聯絡人不會收到任何訊息，唯有在設立者使用的 Google 服務閒置一段時日之後，此人才會收到通知，範本如下：「王小民（john.doe@gmail.com）設定在自己停止使用帳戶後，由 Google 自動寄送這封郵件給您。祝一切順心！Google 帳戶小組敬上」。而聯絡人收到訊息的時間由使用者指定，最長則是一般認為現代公民可能中斷 Google 活動的時間（目前為十八個月）。使用者可以決定聯絡人能否存取全部或部分資料，郵件範例如下：「王小民已授予您下列帳戶資料的存取權：Blogger，Google 雲端硬碟，郵件，YouTube。在這裡下載王小民的資料。」[174]

　　清楚合理，我心想。不過當我點選連結、登入帳號，試著為我自己設定 IAM 時，畫面突然跳出一個愁眉苦臉的機器人，左臂和

兩條腿斷成好幾節、落在地上，底下有一行字：您的帳戶目前無法使用這項功能。我又點了好幾下，最後仍無法確定我的帳號是否當真不讓我決定我的資料在我死後的命運？若真是如此，理由為何？假使我始終沒能搞清楚為什麼，也未再決定由誰來擔任我的閒置用戶管理員，我的最近親屬就有可能取得我的個人資料嗎？誰曉得。

「沒有哪家公司敢在服務條款寫明他們**會**這麼做。」艾蒂娜說。「所以，如果你沒有啟用閒置帳號管理員服務，Google 的政策是他們會開放部分內容的存取權限，但不保證一定做到。」

至於臉書的「紀念帳號代理人」（LC）是否提供更多保證？我在好些日子以前就研究過了。這項服務於二〇一五年上線，設計似乎不如 Google 細心，但是在設定上或許更簡單好理解。我在稍早曾經描述過，臉書 LC 的權力有限——如果 Google 使用者已預作安排，那麼受其委任的閒置帳號管理員可以逕行存取所有信件內容，但是臉書紀念帳號代理人並沒有讀取私人訊息的權力。紀念帳號代理人雖有權下載封存檔，但僅包含「動態時報」的可見資訊；他們也可以新增好友，但不能刪除好友；他們不能更改原使用者的設定，事實上，除了大頭貼和將貼文置頂，他們幾乎啥也動不了。所以，要是哪天我走了，如果有個傾向**不干涉**的角色以**非侵入**方式管理我的臉書帳號，我想我會很安心；於是我開開心心指定我的伴侶作為紀念帳號代理人。不過，由於我的伴侶並非我的法定最近親屬，所以我另有問題想請教艾蒂娜。

「請告訴我接下來可能發生什麼狀況。」我說。「某甲指定某乙作為紀念帳號代理人，但某乙並非某甲的法定最近親屬，只是朋

友。假設某甲的最近親屬主動聯絡臉書、表明法定身分，告知臉書某甲——可能是他們的兒子或女兒——過世了。他們想取得某甲的臉書帳號資料，但他們不曉得某甲已經指定某乙為紀念帳號代理人；這時候，照理說臉書應該會拒絕吧？臉書可能會告訴某甲的媽媽或爸爸，經查證，該帳號已設有指定代理人，所以帳號將由此人（某乙）負責管理；再者，依服務條款規定，這層指定關係在帳號所有人亡故後即不能刪除取消，所以這樣應該就能——」

「沒這回事。」艾蒂娜硬生生打斷我。沒這回事？「在英國行不通。」艾蒂娜堅定重申。我有點嚇到了。沒有轉圜餘地？我問。「完全沒有。」艾蒂娜說得斬釘截鐵。

從一開始和艾蒂娜討論到現在，我發現我不曾像此刻這般心煩意亂。最近我上過好幾個電視和廣播節目，向英國民眾再三保證「紀念帳號代理人」是有效掌控個人數位遺產的一種方式，但此刻我只覺得自己是個超級大白痴。「所以…所以…在英國，」我結結巴巴，「我們可以指定或被賦予某人紀念帳號代理人的身分，心安地以為——但充其量只是臆測——這個身分有權讓紀念帳號維持原所有人希望維持的模樣，但帳號所有人的最近親屬依然可以逕行…呃…」

「因為法院並不認可這項協議。」艾蒂娜就事論事，不帶感情。「遺囑有其法律形式，不能是數位的，至少目前不承認。意即不能以電子形式存在。遺囑必須能實際簽署，必須能提交法院備查並依法執行。因此，電子遺囑或其他任何形式的電子處分契約，在英國都是不被承認的。」惶惶不安的我立刻詢問美國那邊的情況；

艾蒂娜說，美國有聯邦層級的「模範法」（model law），若各州有意制定類似法規，可援引作為參考範本。這套模範法名為《數位資產受託使用法》（*Uniform Fiduciary Access to Digital Assets Act,* *UFADAA*）。[175] 艾蒂娜唸出簡稱「UFADAA」時笑了出來，但她旋即正色指出，世人應該嚴肅看待這套法案，因為它無疑是一項革命創舉。「這是全球首度有國家承認數位資產。該法案言明，若死者透過任何線上服務或技術簽署線上規約，表明他們希望某特定數位遺產以某特定方式處理，那麼針對這一份數位遺產而言，其規約效力凌駕遺囑。」

換言之，在執行《數位資產受託使用法》的美國州，臉書的紀念帳號代理人**享有**一定的法律地位。在寫述本章時，美國境內已有多個州（但非全美）以《數位資產受託使用法》為依歸，制定一套適用於各州條件且頗具前瞻性的法規。如果各位正好讀到這一段，並且信心十足地以為你已經把每一個網路平台涉及的所有數位遺產的處置方式都安排好了，那麼，不曉得各位知不知道，就你居住地的繼承法而言，這些安排到底有沒有法律效力？我認為應該沒有。

所以，原本看來很簡單的事，這會兒突然變得一點都不簡單了。我以為我握有某些控制權，實際上完全沒有。約翰・托耶博士在巴斯大學固定開一門探討「死亡社會學」的單元課程。每一次在課程開始的時候，他都會發給學生好幾個問題。其一是「假如你只能把一樣數位物件傳給後代，你會選什麼？」[176] 如果要我來回答，答案會是我的臉書個人檔案——那些開放給大家欣賞的內容。我使用臉書已超過十年，身為作家、攝影人和旅外僑民，我用臉書記

述我的生活、鍾愛的事物、我的喜樂與悲傷、我對遠方親友的評價和看法，另外還有一些可能對子孫後代具有情感價值的細微瑣事。臉書不只是內容豐富的自傳，也是我女兒的成長紀錄，鉅細靡遺記載了她的性格與外貌變化。我為這份珍貴的數位史記做了安排，但這項安排竟然不具備我以為的法律效力，為此我深感震驚，也很訝異我竟然一直都沒弄清楚這一點。我審慎探討、埋頭研究這個主題已有好些年，多少可說是這方面的專家⋯雖然我不是正牌律師，卻也在電視和這個章節扮演某種法律人的角色。如果就連我都沒搞清楚，**其他人**又有何望？我們究竟何時才能盼到法令跟上新數位現實的腳步？

誠如律師蓋瑞・萊克福特所言，商業現實總有一天會促使企業著手解決這個問題，然而真正的現實是：唯有出現真正的大問題、且在各地法院廣受檢驗之時，我們才會理出一套符合數位時代的新法。由於數位時代面臨的挑戰與過去截然不同，因此我們必須創造一套全新的法規，而非修改舊有法條。對艾蒂娜來說，這是一塊持續發展的研究領域；不過，在談到這個話題時，她感傷地表示：「算我運氣不好。」她巴巴地說。「我們還沒碰上厚實有料的大案子。等這種案子真的蹦出來了，大家才會明白這一切究竟有多混亂。屆時肯定會引起更多討論。」

少了「厚實有料」的關鍵訴訟案，相關法規的推動與進展確實相當緩慢，速度大概是數位革命的百分之一吧。二〇一七年，英國「法律委員會」（Law Commission）針對「遺囑相關法令之現代化」這個絕對值得大加讚許的目標，啟動公共諮詢程序。[177] 原本一

切還算順利，直至碰到「數位遺產」這部分才停滯不前；委員會表示，他們現階段並不打算規範這一塊。這項決定看似荒唐，但我立刻明白何以有那麼多立法人員不願碰觸這個領域。參與法律改革的人大多屬於堅定的數位移民陣營，「我實在不想貶低同為專業人士的法律同業們。你也曉得，他們個個都想盡力把工作做好，為客戶提供最好的服務。」萊克福特表示。「但這是個新興領域，我很確定並非每一個人都非常了解這方面的法律。理由是，就連我這個被認為應該要很了解這個領域的人，有時都還會覺得自己是個什麼都不懂的菜鳥；所以其他人即使稍有不足也無可厚非。」

　　我懂這種感覺。我自己也是假冒數位原住民的數位移民，可是我花很多時間研究「死亡與數位科技」，故我明白這個主題的重要性。立法人員在這方面的專業略顯不足，但他們必須優先考量的事項既多且廣；他們得依法行政，而我則是和遺族還有協助遺族的專業人士並肩工作，站在第一線，親眼目睹現行法令的不明確對社會造成哪些影響。我明白，當遺族必須和大企業在數位遺產這片「法律蠻荒大西部」開戰時，他們的悲傷可能轉為無盡的痛苦。幸好，即使面對如此僵化的服務條款與模糊不清的法令規章，我們偶爾還是能為個案找到解決辦法，譬如賈薩德一案。賈薩德的例子是目前能達到的最好結果，但應該不是常例。尼克衷心希望這種情況能有所改變，別再讓其他家庭承受他們經歷過的折磨。

　　「我們確實應該讓擁有社群媒體帳戶的一般大眾，更加意識到這個問題：在我們死了以後，這些數位資料可能會怎麼處理？」尼克說。「再者，我認為這個問題暫時還找不到一體適用的辦法。我

認為⋯當情況涉及某特定個人可能受到社會關注時，譬如兇殺、戀童、虐待等等，企業必須思考個案需求，設身處地為每一個人著想。如果你賣的是產品⋯其實服務也算商品⋯你即使沒有法律責任，也有道德責任。我們必須給大家採取行動的機會，將所有個人、以及每個人的最近親屬視為一體，造福整個社會。」

道德責任。我總以為，能促使企業持續改善服務條款的力量並非來自道德責任感，而是經濟效益──因媒體大幅報導而導致用戶強烈抗議、繼而引發的威脅（譬如「劍橋分析公司」醜聞）。我突然想起一件事。這件事剛好發生在臉書變更隱私政策之前（臉書在二〇一四年二月、即荷莉過世後不到一週，宣布改變個人帳號紀念辦法）：當時有位父親〔約翰・柏林（John Berlin）〕持續向臉書請願，希望臉書能為他兒子製作一支特別的「回首好時光」（Look Back）影片。年僅二十一歲、出身密蘇里州的傑西・柏林是名吉他手，因不明原因一睡不醒，英年早逝。臉書起先拒絕了，理由是該公司依政策並不會為紀念帳號製作回顧短片。於是，絕望但決心一搏的約翰拍了一支未經修飾、情感真摯的影片，放上 YouTube，結果網路瘋傳、點閱率突破數百萬；[178] 這支影片也促使臉書改變先前的立場，宣布他們今後將樂意為遺族親友提供「回首好時光」紀念影片。在同一篇聲明中，尼克亦幸運獲得臉書同意，終於能讀到荷莉的所有貼文，雖然他的帳號是在荷莉過世後才註冊生效的。

「從今天開始，」該聲明敘述，「我們會維持個人帳號內容的屬性設定。讓紀念帳號的呈現方式符合用戶生前對隱私的要求與期望。我們尊重使用者生前的選擇，也讓遺族親友能繼續看見原本就

能讀取的內容，延續情感交流。」[179] 最理想的解讀是，臉書此舉乃是出於對使用者、對社會的道德責任感；至於較批判的一派則認為，臉書迫於經濟效益考量，不得不出此下策——讓紀念帳號維持原樣、不做更動，如此說不定能減少申請取得逝者個資的特別需求，減輕「社群營運小組」（Community Operations Teams）的工作量。或許各位認為答案很明顯，但我還是對這些大公司的動機感到懷疑，也不確定我的個資在他們的照管之下，最後會走上什麼樣的命運。

Ω

有這種不安全感的不止我一個。許多人也因為不確定服務供應商將如何處理個資，以致不敢使用臉書紀念帳號這類功能（有人可能已著手設定，卻在是否要讓資訊管理員得知某人死訊這一步停下來）。他們搞不清楚整個過程，不知道哪個動作可能引發哪些後果，也不確定變更設定代表的真正意義，於是心煩不安。若臉書未能得知某人死訊，帳號即可能維持不變，彷彿此人還活在世界上；若逝者生前未登出，或是親友知其密碼、持續登入，這些帳號也可能由他人代管。為了盡力讓所愛之人的帳號繼續「活著」、維繫情感，有些親友遺族幾乎已經是在假冒、扮演他人了。

最後這一類人其實還挺多的，這也使得我們不得不繼續探討、進一步檢視另一個先前已稍微觸及的問題：就社會傳統及法律規定而言，逝者是沒有隱私權的。這種情況是否已有所改變？

第四章

不得其門而入

　　有位製作人打算以「數位遺產」為題，做一段節目。她找上我，希望我能為她指點迷津。她對社群媒體了解不多，也沒有臉書帳號，所以她很難理解消息來源「芮秋」所提供的內容。[180] 幾年前，芮秋失去了女兒凱蒂，最近她因為女兒臉書帳號的讀取權限變了，感到十分沮喪。「我可不可以先寄給你一份檔案，讓你了解一下？」製作人把檔案傳給我。我聽了五分鐘，內容是我現在已經很熟悉的故事：與數位遺產有關的各種問題，困惑的家人、感覺無助，並且隨著每一次試圖解決問題而更加無助。我回撥給製作人，聽聽她需要哪些幫助；她說她想了解臉書變成「紀念狀態」會改變凱蒂帳號的哪些功能或設定？以及芮秋從此再也讀不到的內容究竟是什麼？

　　我告訴她，假如凱蒂的母親在凱蒂的朋友名單上（顯然也是這樣），那麼凱蒂的個人檔案看起來就跟原來一模一樣。不過，芮秋顯然覺得有什麼東西遭到大幅更動，而這種變更某種程度對她來說相當重要。後來，我意識到這位製作人統一使用「臉書頁面」來指稱兩種不同的東西：一是凱蒂臉友都看得到的貼文和照片，二是凱

蒂的臉書私人訊息。所以，芮秋生氣的是，她再也看不到凱蒂的臉書**私訊**？製作人表示不確定，我也是。芮秋提過，臉書訊息是聯絡凱蒂友人的重要管道；儘管沒有任何事實暗示芮秋曾經使用凱蒂的帳號發訊息給凱蒂的朋友，但我仍不安地想起凡妮莎‧尼可森的故事（我在第二章寫過她：某天她在登入過世女兒的帳號之後，回了一則訊息給女兒的前男友）。我還想到，有些研究指出，逝者的社群媒體帳號若由「他人」繼續掌控管理，常令許多人感到不舒服。我個人對於做出這種行為的「白髮人」抱持同情態度：他們不了解紀念帳號的意義或為此憂慮，也不太理解這種行為可能對其他人造成潛在衝擊。我想深入了解芮秋故事的來龍去脈，遂詢問製作人方不方便代我聯絡芮秋；於是有一天，芮秋到倫敦來，我們就在她下榻的飯店見面了。

　　從許多方面來看，芮秋的故事都是賈薩德經驗的翻版：凱蒂與荷莉都在相同歲數香消玉殞，而凱蒂的臉書也跟荷莉的一樣，冒出一些令家屬痛苦萬分的照片影像。在凱蒂的臉書上，有一張照片特別讓芮秋及凱蒂的手足耿耿於懷；更不幸的是，那還是最醒目的一張照片──不是大頭貼，而是尺寸更大，用來展現風格、橫跨頁面上方的「封面相片」。我和芮秋把椅子靠在一起，並肩盯著螢幕看：凱蒂在畫面左邊，對著鏡頭咧開大大的笑容；不過據她母親表示，照片中的她與平日的模樣相比，看起來有些沒精打采。根據屋內處處愛心的布置判斷，照片是在護士宿舍拍的。凱蒂喜歡「這類玩意兒」，芮秋說。照片右邊是凱蒂的同事，就叫她「梅莉莎」吧。梅莉莎也是笑著的，還用手指比愛心，呼應背景。這個房間也

是凱蒂殞命之處——就在拍下這張照片後不久，她仔細計算劑量，注射過量胰島素身亡（胰島素是她從工作的醫院庫房取得的）。第一個令凱蒂家人隱約感覺到事情不對勁的人，就是梅莉莎。她曾經在芮秋的語音信箱裡留下一則語焉不詳、情緒激動的訊息，並且在凱蒂死後即切斷與她家人的所有聯繫，顯然連芮秋的臉書帳號也一併封鎖了。

一張看了令人不舒服，導致遺族再也無法心平氣和造訪逝者臉書頁面的照片——這是荷莉與凱蒂兩宗個案最顯著的共同點，但問題不僅止於此。凱蒂的帳號也像荷莉的一樣，在家屬還未提出明確聲明前即轉為紀念帳號；凱蒂的家屬曾聯絡臉書官方，要求移除或換掉封面相片，但徒勞無功。芮秋的印象是她從未收到任何回應。只是芮秋到現在還不明白，凱蒂的帳號究竟是怎麼變成紀念帳號以及怎麼會發生這種事？她只知道，一旦帳號轉為紀念狀態，她就再也不能讀取或控制她一度有權讀取控制的東西，也不能換掉那張令她極為心煩的照片。此外，還有一件可能會讓芮秋感覺受傷甚至受辱的事：她似乎不太清楚，其實她原本有權換掉那張照片的，但現在一切都太遲了。這種情況著實令人沮喪，若再提起這件事，我怕只會加深她的痛苦。

儘管這兩宗事件有諸多相似之處，然而荷莉父親的考量和凱蒂母親的需求，卻存在一處關鍵差異：我和尼克對話時，他沒有一次表示他想讀取荷莉的私人訊息、電子郵件或臉書即時通的對話內容。對尼克來說，無法取得這方面的資料從來不是問題，也不是這家人和臉書的爭執點；他在意的從來只有也一向只有「公開可

見」的部分。然而芮秋不同。當讀取凱蒂私訊的權限遭剝奪時，她感覺震驚且煩亂。在製作人寄給我的錄音檔中，芮秋用了一個特別的詞來描述凱蒂臉書帳號轉為紀念狀態帶給她的感受：**閘門**（portcullis）。印象中，我不曾聽過這個單字，於是立刻抄起手機查詢。辭典定義如下：一種堅實、厚重的格柵，可沿著通道兩側的溝槽降下，堵住出入口。[181] 我腦中立刻浮現畫面：在我住的東倫敦這一帶，店家每晚都會砰砰磅磅、吱吱嘎嘎地拉下某種波狀金屬柵，然後再一本正經地扣上掛鎖，阻絕柵欄後和櫥窗裡的一切景象。

芮秋肯定覺得「閘門」是非常貼切的比喻，因為在我們面對面談話時，她又提了一次。當時，我們聊到她在看管女兒個資時，自認是扮演「管理員」。她說，身為凱蒂的母親，擁有讀取凱蒂各種線上帳戶通信訊息的完整權限，絕對合適且正確。然而有一天，她發現她竟然無法登入凱蒂的 Gmail 帳號，這是她首次遭遇讀取權限被拒的景況之一。芮秋認為是她前夫改了密碼（我沒有立場證實她的說法是否屬實），而且堅信這是唯一合理的解釋。即使是氣氛融洽、關係親密的家庭，也可能發生爭奪數位遺產管理權的問題；而芮秋與前夫的敏感關係只會讓情況更加複雜。「我大可封鎖他，但我不願這麼做。可是他卻封鎖我了。」芮秋表示。我從她的語氣聽出夫婦仳離所導致的刻薄與憤怒，同時還夾雜失去愛女的痛苦。「這表示我再也不能讀到她的電子郵件。只是從許多方面來說，那些郵件對我都非常有用，所以我想讀到這些訊息。我想要感覺自己是她的資訊監護人。」

她突然停下來——難道她從我的表情或肢體語言捕捉到什麼弦外之音？我是否透過表情及肢體傳遞某種訊息，讓她開始顧慮我的想法？後來在和節目製作人聊起這件事的時候，我心裡也同時琢磨一個問題：難不成芮秋想要的就是能閱讀凱蒂私人訊息的**讀取權限**？這是不是導致她心碎失落的原因？我懷疑這就是答案。眼前，芮秋似乎突然急著想安撫我；「我沒有要看的意思。」她說。「但至少我能透過電子郵件取得她**朋友**的聯絡方式。」這些話她在錄音檔裡也說過。失去這些管道，就如同失去與這群曾經和凱蒂十分親近的人的聯絡方式。

　　然而，與接下來的事件相比，無法登入 Gmail 信箱似乎就沒那麼嚴重了。有一天，芮秋在上網時赫然發現凱蒂的臉書個人頁冒出「緬懷」二字，她想都沒想過會看見這兩個字。不過這還不是唯一改變的地方，因為她很快就發現，她看不到凱蒂的私人訊息了。「那感覺就像**閘門**磅地一聲突然放下來。砰！你不能進去。就這樣。這一切就像在對我說：現在你就只能盯著這張可怕的照片瞧了。我想登入她帳號…存取被拒。身為母親的我，竟然就只能看她的臉書，和其他人一樣沒有使用權限。對我來說，身為她的母親，我覺得這幾乎是二度喪女，因為某個沒有臉的無名氏早就決定要讓這種情況發生，最後也確實發生了，毫無轉圜餘地。我求助無門。我有好多問題想問，可是我不知道要問誰。我不曉得該怎麼辦。」描述過程中，我不斷聽見「身為母親」、「身為她的母親」這樣的陳述。

　　芮秋認為她應該擁有讀取女兒帳號內容的特殊權限，不單是基

於她「身為母親」的這個事實。她認為這也是她女兒的期望。芮秋解釋，女兒雖未留下數位遺囑，但她的行為使她的意圖昭然若揭：離開人世前，凱蒂解除電腦密碼，登入所有社群媒體及電子信箱帳號，還寫了遺書、存在電腦桌面的檔案夾裡。「她全都想好了…她是個非常聰明的女孩，顯然她把這一切都仔細想過了。她希望我們能讀到筆電裡的東西。」芮秋說。警方一把筆電交還給家屬，凱蒂的哥哥馬上利用聯絡人名單裡的資訊，逐一聯絡她的朋友；他不想透過社群媒體傳達死訊。「我想，那應該是在接手她的臉書帳號之後，我們所做的第一件事。」芮秋說。

然而，這個階段很快就結束了。他們通知了每一個人，葬禮圓滿結束，親朋好友親自弔唁、表達哀悼。於是，凱蒂的筆電及芮秋登入的每一個帳號，顯然已非僅供聯繫友人、傳達死訊之用。芮秋初次提到凱蒂的臉書帳號時，不論是公開的動態時報，或是較隱密的私人訊息（或兩者都是），她都表示那只是用來維繫凱蒂交友圈的一種方式。雖然她並未言及是否看過女兒的臉書私訊（根據我們後來談到的另一件事，顯示她應該沒看過），但凱蒂的筆電裡肯定還有其他資訊，勾起芮秋身為「悲慟母親」的直覺，窺見女兒在離世前幾天、幾週、幾個月所承受的痛苦內心世界。從某些方面來看，凱蒂照理說不需要特地清除密碼障礙；然而她說不定也無意讓家人看見筆電裡的某些資料。

我們並不清楚凱蒂是否故意保留搜尋歷史，又或者有沒有意識到她留在相簿裡的照片。看著她離世前造訪的諸多網站（個個教人心碎），她的母親不難看出凱蒂心中「陷入憂鬱深淵、決心求死」

這個從未道出口的祕密，以及凱蒂很在意能否「盡可能不要太痛苦」。這是一扇通往凱蒂思緒的幽暗窺窗，令人滿心酸楚。「她走的前幾天瀏覽的那些網站，每一個都讓我非常不舒服，因為上頭全都是跟自殺方法、藥物劑量有關的事……生理變化，注射部位之類的。」芮秋又說，「我想說的是，她是如此細心、縝密地規劃這一切。走到人生盡頭，她仍然以對待病人的貼心與關懷，給予自己相同程度的細心照顧。」然而在凱蒂的筆電裡，這些搜尋紀錄並非唯一讓芮秋洞悉女兒混亂情緒世界的線索。「電腦裡還有一些照片。那些照片…看起來非常痛苦。我不曉得裡頭到底有多少照片，好幾千、好幾萬張吧，全都是她。自拍照。拍她看鏡子的模樣…悲傷的模樣，哭著看自己的模樣，實在太令我心痛了。」芮秋屏住呼吸，顫顫地嘆了口氣。

我在第三章提過，「死亡及社會研究中心」的約翰・托耶博士會發給學生一些問題（上一章提到的是：假如你只能把一樣數位物件傳給後代，你會選什麼？）這裡再來一題：假如你明天就要離開人世，而你的父母能夠讀到你筆電裡的所有文件照片、你已設立密碼保護的所有帳號，對此你作何感想？約翰並未正式記錄學生的答案，但他告訴我，學生的整體反應傾向模稜兩可而非欣然接受。我當然不意外。不論理由為何，我個人強烈反對讓家人或朋友取得並閱讀往生者的訊息史料；我才不想讓我的另一半或最近親屬看見我「社交情境瓦解」的封存檔，理由或許是艾蒂納那番關於紙本信函與電子郵件的比較心得吧。當然，這或許相當程度依個人觀念而定，不過艾蒂娜和我都同意，電子郵件內容比我們寫在紙上的文

字更涉及隱私、更全面也更暴露。有意思的是，當芮秋分享一段關於另一份遺物的故事時，我的反應就沒有這麼僵硬，態度也比較寬容。「前幾天，我前夫拿了一盒凱蒂的東西給我…『不過就是一些垃圾，我不想要。』他這樣說。竟然說是垃圾！」芮秋難以置信。「後來我打開來看。裡頭有相簿，還有一些很珍貴的東西，小紙條、日記、朋友寫給她的卡片等。這些都是她認為很重要、必須好好收藏的東西。她收在盒子裡，還上了鎖。」

　　雖然心裡有些抗拒和厭惡，我仍放任自己好奇想像：萬一女兒在二十一歲那年離開我了，大概會是什麼景況？我想像桌上有一台筆電（或是任何她在二〇三一年用來記錄個人資料的電子裝置），還有她從小就開始寫，上了鎖的日記本，這兩樣東西並排在我面前。若要打開其中一樣，我會選擇哪邊才比較沒有罪惡感，以及為什麼？考古學家霍華德·卡特（Howard Carter）歷經多年挫折與失敗，終於在一九二三年踏進埃及法老「圖坦卡門」（Tutankhamun）的陵墓，站在彌封數千年的入口角落，一小塊一小塊削掉阻絕盜墓者闖入的封蠟。他高舉蠟燭，開啟門扉，微弱的光線落在門後保存完整的珍寶上；這時卡特的老闆也是資助本次探險的卡納馮勳爵（Lord Carnarvon）在近處徘徊，問他是否看見任何東西；「看見了。」卡特低語。「看見了美好事物。」[*182]

Ω

＊譯注：在圖坦卡門超過五千多件的陪葬品中，有一只許願杯，杯上的象形文字寫著：祝福你的靈魂生生不息，願你的雙眼看見美好事物。

所謂「隱私權」究竟是何意義？這個概念到底有多神聖，以致聯合國在一九四八年將其列入《世界人權宣言》（*Universal Declaration of Human Rights*）？該宣言第十二條明確闡述：「任何人之私生活、家庭、住宅和通信不得遭任意干涉，亦不得攻擊其榮譽與名譽。人人有權享受法律保護，免受這類干涉或攻擊。」[183]這份聯合國宣言為全球各國、全世界人類立下基本準則，幾乎每個人也似乎都同意某些「隱私權」確實對個人福祉與自主權至為重要。隱私權是一種普世文化，在所有曾經有系統地研究過的社會群體中，都能發現它以某種形式存在；[184]隱私權無所不在，在不同文化、不同背景之間持續形變，證明其難以定義、難以法制化的自然本色。隱私權的多變，有一部分與其多面向的本質有關，譬如有指涉空間、有助於維護個人隱私的「領域隱私權」（territorial privacy）；還有保障人類身體尊嚴的「身體隱私權」（bodily privacy），或是主張人人擁有其個資的所有權與宰制權，以維護身為「個人」尊嚴與完整的「資訊隱私權」（informational privacy）。

　　且慢。這一切該不會早就過時了？回想一下，各位或許曾聽過「隱私已死」這句**十足**老一代的說法。在這個無所不網的超網路環境裡，我們還有隱私權（尤其是資訊隱私權）嗎？不用說，「隱私權」一度神聖不可侵犯，然而在這個史無前例的科技年代裡，人人不斷彼此監視、彼此追蹤，[185]是以「隱私權」這頭聖牛是否早就被宰了？二〇一〇年，臉書執行長祖克柏發表了一份聲明（此人或許並非最公正的權威人士），遭多數媒體解讀為「隱私已死」；後來他在一場與科技媒體《TechCrunch》的現場對談中提到：「世人

已經愈來愈習慣與他人分享更多、式樣不拘的種種資訊，分享的對象更多，方式也更開放。這也是一種與時俱進的社會規範。」他甚至進一步質疑，臉書到底該不該理會前述過時的隱私觀點。「我們把『持續創新、更新臉書定位』視為我們在社會體制中的職責，反應現行規範。」[186] 這番言論令讀者開始好奇，臉書是否藉時尚之名、行**創新**隱私定義之實？又或者，臉書只是針對外界指控其「隱私已死」的政策，做出適當回應？祖克柏甚至表明，有鑑於當今社會對於區別公眾資訊與隱私資訊，興趣缺缺，如果有機會從頭再來一次，他一開始就會開放臉書供大眾使用。「我認為臉書想說的其實是：『因為這（瓦解隱私界線）就是臉書真心想要的結果』。」《紐約時報》某評論員如此表示。[187]

另一方面，若各位仔細觀察一般人在網路上的**實際作為**，或許也會不得不同意祖克柏的看法。社會大眾為了獲得即刻滿足，確實會以相對微小的報酬，將自己的個資拱手交予他人，就算曾經因此吃了苦頭也學不到教訓。若要以純粹的經濟學用語類比你我的資訊隱私權，我們開出的價碼可能不會太高：比方說，有個二〇一三年的研究就請網路使用者為自己的搜尋歷史標價；西班牙用戶估算的數字大概和馬德里麥當勞的大麥克套餐差不多，約莫是七歐元。[188] 一般人之所以低估資訊隱私權，部分肇因於無知、不了解隱私真義。假使這些受訪者都看過《我愛阿拉斯加》，或者再深入思考侵犯隱私權在真實生活中的後果（如他們最親近、最親愛的人可以不受限制地完整讀取他們的搜尋史），他們給出的估計數字可能就大不相同了。姑且不論我們為自己的隱私權開出什麼價碼，當隱

私與公開之間的界線發生衝突，當我們失去控制個資的權利，發現我們選擇分享的資料並不如我們預期地操作及管理時，我們肯定就會重視隱私權了。若我們選擇向某位朋友或信任的關係人公開私人資訊，我們是信任對方的，認為對方會按照我們的期望管理這份資訊。假如某個朋友不小心以某種未經授權的方式洩露了你的祕密，假如你也因此氣得語無倫次、怒斥「這輪不到**他**來說」，這代表你其實是知道個資宰制權是不可剝奪的。是以當你和服務供應商之間存在「個資管理」這份社會契約關係、而對方管控個資的方式卻違背你的期盼時，你可能會相當訝異且憤怒。

許多臉書使用者在發現他們自己「受到保護」的個資竟然遭第三方使用時（另一種說法是，當他們發現自己其實並未完全理解他們簽署的服務條款時），其憤怒程度可想而知。劍橋分析公司事件披露後，究竟有多少人因此刪除或停用臉書帳號，目前並不清楚；然而研究顯示，一般人之所以棄用社群媒體，最主要的考量還是隱私權問題。[189] 至於**並未**因此刪除或停用臉書的人，肯定認真想過好幾分鐘 —— 這點可以從我社群網頁上那些插科打諢的內容看出來（如果這些內容還算有參考價值）。

儘管心生懷疑，最後還是決定留下來的使用者，無疑是「隱私悖論」（privacy paradox）的活範例。[190] 事實上，**憂心**隱私遭暴露，並不必然導致個人做出**防範**隱私暴露的行為。有些人可能非常注重隱私，害怕隱私權遭到侵犯，卻仍授權他人存取自己的個資。所謂「隱私悖論」是指，我們會因為擔心個人隱私實際或可能遭受危害，決定停用社群媒體；然而，此舉所導致的有形且立即的代價，

可能一下子又把我們從想離開的邊緣給拉回來。這也表示祖克柏根本沒啥好擔心的。不過在發生劍橋分析公司的糾紛之後，他仍展開一場大規模的「道歉之旅」，並稍微調整說法，強調用戶握有個資控制權的重要性。[191]

假如賦予你公民權的國家承認《世界人權宣言》，那麼你在法律上就享有隱私權保障；即使你所在的地區從未承認這份宣言，那麼我會說，你在道德上依舊有權主張擁有隱私權。若再從心理學的層面來看，你說不定根本就需要它。就拿「領域隱私權」來說好了，即使是囓齒類這種非人類動物，如果不能在牠有需要的時候，與其他同類保持適當距離，牠們就會開始打鬥，降低族群內的個體數量。[192]而人類若是無法掌控個人空間，控制他人與自己的身體互動，主宰自己的個資使用權，這類情況也一定會對個人心理造成相當明顯的影響。

隱私是為個體設立疆界，是「有權控制『私人決策領域』的狀態。前述決策包括私人訪問、私密訊息與私密行動」。[193]嬰兒、孩童由於心智發展尚未成熟，自我意識仍處於萌芽階段，因此還沒有實踐上述決策的必要；不過要不了多久，他們就會發展出這份能力與傾向了。以我的七歲女兒為例：她漸漸意識到我經常把她的日常生活呈現在社群媒體上，於是就在房門上貼了一張告示。[194]

我無視她的命令，不過最後仍逃不過應有的懲罰。她等待時機，等到只有我們倆單獨在車上的時候，當面挑戰我。

「我知道你有一個祕密。」後座的安全座椅冒出一個嚴肅的聲音。

柔伊的私人領域
不准進來！謝謝！
p.s 不准拍這個女孩。我就是在說你，媽咪！

「我有一個祕密？」我不明白她的意思。

「你在網路上分享一些東西。但我說過那是我的事了。」她冷冷地說。「我看到那張照片了，我門上的那張警告。我在梅蘭妮的電腦上看見的。」

「對不起。」我心虛地說。

她沒答腔。

「那是我的決定。」她加重語氣。

某位學者將隱私的概念劃分為兩種：「資源隱私」（resource privacy）和「尊嚴隱私」（dignitary privacy）。[195]「資源隱私」是

將隱私權視為具有作用價值的工具，譬如：我拿出部分程度的個資存取權作為交換，藉此獲得使用某項服務的權力；這種「魔鬼交易」每天都會在網路世界裡發生無數次。不過眼前的情況並非如此。我和我女兒之間沒有交易問題，她的房門裡沒有祕密，沒有她必須設法保障其利用價值、維護或交換的東西；而那張警告也沒有任何敏感、須謹慎使用的字眼，沒有竊取智慧財產權的原創問題。

因此，這場爭執涉及的是我女兒主張她擁有另一種隱私權：尊嚴隱私。「尊嚴隱私」是一種原則，是個人認為符合其**固有價值**而認定的個體界線：**她的決定**。從根本上來說，在做決定那一刻，她的隱私權與門上那張告示毫不相干，卻和她的「自我決定」（self-determination）大有關係。她試圖限制分享對象，而我逾越了她的決定。「傳播隱私管理論」（CPM）稱這種情況為「邊界動盪」（boundary turbulence）。[196] 我侵犯她的隱私權、攪亂她的邊界，此舉導致的漣漪效應就是她有一陣子都不太信任我。後來我倆促膝長談，重建規矩，結論之一就是我必須徵得她的同意，才能再一次在部落格和本書使用那張照片。

女兒總有一天會進入青春期，釐清**她**是誰，明確劃分自己與父母的界線。屆時，她願意與我分享的事物肯定比現在少；萬一她的隱私又遭到侵犯，她大概會比現在生氣好幾倍。[197] 這些都是青少年正常發展的一部分。等到她成為法定上的成年人，她對於**擁有**自我領域、身體和資訊隱私權的信念將更為堅定不可動搖。然後總有一天，就像你我都會面臨的，年老和病弱也將一點一滴剝奪她維持自我疆界的能力，直到死亡降臨、嚥下最後一口氣為止。我的女兒身

為社群媒體時代之子，如果她知道她的父母在她不幸離世之後，依然能取得她的個資讀取權限，她是否在乎？各位肯定對「私生活」一詞耳熟能詳，那麼「私**死**活」呢？有人當它是一回事兒嗎？

Ω

法老王圖坦卡門的陵墓密室被破僅僅六週之後，卡納馮勳爵就死了。媒體加油添醋，柯南‧道爾（Arthur Conan Doyle）甚至將勳爵驟逝所引發的想像化為假設：卡納馮勳爵肯定是中了法老王的詛咒，因為他打擾埃及王者安息。[198]「木乃伊的詛咒」毫無疑問是杜撰的。卡納馮勳爵的真正死因是蚊子叮咬所導致的繼發感染（可惜，抗生素再五年就發明了）。不過，這些古埃及學家擅闖陵墓，挖出年輕國王的木乃伊，將木乃伊及其豐厚的陪葬品送往大半個地球外，這難道就沒問題？當年這群殖民主義者滿不在乎，仗著權勢就把這些遠古遺體匆匆運至遠方的博物館，此舉若在今日必然引發種種令人尷尬的不愉快；但除此之外，是否還有其他問題未詳加考慮？若我們質疑「木乃伊對於自身的處境會不會覺得不舒服」，是否太過荒唐？二〇一〇年，一位醫學倫理學者和一位解剖學者聯手剖析這個道德問題，[199] 致使不少媒體再次挑起「埃及木乃伊有沒有隱私權」的疑問。[200] 這是個非常**小眾**的問題，一般人甚至不會提出這種問題，因此，木乃伊的隱私權最後並未成為熱門新聞，也未促使法界做出任何改變。

如果逝者親屬與繼承人同樣過世已久、亦晉級為逝者，這群逝者本身是否擁有隱私權？雖然世人始終不曾嚴肅看待這個問題，這

個問題近來倒是獲得前所未有的關切與重視。「尊重死者」是多數社會的普遍價值，然而傳統上並不會另外且正式賦予逝者隱私權；有人覺得無此必要，有人認為多此一舉。但是，時代改變了，思考方式也隨之改變，這一切似乎都促使大眾開始重新思考逝者的隱私問題。時代與社會變遷相當明顯：在人類史上，從來沒有哪個時代像現在一樣蒐集、儲存與傳遞如此巨量的個人資訊，並且在我們知情或不知情的狀況下分享出去；Google如此，臉書如此，還有其他無數平台也是如此。

埃及木乃伊留下他們裹著亞麻布的身軀，還有鑲滿珠寶或鍍金的陪葬品。儘管我們可以從紙莎草紙捲相當程度了解古埃及社會，不過這群遠古統治者並未留下太多現代觀點稱為「個資」的東西。從私人程度來看，我外公外婆的遺物說不定還比法老們高一個等級——除了多種實物，還有各式各樣附帶描述個人歷史的非書面與數字紀錄（包括別在方布上的小紙條、記錄尺碼的小簿子、為福斯宿營房車添加內裝的多幅速寫、金融存摺、各種紙本文件，還有那個裝滿兩人在二戰期間濃情密意書信的紙盒）。也許各位堅定認為，不論是木乃伊的陪葬品，或是我外公外婆的遺物，兩者皆應不受侵犯。不論你抱持哪一種觀點，這些遺物和「數位人」死後留下的數位遺產相比，其私密程度簡直差遠了。關於「家屬是否**應該**擁有讀取逝者數位遺產的權限」的爭議之處，大多在於有人認為這跟取得逝者的非書面及書面有形資料（如同芮秋從前夫手中取回愛女的書信、日記、照片等）並無二致。話說回來，我們的數位資料是否帶有其他特質，使它們不僅僅是私人紀錄，而是**超私人**紀錄？它們是

否**超私人**到足以促使社會大眾全面且重新思考逝者的隱私問題？

　　隱私權或許屬於人權，然而「人」是有道德感、會呼吸的活體存在，有時亦指涉法律上的「自然人」。一般認定法律上的自然人擁有「法律人格」，若依此延伸，即惟有自然人才能享有隱私權的完整法律主張；但逝者通常不被認定擁有這方面的權益。艾蒂娜曾經提過「黑字法」，那是一套既成且完整的法律準則，少有法官會提出質疑或挑戰；不過，值得注意的是，「黑字法」大多具有數百年的歷史傳統，因此不太可能擴及或考量當前的數位需求。

　　就拿領域隱私來說吧。一旦嚥下最後一口氣，各位就無法保有對資產的控制權，理由是今後再也沒有所謂「你的」這層概念。再者，你曾經占據的空間也屬於有形資產，比如你的房子（你有鑰匙）、你的土地（你用柵欄圍起來）、你家前院大門（你在上頭掛了「私人產業，勿入」的牌子）；在你過世之後，這些全都傳給你的繼承人、轉為公有或交還地主。可是數位位址因不具形體，也不被認定具有價值，因此並不具備法律上「領域」的同等意義。

　　那麼你的個人隱私（譬如：對抗侮辱性言詞、肉搜、身體傷害等「免於過度侵擾的自由」）又該如何解釋？在某些國家及司法制度中，「褻瀆屍體」或許違法，但真正的受害者卻是因為這種侮辱行為而遭受情緒衝擊的家人或親友們。比方說，在我的家鄉美國肯塔基州，兇案驗屍與否是依「是否可能**刺激家屬情緒**」而定，[201] 理由是死者本身大概不會因此感到尊嚴受損吧。

　　還有一件事也可能令你訝異：在許多地區，死者本身幾乎沒有所謂的身體隱私權，因此「侮辱屍體」根本不算犯罪。以英格蘭和

威爾斯的法律為例，儘管多數人都認為，不尊重死者軀體、對其做出不當之舉是相當過分的行為，兩地的法律制度卻「無法處理褻瀆遺體的案件」。[202] 話說回來，今日我們已很難實際接觸到遺體，故也鮮少發生這類侮辱事件。謝天謝地。但另一方面，數位遺體不僅容易觸及也相對脆弱，數位紀念碑或紀念網頁也是。二〇一一年，英國雷丁鎮有一名二十五歲男子在 YouTube 和臉書刊登一些影片及訊息，嘲弄幾位逝故的青少年及其家屬，他鎖定的目標包括娜塔莎·麥可布萊德（Natasha MacBryde）兄長為她設立的哀悼網頁。最後，這名男子被判有罪、處以八週刑期，罪名卻是「惡意傳播」——與嘲弄死者沒有任何特定關聯。[203]

最後是資訊隱私權，也就是我們管理個資，依個人期望保護或分享個資的權利。在過去，資訊隱私和領域、身體隱私互有交集，意義簡單明確：假如你有一份性質私密的非書面紀錄，你可能把它鎖進你家的檔案櫃，或個人領域的延伸範圍（譬如銀行保險箱）。你可能會把私人照片鎖在盒子裡；如果這些照片的主題敏感，你說不定還會把鑰匙藏起來。在數位時代以前，僅有極少數人會把「提供個資」作為交換商品或服務的代價，而那些少數人通常也都是法人單位或政府組織。在任何一種社交環境下，是否要讓可能洩漏個人隱私的資訊從自己嘴巴裡說出來，以前的人隨時都能自己做決定；但現在，數位精靈已溜出瓶子、帶來難以遏制的惡果——我們的個資已然掙脫身體與領域的局限，任意漫遊四方，再也叫不回來了（就算叫得回來，也不完整）。

個資如同隱私權，也有不同的定義與次分類。其中一種是可

用於辨識身分、位置，或與特定對象聯繫的個人資訊，這類資訊亦稱為「個人身分識別資訊」（Personally Identifiable Information, PII）。還有一類則是更敏感的個人資訊或數據資料，即界線模糊、可能屬於你也可能不屬於你的資料，以及一些過度私密的數據（你可能選擇隱匿或公開，或限定公開的對象、或決定在哪些狀況下選擇公開）。至於納入二〇一八年《一般資料保護規範》保護傘之下，屬於「或許不干你的事，但我如果信任你就會告訴你」的資訊，則包括你的出身（種族或民族）、政治立場、宗教信仰、加入哪個工會，或是你的遺傳或生物識別數據、體檢數據、性生活或性傾向等。然而《一般資料保護規範》也和多數保障數據資料的法令一樣，並不擴及「非自然人」。這一點還有待歐盟會員國詳加考量。儘管保障和尊重我們「在世」個資的準則愈來愈明確，也愈來愈制度化，該如何保障我們身後留下的個人資料，這部分仍有待爭取和規劃。

話說回來，這事當真如此重要？贊成「不保障逝者隱私權」的論點在於，此舉「不會對逝者造成實際傷害」──基本上，逝者不僅不會，也無法因隱私受侵犯而受傷，因為他們就是死了嘛。前面提到的網路詆毀案件，實際受害者亦非娜塔莎・麥可布萊德本人，而是她的家人在承受惡尚・達菲惡意散布的訊息。若延續「不會對逝者造成實際傷害」的思考脈絡，採行「可自由讀取逝者個資」的放任政策又何來問題之有？對於逝者（從法律上來說，他們甚至「不是人」）該不該擁有「身後隱私權」，也就是在當事人身亡後，維護及控制足以建構其名譽、尊嚴、完整人格、祕密或回憶等

之權利，到底有誰提出過任何明智見解？[204]

　　艾蒂娜‧哈賓尼亞博士正是其中之一。她認為，所謂「身後資訊隱私權」純粹就是逝者生前享受的控制權的合理延伸（至少在明確享有「遺產處分自由」的國度是如此），即依個人喜好分配資產，無須聽從國家或政府的命令。「如果資產是**人**這個**位格**的延伸⋯那麼位格也可以依循與資產相同的方式，透過遺囑擴及身後。」[205] 智慧財產權裡的著作權就是應用這套概念。目前，全球各國對於著作權的規範協調度還算不錯，而且與繼承法相比，各國或各地區之間在著作權方面的規範也更為一致。誠如前一章提到的，執行某藝術或文學創作的當事人亡故後，當事人對於該項創作的權利即轉移給繼承人；有時候，這項權利只能維持一段特定時間，有些地區（如法國）則未限定期限。就這層意義來看，艾蒂娜認為「法律人格」實際上並不會因為「死亡」而消失。「尊嚴、完整人格及自主確實能超越生死，有時甚至還能無限地繼續存在⋯⋯因為如此，法律人格確實能延伸至個人身故之後，隱私權亦應如此。」[206]

　　艾蒂娜與我見面會談那天，她曾經提過，我們身後留下的數位資訊相對來說具有超高程度的私人性質；那時，我還沒跟芮秋聊到她前夫交給她的那箱遺物，但我腦中已經有「一盒書信」這個比喻了。同樣都是「遺物」，何以網路個資就非得被當作不同的東西？它們和紙本書信（譬如我外公外婆寫給彼此的私密信件，或其他最近親屬能輕易取得且未銷毀的實體物件）究竟有何區別？假如未來再也沒有人動筆寫信，全部經由網路傳遞，那麼逝者遺族何以不能或不該像過去一樣，有權看見這些他們一直以來都能看見或讀取的

事物？

「在網路世界裡，我主張應該把**自主權**擺第一。這才是最重要的價值。」艾蒂娜說。自主權，也就是個人做決定的權利。原本非公開、儲存在凱蒂筆電裡或透過筆電讀取的檔案或資料，都是凱蒂刻意編製的資訊（至少她知情），而過程中附帶儲存的演算數據，也包含驚人的個人紀錄；綜合觀之，這些都是能窺見凱蒂內心世界的一扇窗，顯示在她人生最後的一段日子裡，她是多麼地脆弱和痛苦。「對於這些私密描述，個人應該擁有選擇權，」艾蒂娜繼續，「如果沒有這種選擇權，或選擇權不存在，那麼我主張最近親屬**不該**取得讀取權限。」

我們能不能斷定凱蒂生前做過任何有關「身後資訊隱私權」的決定？凱蒂使用 Google 信箱服務，但未指定閒置帳戶管理員。英國「數位遺產協會」曾於二〇一七做過調查，發現近九成的受訪對象並未設立閒置帳戶管理員。[207] 凱蒂也用臉書，同樣未指定紀念帳號代理人，而前述調查亦顯示約百分之八十五的受訪者並未妥善安排他們使用的任何社群媒體帳戶。凱蒂沒留下遺囑，她在這方面也同樣也屬於多數族群——前述受訪對象中，僅百分之三十七以傳統方式寫下遺囑，而透過社群媒體交代後事的人，更只有寥寥的百分之二。

我一方面傾向認同芮秋的主張（她認為凱蒂決定分享個人資訊），部分原因是基於我個人的傾向、主觀意見或假設。我是那種電腦和網路帳號一律上鎖，不會把密碼告訴別人的那種人，或許也因此比較不易理解做法與我截然不同的人。相較之下，比起猜測她

是否原本就傾向不設立防衛界限，要我想像凱蒂刻意移除密碼障礙，確實容易得多。但是，萬一保持警覺、保護個資**並非**她平日的習慣呢？或是她只會在筆電在她手邊時才維持登入狀態，又或者，她若地下有知就一定會登出，只是恰巧忘了登出？萬一她其實是因為心緒煩亂，以致不如她母親以為的那般謹慎安排呢？當然，在她人生最後的日子裡，假使她當真刻意移除密碼、登入所有網路帳號，那麼這一連串動作肯定很容易讓其他人理所當然地以為，她的意思就是「我准許你們讀取這些私人資料」。這項推論看起來可信度相當高。

不過，這類情況不總是如此清楚明白。約莫在我和艾蒂娜對談的那段時間，報上出現一則「十五歲德國女孩臥軌自殺」的新聞報導。她的雙親看不到她的臉書訊息，但他們懷疑她過世前可能遭到霸凌，因此希望臉書能讓他們讀取她的訊息內容。[208] 臉書拒絕了，德國法院隨後也駁回這項請求。彼特・比林漢（Pete Billingham）在名為《死亡數位化》（*Death Goes Digital*）的播客及部落格發表過一篇評論，立場傾向支持遺族的情緒經驗，而非保障逝者的隱私權（或許再加上因為逝者還未成年）。他寫道：「如果你已為人父母，應該就能理解並同理這份需要：我想知道我能不能在這些訊息裡找到答案。但你什麼事也做不成，天天就只能想著這一件事⋯⋯揣想你有沒有可能在對話紀錄裡找到能解釋一切的那一句話，為你指引方向或釐清原由。然而，如果你不曉得孩子的社群軟體帳號密碼，你就只能被鎖在那個世界之外，不得其門而入。」[209]

最後，德國聯邦最高法院在二〇一八年做出一項重要判決，

同意死者父母的請求。判決書陳述，該庭沒有理由以不同的標準看待臉書數位內容與實體書信，主審法官烏里希・赫曼（Ulrich Herrmann）命令臉書必須提供帳號權限給女孩的父母。[210] 這正是艾蒂娜渴望已久、「厚實有料」的大案子。不過，即使這項判決讓德國的情況趨於明朗，這仍舊是個有爭議的決定；至於其他國家是否跟進，目前尚待觀察。

若死亡來得意外或事件本身難以處理，或是還有許多找不到答案的難解疑問，這類情況特別容易讓人傾向支持「這是為人父母的天性。哀慟欲絕的他們只想盡可能找出任何蛛絲馬跡」的立場。換作是你，你會怎麼做？如果你的世界碎成千千萬萬片，而你希望找到答案、獲得最珍貴的平靜，你會不會一頭埋進孩子的線上資訊領土，在這片異常肥沃的生活軌跡裡尋找這份平靜？你可能會找到衷心渴望的寬慰，也可能承受更多痛苦，沒有標準答案。這是場賭局，你明白規則也好，不明白也罷，但這場賭局究竟值不值得投入？如果有人出乎意料地阻止你尋找這份平靜，而你甚至無能為力，你內心作何感想？不難想像，你的感受應該會和「雪倫」一模一樣。

Ω

儘管女兒已經離開四年了，雪倫在電話裡的聲音仍然憤怒緊繃；她對臉書累積了整整四年的不滿，使她喉頭發緊。雖然我倆沒見過面，但我們一開始對話我就想起她的臉——二○一五年，我們曾經同時和 BBC 某新聞節目連線，討論數位隱私問題。[211] 雪倫先

是失去丈夫，然後女兒艾咪二十三歲過世。艾咪的死雖不如荷莉（情殺）及凱蒂（自殺）那般暴力或懊惱，但雪倫同樣很難理解、也很難接受女兒離開：艾咪是個健康得不得了的二十三歲妙齡女子，卻因為罕見的心臟問題，不出幾日即撒手人寰，留下她震驚且難以面對現實的母親。

雪倫無法理解，怎麼會發生這種事。艾咪過世前的那幾天，她做了哪些事？心裡有什麼感覺？有沒有哪件事、什麼事都好，能為雪倫指點迷津，告訴她這到底是怎麼回事？艾咪的臉書還未轉為紀念狀態，所以，如果她的私訊內容能讓雪倫掌握更多資訊、給她答案或甚至些許安慰，只要她知道帳號密碼，應該就能取得這些資料。但是雪倫不知道帳號密碼，而且她還做了一個許多父母也做過的假設：她只要寫信給社群網絡平台，對方就會把登入資訊給她；畢竟她是女兒關係最近的親屬。雪倫把她當時上網填寫的意見陳述紀錄複印一份給我。[212]

其他投訴事項：＃ 5834023……[213]

投訴類別：**其他**

遭違反或侵害之權利：**請幫幫我　緊急事件　我的二十三歲女兒過世了　我需要她的登入密碼**

確認條件是否符合：**無權限**

請提出足夠資訊以確認索取項目及內容：**急需協助**

該臉書內容如何侵害或違背您的權益？**急需協助**

選擇身分：**所有權人**

急需協助。急需協助。雪倫不斷重複這句話。這句話具有某種

渲染力——她請求協助的急切充滿整張表格（事後證明她填錯表格），還有她原本可能有權取得她認為她需要的資訊（她選錯身分：她不該填選「所有權人」）——再再使我感覺到她的絕望。後來，她又提供更多聯繫內文給我，我愈讀愈心酸，因為雪倫在艾咪過世後不久，就發了這封絕望急切的求助訊息，那時甚至連葬禮都還沒辦呢！

　　雪倫的情況和我訪談過的其他幾位父母不同。就她印象所及，後來臉書確實回了她一封信，這多少令人安慰；然而從另一方面來看，對方「罐頭訊息」式的回覆亦猶如一把利刃、插在她心頭上，就像有人急著打電話叫救護車，卻聽見「所有線路都在忙線中」的錄音回應。我們很難判斷那封信究竟出自真人或聊天機器人，但我後來倒是十分確定，當時臉書還未啟用聊天機器人來處理投訴信函。[214] 那封信的開頭十分制式，即臉書對雪倫痛失親人一事感到萬分遺憾，接下來便立刻切入正題，強調艾咪保有隱私的權利。

　　臉書選擇使用「權利」這個詞，其實還挺有意思的：因為這份「權利」乃是由臉書服務條款所授予，而非法律明文保障的隱私權（有些地區確實將逝者的隱私權納入考量），不過信上完全沒提到這一點。信上說，臉書極認真看待與保障用戶隱私權，似乎暗指臉書尚未證實該用戶（即個資所有人）是否當真亡故；若該用戶確實已經亡故，那麼臉書就只能將帳戶內容提供給這份資產的「經授權之代理人」。這封信還沒完喔！臉書又表示，這位「經授權之代理人」即使提出申請、填寫一切必要文件，也不保證能成功申請或立即生效，因為取得已故用戶的帳戶內容涉及冗長且繁複的過程，還

需要法院命令。信末署名「潔琪」（假名），而這位潔琪也已證實是臉書「用戶營運部」（User Operations department）的工作人員。[215]

雪倫並不因此灰心。她繼續寫信給潔琪，感謝她迅速回覆，並且說明再過幾天就要舉辦葬禮了。「事關緊急，我真的需要趕快讀到她的訊息等資料…這真的不是網路惡作劇。」她再次強調，[216] 顯然誤以為只要她能證明女兒真的過世了，臉書就會認可她的需求，並理所當然地認同她身為母親的權利。雪倫表示，她建議臉書相關部門可以先檢查艾咪的臉書，確認她確實已經亡故，而且她還附上當地報紙的新聞連結（頭條報導艾咪英年早逝）。潔琪回信了：根據雪倫提供的資訊，她愛莫能助，無法受理她的請求。

後來雙方仍多次訊息往返，但雪倫終究沒能拿到艾咪的登入資訊。到頭來，雪倫提供給用戶營運部的種種訊息，反倒讓臉書警覺「艾咪已死」；按該公司的服務條款規定，確知用戶死亡的下一步就是將帳號轉為紀念狀態——這並非雪倫的初衷。不僅如此，該部門還寄了一條連結給她，表示對方能幫忙移除逝者帳號；然而，這就跟賈薩德家當時的處境一樣——這也完全不是這位痛失愛女的母親想要的結果。雪倫說，四年了，這段期間她仍不時點進艾咪的臉書去看一看；「這對我來說太重要了。少了它，我大概會茫然無措吧。」最後，雪倫想要的一樣也沒拿到，而她不要的，對方倒是給了不少：一條網站連結（指引她如何切斷女兒和自己的生命聯繫）以及一個緬懷帳號（往後她再也不會在艾咪生日前收到提醒訊息）。雪倫認為，有這種遭遇的人絕對不止她一個。「十天前是艾

咪生日」，雪倫對我說，「臉書沒發『今天是艾咪生日』的通知給我，以後也不會有了。可是她明明還在臉書上呀？那天仍舊是她生日呀。」

對於臉書拒絕開放權限給她、不讓她讀取女兒的訊息，雪倫十分震驚。部分原因似乎是她始終無法理解，逝者隱私權何以以及為何能凌駕家屬的情感和期盼。「他們竟然不讓我看她的訊息，我非常氣惱。他們口口聲聲說要保護隱私、保護個人回憶什麼的……但你看，這不對嘛。這是**不對**的。」儘管聲音微顫，雪倫的語氣卻相當堅決。「他們應該尊重最近親屬的願望。要喪家來做這種事實在太**不應該**了。臉書就只會找律師給他們撐腰。我們必須有一套**程序**來處理死者的帳號才對呀！」

難道他們**沒有**這類程序？我試探地問，同時指出，根據那幾封電子郵件的內文研判，他們不只有程序，而且還有一大堆，只是這些程序似乎不太完美、也不近人情。

「他們是有一套法律程序。」雪倫承認。「可是，這套程序並不體貼。我失去了我的女兒，這是我經歷過最糟糕的事。我們非常親近，艾咪和我真的就像朋友一樣，感情很好。她尊敬我是她母親，她非常…她絕對會尊重我…」雪倫停下來。「我心碎了。」最後她說。

我赫然想起二〇一五年的一段新聞畫面。畫面中，雪倫指著螢幕，讓我們看她臉書好友名單上的空缺 —— 艾咪過世後，她莫名其妙從雪倫的好友名單消失。這無疑是最後一根稻草，令雪倫深深感受到社群網絡平台對她的羞辱和傷害。她告訴我她又再一次向臉書

陳情，請求協助；只是溝通再度失敗，沒有看似有望的解決方案。後來，雪倫在向 BBC 描述她的故事時，曾經提到（也是僅有的一次）艾咪又重回她的朋友名單了。我想起芮秋曾反覆提及自己「身為母親」，而雪倫最初向臉書詢問時，也選擇以「所有權人」描述自己的身分，她們兩人在心態上是一樣的。我又想到雪倫曾信誓旦旦地說，艾咪有多麼尊重她，於是我想，當時她這番話是否還有另一層含意，意即「艾咪想讓我讀到那些訊息。她會這樣希望的。她信任我。我是她媽媽」。

我同情雪倫承受的折磨，也聽見她的痛苦，但我覺得自己好像雙面間諜，內心一陣刺痛 —— 這種罪惡感在聽她訴苦時出現過一次，此刻下筆時又再度竄過心頭。就某種意義來說，我站在雪倫這邊：我也是媽媽，同樣只有一個女兒，一個捧在掌心的女兒；此外，我還是心理學家，一個經常與承受喪親之痛的人面對面的第一線工作者。雪倫渴望讀到這些訊息，嘗試解開心中的種種疑問和痛苦 —— 她想知道健健康康的女兒為何這麼快就病入膏肓，撒手人寰。這種反應完全正常，我毫無疑議也極度同理。對於數位時代的哀慟悲傷，我了解得夠多夠深，故能理解或者預見當他們失去讀取親人數位遺產的權力時，實際上有多心痛。儘管雪倫仍舊能讀到她一直以來都能在艾咪臉書看見的內容，然而，當她發現女兒的名字竟然從自己的好友名單上消失了，那一刻她所經歷的是一種具創傷力的「二度死亡」；許多在數位時代痛失親友的人，都嘗過這種恐懼滋味。此外，雪倫寄給我的那些她和臉書的對話內容，也讓我覺得對方言詞冷酷且不近人情；對於這些悲傷的家屬或親友在摯愛過

世後，竟然沒辦法迅速找到聯繫臉書、處理逝者帳號的相關指示及資訊，我也感到憤怒。我同情，同時也好奇到底是什樣的心理因素，導致雪倫如此渴望想看到艾咪的私人訊息。

不過，即使列出這麼多理由，我還是無法表明我確信她有權閱讀艾咪累積了一輩子的個人資料。艾咪就像凱蒂及其他多數線上族群一樣，並未留下數位遺囑，亦不曾在任何一個數位平台表露過她的希望與期盼。然而，與凱蒂不同的是，艾咪在過世前並未登入所有帳號，也不曾將密碼告訴雪倫，因此，不論她有多尊敬、多愛她的母親，不論這對母女的感情有多　堅不可摧，就艾咪的案例而言，我們很難辯證她是否真心願意讓別人讀取她的個資。或許各位認同身後隱私權的道德主張，也支持未來立法應該採納「當事人身故後，具高度隱私的個人資訊仍應視為當事人個人的法律延伸，享有和實體智慧財同等程度的權利」這項提案。當然，你也可能不同意這項主張，自然也就不會感受到我心中的懷疑了。

我其實有點想拿這個問題問問雪倫和芮秋：「萬一兩位的女兒原本就不想讓兩位看見她們的私人訊息呢？而且是就算她們過世了，她們**也還是**不想給妳們看呢？」然而，身為採訪者，我過於退縮；身為心理學家，我又太敏感，不敢提及此事。因此，我和芮秋及雪倫的對談就在沒能說出口、不敢問，種種疑慮不斷滲入腦中的情況下（我覺得這個問題可能挑起對方憤怒、受傷、防衛，或三者兼而有之的情緒），劃下句點。我不曾問過兩位母親相不相信死後有來生，但社會學家湯尼・華特提過，一般人常把逝者視為會看顧生者、宛如天使的存在。[217] 假如艾咪和凱蒂此刻正在天上看著她們

的母親，那麼，看著芮秋和雪倫試圖取得閱讀女兒私訊的努力一再落空，兩位女兒作何感想？

我曾在二〇一八年初參加「資訊倫理圓桌會議」（Information Ethics Roundtable）。這是一場邀請多領域專家學者齊聚一堂，共同討論大數據、演算法、媒體監控、資料保護及隱私權等議題的盛會。和我同組的某同行提出一份以色列的調查報告：調查對象為四百七十八名網路使用者，調查主題是「在自己身故之後，受訪者希望生前個資如何處理」。其中一題問道：他們想讓誰擁有權限，讀到、讀取自己在網路平台留下的資料？尤其是他們想不想讓父母讀到自己在社群網絡平台留下的各式資訊？不到四分之一的受訪者（22%）能接受這個想法，其中近七成（68%）同意讓配偶或伴侶讀取這些內容。如果是電子郵件或其他私人管道的訊息內容呢？儘管接受且同意讓配偶或伴侶的比例仍維持不變（68%），但整體而言願意接受的人只剩不到五分之一（19%）。顯然，我們傾向在自己和父母之間豎立厚厚的資訊壁壘（青少年和年輕人尤其明顯），這種堅持不僅會維持一輩子，也將延伸至死後來生。[218] 至於受訪者何以拒絕讓其他人讀取個資？他們最常提到的理由其實不難猜測——這個理由通常在你嚥氣之後就不被多數法律所認可，直到最近才有人稍稍認為應該把逝者也納入考量。那就是：隱私權。[219]

Ω

終於來到最後一關。雖然這是最後一項尚待解決的疑難雜症，不過，這個問題打從一開始就已經存在了——「訊息」、「社交」

和「網絡」幾個關鍵詞就是線索。我們會在這一章反覆提及這幾個詞彙，而它們也是貫串本書的核心主軸。若說「日記」是寫給自己看的，那麼「訊息」就是**寫給**別人或**來自**他人的資訊。「跟自己**社交**」一聽就很無厘頭，而我們更不可能**自成網絡**。如果說，我們在逝者臉書動態時報上看見的資料，都是由多人共同建立的（每一則訊息記錄至少涉及兩人），那麼這些資料的「作者」可能多達數百人。

眼前要討論的不僅只是逝者個人的資訊隱私權、身分識別及（或）敏感個資。這項個資問題涉及所有、任何曾經和逝者在網路上有過訊息往來的對象。各位是否還記得第一章 Yahoo! 的案例？法院要求 Yahoo! 必須下載兒子的電子郵件、交給父親。服務供應商最初之所以拒絕交出資料，部分理由是這些郵件內容大多與父親處理兒子遺產所需的資訊無關，幾乎都是兒子與其他許多人的通信聯繫；此外，這位父親甚至不認識其中某些人，但這些人也簽署了 Yahoo! 的服務條款，並依此認定他們的通信屬於私人訊息。他們幾乎不可能事先想到，萬一哪天賈斯汀出事了，他的家人有可能經由某種方式取得他們的通信內容；直到賈斯汀過世，法院判決見報，他們才知道。

這並非數位時代不關心隱私權問題，也不是這群從社群網絡初興便浸淫其中的年輕人有問題。事實上，年輕人似乎比長輩們**更保護**他們的線上隱私。[220] 就在祖克柏宣稱隱私權已不再是一般社會規範的同一年，有研究顯示百分之七十一的年輕人做了隱私權設定（限制讀取權限），另外還有百分之四十七的部落客（包括臉書使

用者）表示他們會「清理版面」，回頭重新評估並刪除自己寫的部分評論或貼文。[221] 由於公開個資可能對自己及其他人的社交活動造成潛在衝擊，我們意識到這一點，也著手評估、再評估，計算並衡量哪些資訊可以放上網路，哪些不行。雖然意識到這層潛在問題，我們仍難以抗拒社交利誘，因此總是不斷反覆算計、權衡得失，釐清「我所獲得的社交利益值不值得拿一部分的隱私資訊交換？」更重要的是，若我選擇公開，我要**對誰**公開？我願意和哪些人分享屬於我的這一小部分資訊？

說到這裡，「傳播隱私管理論」再度登場；理由很明顯，各位肯定輕鬆猜到答案。「傳播隱私管理論」闡述，我們在分享、對他人公開隱私訊息或個人數據資料時，「分享」這個動作就已經徹底改變資訊的本質。原始擁有者不再是這份資訊的唯一所有人，同理，該資訊也不再具備『隱私』性質。一旦你將原本只屬於你的資訊告訴他人，你選擇的分享對象就成為這份資訊的共有者，「隱私」的界線亦徹底改變。假如公開的是你和另一人，屬於**一對一**的電子郵件，那麼這封信的隱私界線就擴及你們倆，隱私主體是兩個人。如果是一篇僅限朋友閱讀的臉書貼文，而你的臉友總計四百三十二人，若你未再標記其他人、擴大分享範圍，那麼這篇貼文的隱私界線就會膨脹到四百三十二個人。

有趣的是，各位應該很少聽人這麼說：「請不要把這封信轉給別人。」或是：「請勿截圖或與他人分享這篇貼文。」因為就一般而言，我們並不需要這麼做。這是默契。已經適應這種傳播文化的人幾乎都明白，人人都有責任維護群體的隱私界限；若有誰破壞了

這份不言自明的協定，將不屬於自己的個資散布給分享圈以外的其他人，那麼可能的原因不出下列幾種：無知（不理解事態輕重）、未意識到網路分享的潛規則，或在資訊本身模糊或不確定的情況下，不懂得劃清界限；有時候，有人甚至會明知故犯、刻意踩紅線。無論如何，破壞信任界線的人一般都會收到負面回應或懲罰，有時透過言詞，有時則是行動（這裡所指的信任界限與網路平台服務條款無關，而是無須說出口、主動保護彼此隱私資訊的社交準則）。這項資訊的原所有人甚至可能因此重新調整隱私界線，將冒犯者排除在外。

不過，若是資訊的原所有人已經亡故，無法親手驅逐侵犯其隱私的人，亦無法重設自我疆界，那麼這份責任是否會落在共同所有人身上？這群人還會不會維持原本的默契，謹守彼此互惠的約定，保護這份在這個特定群體內分享的資訊？這使我想起梅莉莎，也就是凱蒂臉書封面照片上的那個女孩。凱蒂似乎很信任這個朋友。芮秋提過，她在凱蒂過世後曾經非常努力想聯絡上梅莉莎。我能理解這位母親的悲慟之舉，她想透過臉書私訊向凱蒂的好友求助，尋找她急切需要的答案；不過我也記得，芮秋告訴我，梅莉莎最後封鎖了她的臉書帳號。

作為逝者分享隱私資訊的關係人，他們在意的不僅僅是逝者的個資有沒有受到保護——他們說不定也非常擔心**自己的**隱私是否受到侵犯。在過去那個以非數位、紙本、郵遞通訊為主的年代，家屬大多很容易取得逝者留下的照片、日記等紀錄；若想取得過世親人寄給別人的書信，通常很難辦到。家屬頂多突然在遺物中發現別人

寫給過世親人的大量書信，讓他們能藉此填補親人生前的空白片段。不過，由於這類資料並非出自親人筆下，因此可能比較不會引發情感共鳴或造成情緒衝擊。這些資料可能讓家屬獲得安慰，也可能挑起更多憤怒，促使他們提出一些逝者不在場就很難得到解答的疑問：這傢伙是誰？她或他為什麼要寫信給我女兒／我兒子／我妻子／我先生／我爸或是我媽？那段話又是什麼意思？他們到底是什麼關係？與今日的電子郵件相比，我們不太可能從紙本書信瞧出多少端倪，因為「單方陳述」的本質在家屬和寄信人之間劃下一道鴻溝。但現在情況完全不同：我們既能取得雙方資訊，輕輕鬆鬆就能看到日期、時間，通常還包括位置——這些確實都是**超私人**資訊，個資涉及對象不只逝者本人，還包括其他許多人的個人資訊。

誠如賈斯汀·艾斯沃斯的朋友可能遭遇的問題，我們在透過網路寫信或發訊息給知己密友時，大概鮮少想到「萬一對方出了什麼事，這封訊息的閱聽對象極有可能擴增至其他人」的情景。當然，若是一封高度私密或內容十分敏感的訊息，我們或許會謹慎斟酌，揣想萬一遭外人讀取，對方可能如何解讀這些訊息。透過電子裝置和數位技術傳遞的訊息，確實可能誤入他人之手；而我們無心發送的對象大多能輕易識出我們的身分，進而與我們聯繫，提出各種質疑或牢騷抱怨。儘管這種後果確實可能促使我們更為謹慎行事，但我們幾乎不會將這層考量擴及**死後**——一旦我們告別人世，我們的數位通信將面臨何種命運？

且讓我們暫時假設，和你通信的某個對象是忠實捍衛資訊隱私權的擁護者，習慣以重重密碼重裝保護個資；這時，有人提出頗具

說服力的主張，表示想在你們雙方過世之後閱讀信件內容；然後，假如未來通過的法律確認逝者不能繼續保有數位個資隱私權，那麼，你和朋友生前的通信自由是否可能因此改變？這項事實將對個人自由與自主權造成哪些箝制？另一方面，如果將來的法規將身後隱私權納入保障，那麼又會有多少悲痛的家屬求助無門，讀不到親人生前所寫的任何文字、看不到他們近期留下的身影？在這個「個人隱私權經常且頻繁涉及多位共有者」的年代，我們該從何處著手，才能真正釐清身後隱私權的問題？

Ω

如果此刻你已讀得頭昏腦脹，那麼你大概就能理解，歐盟何以在最新公布的個資保護法中不太願意觸及身後隱私權這個燙手山芋了。歐盟強烈傾向讓會員國單打獨鬥，在這片荊棘叢裡自闢蹊徑。你或許也會同情英國法律委員會的處境。他們在二〇一七年啟動公共諮詢，心懷壯志，想把遺囑相關法律改造得更現代化，卻在最後一刻縮手，表示目前無意處理「數位遺產」的法律問題。艾蒂娜·哈賓尼亞對此大翻白眼，相當不認同法律委員會在這個關鍵時刻所做的決定。她認為法律必須改變，而且愈快愈好。

為了讓讀者對網路隱私有個概括但全面的了解，我已盡可能理出以上這一系列還算條理分明的解釋。雖然才剛完成這項紮實艱難的挑戰，不過對於被擋在這些冰冷、沒有個性的法規之後，內心極度困惑又苦苦掙扎的人，我個人仍是有些同情的。面對這個複雜程度無上限的嶄新世界，要想釐清所有可能影響我們生活隱私的種種

風險、利益或交易，幾乎是不可能的事，更何況是身後隱私權。我們生前劃下的個人疆界，若於死後遭他人重設改寫，極可能引發巨大混亂；我們留下的「超私人個資」雖然可能讓親朋好友獲得安慰，也可能成為痛苦來源。近一個世紀以前，考古學家打開了圖坦卡門法老王沉睡的陵墓；近百年之後，我們踏進亡者數據之谷，推開門扉。此刻的我們就如同卡納馮勳爵，不只體驗了驚奇——還有詛咒。

第五章

逝者的線上代理人

　　外婆過世後，有段時間（從我母親的觀點來說是「很長一段時間」）她都躺在無名墓裡；唯一能證明她「存在」的證據，是那塊新翻的泥土地以及上頭剛冒出來的嫩草。或許是因為豎碑之前需要打地基什麼的，但我媽懷疑，這純粹只是她父親壓根不在意這件事罷了。「我在想，搞不好他根本不在乎有沒有墓碑。」她說。「譬如他父母的墓碑吧，他也從來沒仔細費心過。」不過，不管他有多不在乎，我媽對於進度拖延相當不高興，也讓外公知道她不開心。於是兩人決定著手修正這個缺失。

　　那時，外公詹姆士原本不感興趣的態度似乎改變不少，兩人也來到承做墓碑的石材公司，準備解決問題，好讓大家滿意。鑑於他起初不太關心、不感興趣的態度，各位或許以為他不出幾分鐘就把事情辦完了。並非如此。他先是猶豫不決，然後似乎感受到某種來自社會觀點或個人情感的急切心情，認為必須做得「更有意義」才行。「在那個當下，」我媽說，「他完全不在乎要花多少錢。他只想做一面非常、非常特別，讓每個人都能感到驕傲的墓碑。」雖然她沒有明講，我猜這對父女肯定有過幾次言詞激烈的討論，最後才

走到這一步，決定該以何種方式紀念伊莉莎白，以及詹姆士（在未來某個命定時刻）。

印第安納州出產的石灰岩，顏色從灰色到米色都有，全州境內遍布這種石頭；不論是自然環境或街道建築，幾乎隨處可見。外公外婆家附近的貝德福德市（Bedford）更自封為世界「石灰岩之都」。在一九二〇年代，貝德福德採石公會曾發表過一篇學術專文，表明印第安納石灰岩是「建材中的貴族」。[222] 聽起來，這種石材似乎十分適合在印第安納南部住了一輩子的這兩個人，但我媽清楚記得，石材行其實不太贊成他們用這種石頭做墓碑。「石灰岩比較容易磨損或劣化⋯頂多撐個四百年，其他石材少說也有一千五百年，所以現在幾乎都不用石灰岩了。」我媽說。「這年頭什麼都是大理石做的，要不就是花崗岩。全部都能**用很久**。」我告訴她，我倫敦的設計師在幫我設計廚房的時候，也是長篇大論想說服我們選擇花崗岩或大理石流理台，說什麼這種材質能用得**長長久久**。在我媽那個年代，很少人會多次翻修裝潢自家廚房；對這種行為抱持懷疑態度的她，大笑回應我的抱怨。「每個人一定都有他想長久維持的部分，因為大多數人都不是真的相信死後有來生。我是說，要是我，我當然會選擇用花崗岩做流理台呀。所以妳也可以幫我們挑個花崗岩墓碑。」

這會兒我媽倒是大大方方拿「長長久久」開玩笑。不過，那天我媽和我外公顯然被石材行說服，後來還約了雕刻家碰面，請他用大理石幫伊莉莎白刻墓碑。[223] 我媽曾經特地走一趟對方的工作室，看看他工作的情況，結果被他的模樣嚇了一跳：他從頭到腳都

沾了一層大理石塵，白得像鬼一樣，還會反光，整個人在微光中閃閃發亮。這位雕刻師傅之所以散發詭異冷光，原因是石塵含有細微的「尤爾大理石」碎屑（Colorado Yule）──全世界只有科羅拉多州高山上的尤爾河谷出產這種大理石，開採難度極高，價格昂貴。尤爾大理石亮白耀眼，百分之九十九點五由方解石組成，這種貴族石材經常是美國各州或國家重要地標的最佳選擇。二十世紀初，負責華盛頓特區地標之一「林肯紀念碑」（Lincoln Memorial）的建築師就認為，為了營造林肯「捍衛民主」的耀眼光芒，唯有優雅、純潔的尤爾大理石才是唯一適合這座重要、具象徵意義的建築的外牆敷料。由於成本高昂，當時有不少人反對這項決定；但他據理力爭，表示這種大理石的絕美特質肯定能讓納稅人的支出值回票價，這才成功說服大家。一九二二年，紀念碑興建完成，若以今日幣值計算，造價肯定超過四千萬美金。[224] 所以我媽說外公「不惜成本」絕非誇大之詞。

選好這塊頂級石材，接下來就只剩雕刻形式了。詹姆士為妻子也為自己的最終棲所挑選的標誌是：天鵝。外公說，因為天鵝一輩子只認定一個伴侶。我媽回想她對這座天鵝雕刻的初印象：「哇噢！」她心想，「這天鵝真是**有夠**白！」她在工作室首次見到這隻天鵝時，雕刻師傅正在切割石頭表面，勾勒羽翼緊貼身軀的優雅形象，並將纖細的頸子設計成休憩姿勢。師傅將成品安置定位後，她發現這隻天鵝甚至比初見時更加耀眼閃亮，並且和周圍其他造形一致、頂端微弧的成排墓碑形成強烈對比，猶如一艘雪白發亮的小船在灰色浪濤中起起伏伏。[225]

JAMES STEWART　　ELIZABETH ANN FROMAN　　MARY ANN
SEPT. 19, 1916　　　JULY 28, 1915　　　JULY 19, 1951
FEB. 10, 2001　　　JUNE 22, 1996　　　JAN. 5, 2015

FISHER

　　這隻天鵝與環境格格不入，但問題並非出在牠身上。有些墓園裡的墓碑可謂花招百出（我腦中立刻浮現巴黎「拉榭神父墓園」裡那一座座象徵身分地位的紀念碑）。然而，選擇葬在印第安納州傑佛遜維爾市「沃納里吉墓園」（Walnut Ridge Cemetery）的家庭並不跟「鄰居」比闊氣，居民也不時興這一套。後來一直要到再過幾年、外公也過世了，問題才明顯浮現出來：隨著時光流逝，石碑粗糙的表面累積不少塵垢，各種各樣的有機物亦安身其中、如花朵綻放。「剛開始還沒那麼糟，」我媽說，「就只是灰撲撲的，看起來也沒**那麼白**。不過黯淡的外表漸漸掩蓋天鵝的優雅氣質，後來我甚至覺得牠孤苦伶仃的，好像被遺忘了一樣。」

　　我媽好像從來沒想過，這隻天鵝也是需要打理的。墓園工作人

員只負責清掃地面，通常也不會有人要求他們認真維護墓碑。我媽打給當初那位雕刻師傅，也盡責地訂購他推薦的清潔產品；由於她毫無清理經驗、附近又沒有水，因此計畫失敗——她沒辦法自己清理墓碑。不用說，美國聯邦政府肯定有一組雇員負責維護林肯紀念碑，讓它保持光潔無瑕；但我媽沒那種資源。她只有她自己，外加一罐清潔劑和幾名袖手旁觀的墓園工作人員，最後就是那隻灰撲撲的天鵝。

幸好，家族朋友知道該怎麼清理也主動提供協助，於是天鵝重拾昔日光采。我媽不曉得這位朋友是怎麼辦到的，也不記得那款清潔劑叫什麼，但至少天鵝再度嶄新耀眼，突兀地有如包纏繃帶的大拇指（這也是受到良好照顧必須付出的代價）。不過下一次將由誰來負責清理，那麼再下一次呢？我們的家族成員散居各地，而我們的下一代甚至沒見過他們的曾祖父母；我媽雖然欣賞這隻天鵝的美，但若有機會從頭來過，她不會再做相同的決定。還有，這塊尤爾大理石似乎也名過其實了——「長長久久」這個評分項目似乎有掉漆之嫌。我媽掃墓時，總會在雕像底部發現一些風化散落的細屑，襯著光滑的黑色大理石基座，看起來十分顯眼。昂貴的白色大理石不斷從天鵝身上一點一點剝落。「也許永恆的代價是天鵝會變小吧。」我媽說。

我告訴她，德國、挪威、瑞典等國的慣例是會把到期（屆滿二十或二十五年）的舊墳空出來；若繼續支付租金延長期限則不在此限。如果親人未再匯入維持費用，管理人就會挖出遺體並火化，或移至集體墓穴，空出墳地供近期過世、比較常有親人上墳緬懷的

逝者使用。[226] 這種做法可能會讓美國人嚇一跳，畢竟美國幅員遼闊，土地用之不盡，故能讓許多世代的美國人入土安息；地域面積較小的國家就沒有這種餘裕了。不用說，我媽剛開始也嚇了一跳，完全沒聽說過這種「墓地回收再利用」的辦法，但她馬上就笑了。天鵝問題糾纏了她二十年，而她自己也快要八十歲了，所以現在她看待這些事的態度也愈來愈實際；即使如此，想到未來可能不會有人悉心照顧天鵝，我媽仍心煩不已。當年她和外公做決定的時候，兩人都沒想到這座墓碑需要高額的維護費用；而且兩人也都未曾意識到，在他們委人造出這隻天鵝時，責任亦隨之而來：這是一項工作，一份義務。我的母親已深刻感受到這份義務的重量，也是這隻天鵝的自願代理人；但二十年後，她說不定已經不在了。「雖然我不太花時間想這件事，不過等我走了以後，除非家族裡有誰明確表示願意扛起這個責任，我想大概不會有人好好照顧牠吧。」她說。「只要人還在、**心**也在，這事肯定不成問題；如果都沒有的話，將來大概認不出這碑是紀念誰的了。」

多年後，等我自己也老了，屆時我還會不會大老遠飛越大西洋，回到我出生、外公外婆過了一輩子然後死去的這塊土地，連我自己都不知道。如果我回來了，我還會想去看看當地人口中的「沃爾里吉**黑**天鵝」嗎？望著天鵝，看著陳年汙垢掩去牠原本白淨光亮的外表，我會不會因此萬分內疚、心頭忐忑，懷疑自己逃避了本該屬於我的責任？

Ω

和我媽談完之後，她對天鵝的擔憂也部分轉移到我身上了；我是詹姆士和伊莉莎白的長孫女，卻也是住得最遠的一個。如果我選擇接下這份責任，那麼墓碑維護費應該是比較直接、好理解的挑戰：這隻石天鵝屬於「有形」物體，看得到摸得到，位置固定，結構不複雜，雖仍不時落下細細的石灰粉塵、堆在基座上，但整體還算堅固；就算我住在好幾千里外，只要花錢請人照顧，再交代幾件注意事項，應該就能解決了。

　　比起遠在天邊的大理石天鵝，線上墓園的虛擬天鵝實在好處理多了，既不會風化崩解，也能從遠方隨時造訪維護；只是這個概念對我外公外婆來說，可能很難理解。暫且不論美國各地的墓園、線上「環球墓園」、臉書及其他紀念網站、還有已停業的傑佛遜維爾墓碑公司（把石天鵝賣給我媽和我外公的公司）這幾個地方或平台的差異。讓我們先回過頭來想一想：他們之間有哪些共同點？這些單位都曾暗示、有些甚至明確保證我們的某一部分將「永生長存」。然而，假如你我當真賴著不走、永生長存，將來要託誰來照料我們？不論在虛擬或真實世界裡，逝者及其遺產都得要有個代理人才行。

　　經手照顧逝者的人，多半是藉由不同的關係角色而挑起代理人的責任。首先是在逝者入土前這最後一段路上，負責照顧遺體的人（家屬和殯葬工作人員），他們的角色在傳統、習俗和法律上皆有明確定位。遺體安置後，照顧的責任就轉到遺產這部分了；同樣地，這階段的參與者（譬如遺囑執行人、個人代理人、最近親屬、遺產管理人等）大多明白自己的本分，也了解自己的信託責任。提

供墓地或納骨塔位的墓園也一樣，只要購買契約繼續存在，他們就必須盡到保護與維護紀念場所的責任。然而，接下來我們即將進入一個比較複雜且不甚明朗的領域——即「網路」這個線上國度。誰該負責守護逝者生前種種涉及私人情感而且更為無形，足以代表人生或象徵回憶的**數位**資產？誰能擁有、協助或直接照管逝者的數位遺體？誰該駐守閘門，授予或拒絕存取權限，防止他人玷汙並同時保存、彰顯這份記憶？

這裡說的簡單，但實際責任可能相當沉重。負責照料數位遺體和數位紀念物的逝者代理人，說不定比看顧墓園墓地的管理者更重要、影響更深；即使墓碑設計再複雜、石材再昂貴亦無法比擬。挑起這份照顧責任的代理人，可能是逝者的親人、朋友、專業人士、或只是存在合約關係的機構。那麼就先從家人說起吧。我敢說，接下來要介紹的這位「蘇珊」，肯定希望她只需要處理一隻大理石天鵝、幾冊書信紀錄就好了；因為從許多方面來看，她代理的範圍都要比我媽負責的區域大太多太多了。

Ω

我發了一則推文，徵求網友分享任何與「死亡及數位環境」有關的經驗；蘇珊就是在那時候聯絡我的。她在近期一段不算長的時間內，接連遭逢親人過世，而且都走得很突然。死神面貌多變，當他找上蘇珊最親近的家人時，最常以「癌症」偽裝現身。二〇〇四年，先是小女兒瓊妮蘇的丈夫因黑色素瘤過世，接著是瓊妮蘇自己被診斷出子宮頸癌第四期；蘇珊陪著她四處求醫診治，然而即使是

專科癌症中心也幾乎束手無策。這段期間，不僅蘇珊承受很大的壓力（她白天繼續上班，還得陪伴女兒對抗病魔），蘇珊的丈夫約翰也很辛苦，因為他得照顧兩個失去父親的外孫。

眼見約翰日益消瘦，蘇珊認為這是可以理解的，畢竟他的壓力實在不小；只是當醫師確診約翰罹患結腸癌的時候，腫瘤已經擴散到肺、肝和腦了。父親與女兒各自對抗逐日惡化的病情，也意識到彼此承受的折磨，最後竟然在短短十五天內接連過世。儘管約翰最初診斷為二期，卻比女兒先走一步；兩週後，瓊妮蘇（她的名字源自父母的小名）也在蘇珊懷中溘然長逝。即使蘇珊已經承受了這麼多的痛苦，但命運之神似乎鐵了心要殘忍到底——瓊妮蘇過世一年後，蘇珊最要好的朋友艾蜜莉，一位廣受當地人愛戴的好老師也是蘇珊一直以來的精神支柱，也因為不敵腦瘤而離開人世。女婿、丈夫、女兒、摯友，四人在八年內相繼過世。

蘇珊嘗試透過各種方法來應付、處理一次又一次的巨大傷痛，於是她開始寫部落格，抒發悲傷，面對死亡。[227] 對蘇珊來說，部落格無疑是死亡與數位環境的交集之一，卻不是她回覆推文最主要的理由；她在寫給我的一封電子郵件上這麼說道：「社群媒體天天上演大量的失落與悲痛，而且還會繼續下去。」

不過一開始並非如此。癌症朝她的家人射出第一箭時，Friendster、MySpace 等社群媒體才剛跨過嬰兒期、並且很快就褪流行了，而臉書甚至還未開放給大眾使用。蘇珊的女婿生前並未留下任何重要或有意義的數位足跡可供緬懷之用，因此，家人為他建置了一個紀念網頁；除了讓悼念者相互支持，也作為留給兩個年幼稚

子的線上遺產。然而，在這條時間軸的另一端——也就是蘇珊和我對談的那個當下，她也並非真的那麼熱中於社群媒體活動。當時才剛過完耶誕節，蘇珊也在不久前暫時了臉書帳號；要想了解箇中緣由，我們必須先釐清這段時間內究竟發生了什麼事。其實，以前蘇珊不只常用臉書，還把臉書視為固定的存在，有時甚至是生活中的壓力來源。她從沒想過她竟然會花這麼多時間和氣力在臉書上頭。

乍看之下，事情的發展似乎有點詭異。起初，蘇珊只是毫無社群媒體經驗的臉書新手，對推特也很陌生；她並非排斥科技，純粹只是沒興趣。況且在女兒生病之後，她不斷在工作與照顧女兒之間來回奔波，幾乎沒多少空閒時間。處在這種情況下，她怎會突然變成多個社群媒體網頁的負責人呢（除了她的臉書個人頁，還有好幾個社群支持網頁）？答案與「社區」有關。在訪談過程中，她使用這個詞彙的頻率比提到「傷心」的次數還多，大概三句不離「社區」二字。早在社群網絡或類似組織出現以前，蘇珊和她的家人似乎都是當地的核心人物：她的高中男友（後來成為她丈夫）曾是美式足球明星，為俄亥俄州拿過好幾面獎牌；蘇珊嫁給約翰以後，他們繼續住在當地，三個孩子也都在附近的學校念書（包括瓊妮蘇）。「她以前還是校花呢」，蘇珊說，「也當過啦啦隊長。」大家都認識他們這一家子，所以瓊妮蘇生病時，大家都很關心，也都為這家人感到心痛——每個人都想知道最新狀況。

這家人原本可能應付不暇（一天要接好幾通電話、不斷有人登門拜訪），但他們突然想到解決辦法：在臉書成立支持社團。不僅可以發布消息，也能讓大家表達支持與關懷之意。由於蘇珊自己沒

有帳號，不能成立社團，所以先由好友艾蜜莉發起，成立「瓊妮蘇之友」這個封閉社團。社團人數迅速增加至數百人，但每一個人皆由艾蜜莉和蘇珊親自審查，確定申請人與這家人有實際關係才准予入社。後來，蘇珊終於申請了自己的帳號，也成為這個社團的共同管理人。這個社團一方面是瓊妮蘇的近況發報中心，同時也負責接收來自七八百名成員的慰問與關懷，從許多方面來看都是天賜的禮物。「最重要的是，這個社團給我們家非常大的支持與鼓舞。知道有這麼多人支持我們，關心她、關心這兩個外孫，感覺真的很窩心。所以這裡實在是非常棒的聯絡平台。」蘇珊說。不過，事情有好有壞，維持社團不見得是件簡單的事。

「我總是會被一些不重要的期望追著跑，給自己壓力然後又很焦慮。你知道，像是『我得趕快去更新社團上的資訊』這一類的。」蘇珊解釋。「雖然很奇怪，但我總覺得我有責任要這麼做，因為大家都對我們很好，一直都很支持我們……可是我在發文的時候必須非常非常小心。每個人都會關注我刊在社團裡的訊息，然後兩個外孫也天天玩臉書，所以我得…我得確定我在上面寫的都已經先跟他們溝通過了。每一篇發文都是深思熟慮後才下筆的，我總不能大刺刺地直接寫『今天裝了引流管。那些藥害她病懨懨的，吐了一整晚』。有時候，你就是不能把真心話就這麼一五一十寫出來，因為這對孩子們來說太敏感了；況且，我覺得我也應該試著讓自己振作起來、有精神一點…漸漸地，這件事變得愈來愈難，我也愈來愈沒辦法表現正面的態度了。」

此外，蘇珊也覺得她必須和女兒一起檢視這些貼文，掌握每一

篇的主題、了解每個人的考量與擔憂。只不過，有時候瓊妮蘇實在吃不消；「不是她對這些沒興趣，我認為她是關心的。但她不想承擔這份責任，如果這件事可以說是『責任』的話。」於是乎，這份擔子轉而落在蘇珊和艾蜜莉身上；若兩人聯手，應該還忙得過來。後來約翰也病了。有一段時間，社團成員可以從「瓊妮蘇之友」同時得到這對父女的最新狀況；又過了一陣子，約翰的病情實況就漸漸轉移到蘇珊的個人網頁上了。等到艾蜜莉開始處理她自己的癌症治療時，蘇珊說：「感覺就像某種詭異的三角狀態。社團的人都很關心我的丈夫和女兒，同樣也非常關心她。她是一位很特別、很特別的老師，不論我再怎麼強調都無法表達她有多特別。沒有任何詞彙能描述我心中的惋惜和悲慟。」

可以預見的是，這份無以言喻的悲慟在艾蜜莉的支持網頁找到安身立命之所，而蘇珊也理所當然再度成為社團管理人。「大量」也是蘇珊在訪談時很常用到的詞。大量的支持。大量的弔唁。大量的悲慟。瓊妮蘇、蘇珊和艾蜜莉的個人頁都被大量的「大量」洗版，病人與逝者的支持社團也是，而這些版面的管理責任全都落在蘇珊一人肩上。當時，蘇珊似乎不曾認真考慮要不要關閉這些社團，或將瓊妮蘇的個人臉書申請改為紀念帳號，起初是因為這些網頁也都是蘇珊可以隨時去看一看的地方。「比起上墳掃墓，一般人可能比較願意上網。」她說。「而且我們在網路上的對話也都是以前會在掃墓時說的話。」再者，這些網頁對許多人來說顯然都很重要。看見大家持續造訪社團、懷念故人，這讓蘇珊感到十分安慰；只不過，這些留言似乎漸漸超過蘇珊的負荷了。

最痛苦的季節始於十一月。瓊妮蘇的生日在十一月，於是她未轉為紀念帳號的個人頁開始發送提醒給朋友名單上的每一個人，請他們為失去的朋友／女兒／母親／姊妹送上生日祝福。大夥兒紛紛貼出她的照片，有些蘇珊沒看過，有時他們也會標記她和瓊妮蘇，因此這些畫面常常在她最沒有防備的時候突然跳出來，令她一時無法呼吸。接著是約翰過世一週年（約翰在感恩節當日火化），蘇珊的個人頁再次湧入大量往事與回憶。然後是瓊妮蘇及其夫婿過世的月份（兩人都在十二月過世），一則則紀念、緬懷的留言和耶誕祝福交雜並列，詭異極了。「你也曉得，過節嘛，大家都會貼上歡喜和樂的全家福照片。」蘇珊說。「別人的家庭都很完整、很美滿，但這對我來說實在是很大的刺激。」那次訪談在二月，當時的她終於能好好喘口氣了：因為一月才剛熬過瓊妮蘇過世一週年的日子。

與社群媒體打交道，分寸很難拿捏——想退出，只能被徹底排除在外；想加入，那就由不得你拒絕。假如你調整設定，不讓別人標記你、不追蹤你無意得知近況的對象、關閉「我的這一天」（On This Day）回顧功能，那麼你或許能躲掉多數騷擾，卻必須額外耗費時間與精力，也可能漏失你想要的資訊；若你覺得有些人需要你的存在與支持，那麼你繼續使用的可能性更高。只是，這一年，蘇珊再也無力應付這一切了。眼看白晝漸短、紅葉飄落，象徵最難熬的季節又將來臨，蘇珊做了一個決定。

「當時是十月底，」她說，「我心想，我沒辦法這樣再過一年。我受不了。雖然難過，但我還好，我應付得來，只是有時候實在太痛苦了。所以我在十月底的時候停用了個人帳號。我會重新啟

用，不過或許要等二月過完再說。我會再回去的。他們過世以來，這是我頭一回這麼做。」她需要暫時放下代理人的職責，喘口氣，不過她也明白，她必須把這份責任交出去。雖然其他人不保證會照她的方式繼續執行，不過她假設兩個外孫應該會接下這個棒子。蘇珊把資料存在好幾份電子裝置裡，其中包括一支特別標記的隨身碟：她把他們可能會用到的資訊全都存在「媽媽的帳號密碼」檔案夾裡。

在我們對談前的那個十月，蘇珊跨出一步（說不定這也是第一次），把她自己的悲傷和需求擺在深刻的責任感之前。她負責的對象不僅限於瓊妮蘇、約翰或艾蜜莉，還有所有關愛他們的人。當蘇珊決定後退一步，放下手中照管的數位遺產時，她也讓這份遺產的另一部分挺身關照她。過去四十多年來，蘇珊每晚都枕著她童年時代的甜心、她愛了一輩子的男人的胸膛，聽著他的心跳入眠。後來，他躺在安寧病房，奄奄一息，蘇珊心知他時日不多，突然沒來由地一陣心慌；蘇珊問護士能不能幫她個忙，請她錄下對她來說非常珍貴且重要的紀錄——於是，現在她每天晚上都能用 MP3 播放器或智慧手機，聽著那份數位保存的紀錄（她丈夫的心跳聲）安穩入眠。她的家人也許永遠都會是臉書社團的核心人物，因此對於這些社團，蘇珊不只感激也有責任；但現在，至少在網路上、在二月再度來臨之前，那些悲傷心痛的社團得暫時自己照顧自己了。

Ω

有時候，需要代理人保護的數位資料不是傳記類資訊（有意識

上傳的公開素材），而是逝者的個資封存檔，譬如電子郵件、訊息紀錄、文件、照片以及已分類建檔的檔案夾。這些都是逝者無意向大眾公開的資料。薇瑞的哥哥塔爾在二〇一一年過世，走得突然；既非久病，也沒有大群社區親友關注，亦非出身於必須時時向眾人更新近況的文化；他只是早上出門、以為傍晚就能回家，卻在中途出了意外，給汽車撞死了。

　　薇瑞的處境與蘇珊完全不同，不過在處理數位遺產這方面，她也覺得自己對哥哥的朋友圈、家人和同事們仍負有些許責任。「他很會照相，非常厲害，」薇瑞說，「曾有好些人主動聯絡我，說我哥幫他們或他們的機車拍了照，最後卻沒機會親手交給他們。」薇瑞想幫忙，可是第一步（踏進塔爾在以色列的公寓）簡直難如登天；接下來是給電腦充電（哥哥生前最後使用的物品），這一步也同樣困難；最後，她得在數千個檔案夾裡尋找他們索取的照片，而這些人提供的資訊又極有限（只有名字、可能的拍攝日期和照片內容），這又是另一個等級的挑戰。幸好塔爾做事十分有條理，找起來容易多了。「我努力找出他們想要的每一張照片，每個人的反應都好激動。你知道嗎，我只不過是找出這些照片，他們卻彷彿收到天大的禮物似的…他幫他們拍的最後一張照片。」薇瑞說。「能夠把這些別人認為很重要的東西找出來、交給他們，多花點時間也沒關係。」

　　可是事情並未就此結束，塔爾核心生活圈裡的其他人亦有所求。譬如：塔爾最要好的朋友問薇瑞能不能幫忙刪掉他和塔爾的電子通信；薇瑞樂意照辦，部分原因是她也認為通信隱私是神聖的。

「我覺得，我跟我最要好朋友說過的話以及我最要好的朋友回覆我的內容，應該只有我們兩人能看。不該讓其他任何人讀到。」她解釋道。不過，不同於塔爾拍攝的照片，他的電子郵件都存在外部伺服器、鎖進重重密碼；起先她不確定該怎麼做，不過她再次決定試試看。「我說這是『整理』。我必須把他的人生一樣一樣整理好，就像處理他的公寓、他的有形私人物品一樣，我覺得我應該以同樣的方式處理他的無形所有物。」她表示。這說來簡單，做起來可不容易。

要想駭進她哥哥的電子信箱，薇瑞得先搞定一連串複雜的調查工作（甚至包括冒用帳號）。薇瑞並不熟悉這個領域，她擔心隨便一個動作都可能毀掉順利取得帳號資料的機會，於是她小心翼翼、鬼鬼祟祟地進行。「那時我完全不知道自己在幹什麼。我不曉得他們有哪些規定條款，我根本沒查。我只是直覺認為，我必須**假冒我**哥哥，寫信給他們說：『這是我的帳號，我進不去，請幫忙。』我直覺以為，假如我說我是他妹妹、告訴他們他過世了，那麼我順利重新取得密碼的機會可能很渺茫。我倒是從來沒想過，我也可能根本拿不到這些資料。」她先從他最常用的信箱下手。服務平台要她回答安全問題，她不知道答案；薇瑞想碰碰運氣，便詢問塔爾的朋友們能不能猜到答案。策略奏效，她成功登入信箱。順利解決這一步之後，她轉向其他需要取得資料的網站，點選「忘記密碼」，再透過這個已經順利登入的信箱重新設定密碼，藉此登入其他網站。薇瑞知道此舉可能違反某些服務條款，因此，她不願告訴我塔爾用的是哪個電子郵件信箱；再加上她自己也用這家公司的信箱，所以

她擔心，萬一她把細節透露給我、而我又公開這些資料，最後可能導致她失去自己的信箱帳號。總而言之，雖然花了好幾個月才搞定，薇瑞終於完成哥哥好友的要求。她又**整理**好了一樣東西。不過後頭還有一大堆事情等著她處理。

在薇瑞經手處理塔爾所有數位資料的這段期間，他已成年的孩子們曾經憤怒地向她討父親的幾台筆記型電腦。「他們想盡快拿回筆電。」薇瑞說。「當時他們才二十出頭，父親又剛過世……他們無法理解我為什麼拖這麼久。」薇瑞之所以拖延，部分原因是她發現這項工作對她的心理和情緒都造成極大衝擊。她能理解孩子們的痛苦，他們的憤怒也使她心煩，但她還不能把電腦還給他們，因為她還有一件工作沒做完。儘管旁人似乎無法理解她為何要做這件事，她仍堅持到底，不論多孤單多耗神她都不願放棄。薇瑞在處理這些事務的時候，她請她最要好的朋友陪她待在哥哥的公寓裡；不在同一房間（讓她擁有足夠的隱私），但是就近給予她需要的精神支持。她也向塔爾的孩子們再延了一些時間。總之，不論要花多少時間，她都必須完成這項工作。其實不只塔爾的孩子們快失去耐性，薇爾自己也著急，但她覺得，她其實是在分擔他們的責任——說不定也是分擔他們父親的責任。她認為，現在還不到把電腦（包含社群帳號）交還給他們的時候。

「我哥再過半年就五十六了。」薇瑞說，「離婚，有自己的生活。如果要我就這樣把他的電腦交給孩子們，我覺得這是不對的。他只是個單身漢。」薇瑞的語氣意有所指。她揚起下巴、挑高眉毛，好似在確認我是否明白她的意思；「我其實只是把電子郵件

照寄件人姓名順序排好。如果寄件人是女性，我會打開來大致看一下，判斷是私事還是公事；如果是私事，我會直接刪掉不讀，如果是公事就繼續放著。我覺得這就好比跟別人家約會。你會說一些話向對方自我介紹，但是除了你和對方之外，不應該讓第三者看見這些內容。」

我想起蘇珊，她不只為兩個外孫保留瓊妮蘇的臉書帳號、支持社團網頁，連她的電子郵件和臉書私訊也一併留下來了。就像薇瑞表示她頂多只讀郵件的頭一兩行，蘇珊也說她不曾看過瓊妮蘇的私人書信，但她不覺得把這些資料完整交給外孫們有何不妥。「我認為這裡頭應該不會有任何不適合給他們看的東西。」蘇珊相當有把握。如果男孩們打算閱讀信件內容，這也是他們的選擇。薇瑞則是完全不想冒險。她堅信，為了保護塔爾的隱私與孩子們的感受，她必須這麼做。

多年前，我在某個討論臨終和死亡的研討會上聽了一場演講，深感震撼。講者以英國為例，探討將受難者遺物歸還家屬以及在背後支持這項工作的整個產業。[228] 在這之前，我不曾仔細思考這個問題，也不曉得有這種「產業」存在。一般來說，在空難、海嘯、爆炸或恐怖攻擊發生之後，工作人員會先將受難者的個人物品拍照並分類，供家屬辨認身分之用。接著，洗衣人員將受難者的衣物洗好、補好、燙好、摺好，再與其他個人物品一起打包，慎重妥當地交還家屬。承受喪親之痛的家屬不會收到一堆亂七八糟的東西，而是一份整齊乾淨的包裹。因此抱著塔爾的筆電、坐在塔爾寂靜公寓裡埋頭作業的薇瑞，想必也是以同樣的心情在處理胞兄的數位遺

物：仔仔細細、心痛萬分地悉心整理塔爾留下的人生紀錄，然後，她才能放心把這些資訊交給外面的世界。

聽著薇瑞的故事，我想到所有正在承受悲慟的家屬，以及每一位逝者代理人所面對的質疑與挑戰。我一方面確實能理解薇瑞的想法，也能設身處地同理她的做法；但我也想到塔爾的幾個孩子。我不曾和他們談過，不知道他們在「內容適當不適當」這方面的想法是否和薇瑞完全不一樣？有人可能會說，薇瑞的做法是**清理**而非**整理**，就像我媽盡力想恢復天鵝嶄新雪白的模樣；不過，在認識薇瑞本人之後，我傾向抱持「若要說她的做法是清理，那麼也是帶著明確的善意，做法也很妥當」的看法。比起薇瑞，我聽過許多不恰當，或甚至不道德的案例，那些人心裡百分之百認定他們有權延續、更改或甚至徹底刪除已逝親人的數位遺產，而且認為只有他們有權這麼做。這種做法在法律與道德上是否站得住腳，端看各位從誰的角度切入了。

Ω

湯姆‧布萊德姆（Tom Bridegroom）和尚恩‧比奈克隆（Shane BitneyCrone）在一起六年了。兩人共有一棟房子，合作經營事業，還養了一隻狗。不論從哪方面來看，兩人都是彼此的靈魂伴侶，全心全意深愛對方。若是在其他地方，他倆早就結婚了；然而，在二〇一一年的加州，同婚仍屬違法。尚恩曾經製作一支描述兩人生活的短片。哀傷的是，誠如尚恩在短片中所言，湯姆永遠沒有機會實現「在配偶欄填上他的名字」的承諾──他死於一場恐怖意外（湯

姆在幫朋友拍照時，從大樓屋頂墜地身亡），而他相伴六年的伴侶竟遭醫院拒絕探視與陪伴：因為他不是法律認定的「親屬」。

這是我蒐集到的第一個令人心痛的社會邊緣案例（後來還有更多），而尚恩的遭遇更是頭一回碰到：湯姆的雙親要求臉書刪除兒子的帳號 —— 裡頭包含大量尚恩與他恩愛的生活紀錄。如果湯姆雙親的動機是想抹去湯姆這部分的人生，雖然令人震驚，在當時卻不算意外。湯姆的雙親來自民風較為保守的美國中西部，當地教會將同性戀明確定義為罪惡，是褻瀆上帝的行為。對於逝者生前或死後的事蹟（不論在線上或真實世界裡），有宗教信仰的哀悼者通常會自行建立、互相強化他們認可的部分；如果不認同他們的意見或描述，代價極可能是在你最需要支持的時候遭眾人孤立。因為如此，刪除湯姆悖離兩人信仰的線上資訊，極可能是湯姆雙親在悲慟中唯一能想到的做法。一旦臉書這類線上資料不復存在，他們就能在真實生活中為湯姆選擇性地建立一份可靠、能為當地鄉親接受、符合教會價值觀的生平描述。

在線上環境裡，這類團體也會強調並「規範」他們認可的逝者面貌。「蕾拉」從小在基本教義派的基督教區長大，[229] 教區會眾成立了一個臉書社團，用來緬懷教區內的逝世親友；她自己也是這個社團的成員。蕾拉告訴我，他們這個教會從來不提天堂、天使或靈魂。人死了以後，軀體回歸大地，不再擁有意識或知覺，一直要等到耶穌復活那一天，屆時所有已逝之人都有機會認識上帝；若他們接受祂，那麼就有機會在天國重聚。在這個臉書社團裡，前述觀點不斷透過貼文反覆強化：這裡看不到「天堂」二字，倒是大

量出現「希望未來在天國相見」、「期待榮耀之日到來」這類陳述。後來，該教會主要分會的部分教友認為他們比較喜歡「天堂」的概念，因而導致教會分裂（情況好一點）或逐出教會（最糟糕的結果）；不過在這個特別成立的紀念社團裡，眾人依舊口徑一致，並未改變社團路線。「我可以從討論區的貼文感覺得到，選擇出走的教友仍十分尊重信仰天國的教友們。」蕾拉表示。「要是有人貼出『期望能在天國相見』這一類文字，你不會看到有人跳出來批評『嘿，才不會有**這種事**好嗎？真是夠了』或是『他已經上天堂了』…社團裡不會出現這些字眼。那些不信天國的人早就另外成立社團，瘋狂吐槽以前的教會經驗；不過在紀念社團這裡，大家傾向以和為貴。」

然而，看在尚恩這個心碎伴侶眼中，湯姆雙親的決定既不友善也毫無談判空間。尚恩把他在追思會發表的悼詞全文貼上 Tumblr（追思會某種程度也是為了彌補尚恩的遺憾所舉辦的聚會，因為湯姆的家人不讓他參加正式葬禮）。悼詞提到：「湯姆熱中社群媒體，他認為資訊必須忠於事實並且容易取得，這也是他的家人刪除他的臉書之所以令我萬分痛苦的原因。湯姆總是定期更新推特和臉書內容，大方分享他的生活，誠實對待他所愛的每一個人。」[230] 不用說，在湯姆所愛的這群人之中，尚恩是他的最愛，然而這卻是湯姆的家人急欲從他人生中抹去的事實。誠如某位贊助尚恩拍攝《新郎布萊德姆》（*Bridegroom*）的捐款人所言：「他們抹去了這段歷史。」[231]

布萊德姆夫婦所屬的教會對同性戀有其特定觀點。身為教會的

一份子，他們或許認為，透過這種方式修飾兒子留在世人眼中的形象、去除一切他們認定是缺點或罪惡的象徵，正是代理人挺身捍衛逝者的應盡職責，也是這對夫婦在他們所屬的世界裡，唯一想像得到的職責。在二〇一一年，按照臉書當時的政策，身為湯姆最近親屬的兩人確實有權處置兒子的社群媒體檔案、以及兒子與其摯愛的真實生活紀錄，令其消失不見。他們也確實這麼做了。「就是這些事使我夜夜輾轉難眠。」傑德·布魯貝克（Jed Brubaker）如是說。

傑德在臉書工作。

Ω

能和傑德說上話，我其實有點意外。因為我始終悲觀地認為，我大概永遠不會有機會跟任何能直通臉書高層的人面對面溝通。基於早先和身後隱私權專家艾蒂娜·哈賓尼亞的對談，我對臉書沒抱太大期望。「悲哀的是，臉書其實挺封閉的。」艾蒂娜搖搖頭，彷彿暗示我別浪費時間了；「他們不太喜歡跟研究單位合作。」初次寫信給臉書的媒體辦公室時，我惦記著艾蒂娜的囑咐，自稱「記者」而非學者或研究人員。儘管耍了這點小心機，對方始終未曾回覆我任何消息。我心想，這可能多少有點像已故用戶親友的遭遇吧。那時，我已經和許多擁有類似遭遇的遺族親友聊過了：他們有些想據理力爭，有些就只想找人把來龍去脈問清楚，卻不得其門而入。又或者，聯絡採訪通常不會太困難，我只是被最近的混亂給淹沒了；畢竟劍橋分析公司的醜聞還未退燒，馬克·祖克柏才剛去國會作證回來——這可是條大新聞，所以每個禮拜肯定都有好幾百名

記者或撰稿人寫信給他們吧。

這時我想到傑德。他和我都是學術圈的人，也在同一個領域做研究；我們都知道彼此的工作，也有共同認識的朋友。不過，就算他願意回信給我，大概也只會是一些制式的場面話；再不然就是他簽了保密協定，只能三緘其口。結果令我大感意外：傑德不僅大方分享他所知的內部觀點，態度也積極坦率，毫不隱瞞。他之所以能相對自由地提供內幕消息，理由是他和臉書的合作計畫原本就是該公司「暖心研究小組」（Compassion Research Team）支持的項目。這個工作小組是臉書二○一一的新企畫，以「舒緩艱難時刻，增進生活福祉」為目標。[232] 暖心小組的工作理念是彰顯良善，使其不受任何價值觀或論點掩蓋或左右。

「在一般情況下，臉書的規定就是什麼都不要說。」傑德坦承。「不過暖心計畫的原則是『聊你想聊的』。這個企畫說不定也能讓其他網路公司有所啟發。如果他們願意共襄盛舉，那也沒有智慧財產權的問題。這麼做只會讓網路世界變得更美好。」儘管艾蒂娜批評臉書不願意與學界合作，傑德倒是有不同的看法。他聊起臉書如何主動接觸學界，尋求合作，他自己就是其中之一；至少他現在是了。臉書最初找上傑德的時候，他還在念資訊工程博士（正在寫博士論文《**死亡、身分與社群網絡**》[233]），尚未成為全職學者。他本來很有希望拿到二○一四年的臉書獎學金（Facebook Fellowship）──獎學金目的為支持有天份的博士候選人進行電腦工程相關研究。[234] 雖然沒通過最後審核，不過他的努力倒是以另一種方式得到好結果──臉書更加認識他的研究，明白公司需要他這

個人才。暖心小組相當不滿意臉書處理已故用戶帳號的方式。小組成員明白，家屬承受的煎熬非比尋常；此外也有多種管道鼓勵家屬講出「痛點」（pain points），傑德也向臉書提過這個建議。

　　傑德知道，他的專業能讓臉書的服務有所不同。他曾擔心自己會在拿到學位以前就屈服於進入大企業工作的誘惑；大致評估後，他認為花幾個星期做「知識轉移」應該沒問題，也不會對學業造成太大影響。因此傑德一邊進行博士學位的收尾工作，一邊和臉書合作。後來，後者的比重超出預期——譬如他每隔幾週就得在加州門洛帕克的臉書總部待上一週，還得跟工程師、設計師、政策規劃室、法規室及暖心小組的成員輪番開會。傑德和當時的產品經理凡妮莎・卡里森博區（Vanessa Callison-Burch）——她至今仍是傑德的偶像——是臉書現行代理人模式的幕後推手，其中就包括二〇一五年上線的紀念帳號代理人制度。傑德目前在科羅拉多大學波德分校（University Colorado Boulder）擔任助理教授，凡妮莎則潛心研究佛學，即將成為宗教師；不過兩人仍持續與臉書合作。[235] 傑德告訴我，他倆接下來幾個月（二〇一八年夏天）會去靜修，思索未來方向。他表示，鞭策兩人持續前進的靈感和挑戰始終如一，那就是：「你如何關懷他人…尤其是悲傷造成的『鏡室效應』（hall-of-mirror）＊？」

　　傑德表示，從「如何關懷他人」為中心出發，是臉書換位思考

＊譯注：鏡室效應，指情緒猶如在布滿鏡子的環境中不斷反射，導致無端的恐懼與莫名的焦慮。

非常重要的一步。剛開始,臉書並不認為這個平台與保存逝者回憶、撫慰喪親者有太大的關係;每當有用戶過世,臉書的政策就只有「照規矩行事」這個準則。「問題:某個和我們簽過服務條款的活人,現在死了。解決方案:刪除。」傑德打了個冷顫,表示這段「一律刪除」的歷史實在太恐怖了。幸好這段黑歷史在網際網路史上只占了極短篇幅。二〇〇七年四月,臉書對大眾開放後不久,維吉尼亞理工大學發生校園槍擊案;[236] 這場屠殺造成三十多人死亡,而這次事件也成為促使臉書變革的催化劑。「社會大眾紛紛向臉書請願,表示這些個人網頁具有紀念性質,希望臉書不要刪掉它們。」傑德說。因為如此,臉書放棄「自動刪除」政策,這一步在道德與實效性方面皆有其重要意義。

從道德上來說,這項政策改變象徵臉書首度承擔「保護並維護網路紀念平台」的道德責任,其對象不只包括數量激增的緬懷社團,還有以個人帳號持續存在的數位身分。從實效性來看,這除了代表臉書接受我們在前幾章談到的每一項實際責任,也接下一項唯有他們才辦得到的任務。「要處理的事情太多太雜…這是個全新、剛萌芽的概念。」傑德表示。前述校園槍擊案發生的那一年,臉書每個月大概有五千八百萬固定用戶;[237] 等到臉書找傑德去幫忙設計及制定帳號紀念化與妥善處理逝者帳號資訊的相關政策時,這方面的需求暴增:經常使用臉書的個人用戶已超過十二億三千萬 —— 足足是二〇〇七年的二十倍之多。[238]

在這七年間,儘管用戶暴增,需要應付的相關項目並未隨之增加;不過「已故用戶」倒是意外影響了許多人,這點有好有壞。傑

德剛進臉書總部的時候，最初幾場會議是在暖心小組舉行的。據傑德描述，這群人似乎個個有其深受召喚，認為自己必須加入這個小組的理由，故討論時總能激發許多想法；而且他們都把這項計畫視為近乎神聖的義務，全心全意、熱情奉獻。傑德也和許多律師開過會，評價自然相當不同；「我會跟他們吵架…唔，說『吵架』是開玩笑啦。不過，他們真的就像從好萊塢電影裡走出來的傢伙，一邊在大街上兜圈子，一邊滔滔雄辯。」他比比門落帕克的中央通道。「在跟他們打交道的時候，我的目標是──我們做了研究，有人反應某些部分滿糟糕的。我們必須改善這幾個地方。我們以人、以用戶為中心，做了一系列設計研究，然後這些就是對用戶來說比較好的做法。請問我們要怎麼做才能在法律上也行得通？」傑德和他們討論的待解難題，幾乎都是我們在前幾章詳細條列的法律挑戰，逼得傑德和律師們在中央通道來來回回、讓計步器數字激增。譬如：這些資料歸誰所有？誰擁有這些權利？誰有權做哪些事？如果把傳統繼承法套用在數位產品上，站不站得住腳？

如果各位從第一頁堅持到現在，那麼你一定知道，前述問題幾乎沒幾題有明確答案，而這方面的需求亦遠遠超過法律改革的進展。傑德心裡明白，假如他、凡妮莎和暖心小組痴痴等到法規明朗才進行下一步，他們今日或許還在原地踏步，停留在二〇〇七年的景況。他們認為，藉由一些必要研究，建立並實行一些可能更適合數位時代的新措施，他們或許能在**形塑**未來法規這方面幫上忙。或許他們真能成為領頭羊，而不是只安於開發一些讓其他網路公司群起效尤的契約架構或作業程序；他們能改變世界的立法方向、法規

與**思考方式**。

「地球文化是一體的，而這個文化需要改變。」傑德說。若說有誰能推動這項文化改革，或許就是這個最具影響力的社群網絡；「因為我們是臉書，所以我們辦得到。」傑德不止一次以這句話點出臉書的力量。懷抱全球最強大最美好的意志，他們可不打算等候批准才行動；「我才不會被那些法律問題給嚇跑呢。」傑德說。「法律是為我們服務的，不是我們服務法律。不用說，這對公司政策來說無疑是一場噩夢……我們知道接下來會一團糟，不過我倆的態度大概就是**做我們能做的**吧。我們被賦予如此特別、猶如特權的機會來做事，不僅能幫助這個平台上的人，還能…鑑於目前涉及繼承、遺產等種種問題，我們要怎麼做才能端出一套好的替代方案，讓世人明顯感受到它的好處？」

傑德提到的替代方案，部分概念就是「最近親屬不應自動取得逝者數位足跡的宰制權」。「紀念帳號代理人」體現了這份理想，讓逝者及其指定且受其信賴的對象有機會表達，甚至強制執行逝者的遺願，依照逝者生前的規劃處理臉書資料。傑德坦承，原生家庭刪除個人檔案所造成的痛苦（比如湯姆和尚恩的故事）帶給他很深的影響。「你想把這份特權交給原生家庭還是你選擇的家庭？」傑德問道，而他的答案非常明顯。他的論點是，除了網路，原生家庭還有其他可供悼念的地方；他們或許只是把臉書當成另一個需要結清關閉的帳戶，就像銀行帳戶一樣。至於與逝者關係不如家屬緊密的人，社群網絡平台可能是他們唯一能與故人維繫情感的地方。「最有能力做出選擇的人，通常都是最少被顧及的一群人；而占去

最多資源的人，通常都是比較沒有能力選擇的人。」傑德如是說。
「正因為這類不對等的狀況一再發生，我才會覺得，像臉書這種社
群媒體真應該好好重視這些未完整呈現，或一般人不太關心的不對
等關係。」紀念帳號代理人制度就是為了矯正這種不對等而設計出
來的。

　　不論從哪方面來看，尚恩實際上都是湯姆的「未亡人」，因此
沒有人比他更深刻意識到這種不對等狀態。儘管湯姆的家人不讓尚
恩參加葬禮，他仍親自飛往印第安納給湯姆上墳；當他來到墓園，
這才發現布萊德姆家族不僅擁有自己的墓地，湯姆的父母也已經在
兒子的墓碑兩側立好他們自己的石碑，碑與碑之間的空隙幾乎容不
下一根手指。[239] 所以，儘管尚恩實際上確實進了墓園，不過從象
徵意義來看，他感覺自己被排除在外。於是他飛回加州，回到二〇
一七年終於實施《數位資產受託使用法》修正案（*Revised Uniform
Fiduciary Access to Digital Assets Act*, RUFADAA）的國度。[240] 如果
加州在二〇一一年就實施這項法案，如果湯姆指定尚恩為他的臉
書紀念帳號代理人，那麼尚恩在法律上就有權主導湯姆的個人檔案
了；他有如某種形式的「共同信託人」，其身分視同湯姆臉書帳號
的所有人，故而有權阻止布萊德姆家刪除湯姆的臉書帳號。

　　這樣的結局究竟是勝利還是失敗，端看各位的立場和角度。我
想我大概無法體會布萊德姆家人、雪倫或芮秋受到法律阻撓，無法
讀取或控制子女數位資料的心境。不過，傑德先前表示「法律是為
我們服務」中的「我們」，並非法律上的最近親屬，而是一度擁有
帳號、現已不在人世的逝者，以及在逝者人生中占有一席之地的

人，還有逝者願意託付其永久資產的對象。假如逝者並未指定紀念帳號代理人，鑑於種種不對等狀態和可能造成的痛苦，傑德仍傾向保留這些資料，而非刪除。

話雖如此，傑德並非不同情最近親屬。我們聊起荷莉‧賈薩德一案。「我記得那條新聞。」傑德說。「我為這家人感到難過……這也是我始終掛心的一件事。保留動態時報的內容也可能令某些人非常痛苦，我常常在想這一類的事。譬如：網路霸凌、導致兇案的幫派事件……與新聞有關的短暫討論，或是在死亡發生那一刻的某些細微瑣事。」傑德非常清楚，把殺害荷莉的人的照片留在她的個人頁上，還主張那是她的願望，這幾乎不可能；而他也一再強調，他很明白這方面的規劃要說完成還太早。「每個人的死亡都是獨一無二的。」他說。「**一切還未完成**。這裡頭還有好多是我們能做的，能讓大家的感受與體驗變得更好。」

在這份使命感的驅使下，凡妮莎與傑德嘗試在一長串選擇和優先考慮事項中，勾勒出一條康莊大道。「我們該把焦點放在哪兒？是看得見還是看不見的事物，還是幕後指導方針？我們是否該偏重『紀念』的形象與意義？是否和紀念帳號代理人的職權深切相關？有時候，你可以直接修補盒子裡的東西，有時你得換掉盒子，或者再加一個盒子。」不過，我想最好還是不要放太多盒子，以免疊床架屋，徒增困擾。臉書要求傑德與暖心小組必須交出一套完美的設計與解決方案，讓更多用戶能明確表達他們的心願，也讓臉書在撫慰喪親者這方面能做得更好。傑德明白，承受喪親之痛的人在情緒上大多相當震驚與悲痛，很容易被一些瑣事搞糊塗，不知所措，

因此他們需要關懷和導引。「我們要做的跟葬禮司儀差不多，是吧？」他說。「你總不會要求家屬自己去處理屍體防腐、修整遺容這一類的事吧。這些複雜程序大多能代勞或省略。若要說什麼才是體貼的設計，『讓喪親者在必要時再做必要決定』，這就是了。」

　雖然臉書最初的商業模式並不包括「葬禮司儀」這款角色，況且，要想關照數十億數位公民的遺願也是相當大的挑戰，不過傑德顯然信心十足，認為好的設計必然能實現這份理想。無論如何，傑德無意逃避他對臉書二十二億三千萬常態用戶的神聖道德責任，[241]同時，他也想成為這項產業的領導者，協助其他同樣對使用者負有責任義務，但可能需要不同解決方案的網路企業。「我真心喜愛的理想世界，是一個能讓更多企業願意加入這場對話的地方。我想**知道**怎麼做才是正確的！我想知道哪些才是適合亞馬遜的做法，或者哪些比較適合單調的網路環境，像是 Google 網路硬碟這一類。」他說。「我就是想知道！」

　但我想到的是，當這些企業的商業利益與道德倫理責任互相牴觸時，他們將如何抉擇？臉書會不會走到已故用戶超越在世用戶的臨界點？若以「企業以營利為最優先考量」這個不拐彎抹角的現實假設為前提，我倒想知道，屆時臉書如果**還在**，它會以何種方式保持財務槓桿平衡，維持營運？此外，將數百萬已故用戶的永久數位識別資訊保留在伺服器上，臉書能藉此獲得任何財務收入嗎？畢竟這些轉成紀念狀態不再更新使用的帳號，是沒有廣告商機的。企業真的就只是把這些已故用戶列入資產負債表的「損失」條目嗎？

　我一再且不斷反覆思考這個問題，最後，我認為我歸納出一個

頗為可信的假設：如果你是臉書的長期活躍用戶，那麼你大部分的人生都會在這裡留下紀錄。若你把臉書當作和朋友聯絡溝通的主要管道，你們的關係和對話內容同樣也會封存在這裡。你擁有臉書帳號的時間愈長，將來就會有愈多在這裡認識的朋友揮手告別人生。於是，只要意識到線上哀悼重要性的人愈多，就會有愈多帳號及內容被保存下來，而非刪除。試想，這對生者而言是多強烈的誘因哪！如果你刪掉臉書帳號，那麼你將永遠進不了這座網路墓園；你只能孤伶伶地抱著滿滿一盒書信照片，最後無奈地點火燒掉。

傑德·布魯貝克懷抱真切的熱情與理想，他表現的道德敏感度給我一種純粹發自內心的感覺，毫不造作。他真心讚賞臉書暖心小組對世人的關心與承諾，因此，我決定對我方才的假設抱持保留態度（至少不套用在他身上）；即便如此，我覺得我還是必須親口問他。我深呼吸，再一次想像自己是魔鬼代言人，然後問道：剛才我們討論了這麼多社群網絡平台的道德義務，但這是否只是一扇美麗的窗戶，用來掩蓋窗子裡的深層意圖？個人帳號紀念化是否只是臉書針對那些珍惜逝者、為其心傷、並且重視其數位遺產的用戶所設計的諸多手段之一，想藉此留下用戶？將來，隨著年歲推移，當這座線上墓園充斥大量已故用戶，屆時臉書的這項做法是否沒辦法有效增加財務收益，導致難以維持商業運作？

傑德並未馬上回答，我不禁懷疑自己是否冒犯他了。「到目前為止，我們有相當充足的證據顯示，這類措施沒有所謂商業誘因這回事。」他斬釘截鐵地說。「就算有…影響也非常非常小。現在很少有墓園會賺錢的，遊樂園才賺得多吧。」那麼，已故用戶會不會

造成負面影響？我問。萬一紀念帳號的數量規模過於龐大，臉書會不會乾脆關閉這項服務，轉而投入其他收益更好的事業，例如打造更多更新穎的線上主題樂園？「我非常確定，這問題總有一天會真相大白。」傑德回答。「臉書確實有不少現實問題要考量，我也知道這些構想可能會隨著時間而改變；不過，錢不是最主要的問題。」

傑德有很多事都說對了，其中包括「現在很少有墓園能賺錢」這一項。今天，這個問題比過去任何一刻都還要明顯，理由可能與「數位時代」有關。

Ω

談到照顧和紀念逝者，一般墓園已不再是必然選項，也不再是追思緬懷的主要場所。畢竟生意難做——現在，選擇身後立碑的人愈來愈少了。強恩·李斯（Jon Reece）在這個充滿傳統和歷史味兒的產業工作，他和同事們總是盡力超前思考，想方設法讓顧客選擇傳統的殯葬方式。強恩是西雅圖基靈石材公司的現任董事長兼總經理，[242] 對於這場難度似乎愈來愈高的「逆境求存戰」，他個人頗有心得。強恩津津有味地聽我描述大理石天鵝的故事，然後回敬我一長串美國民眾為了讓墓碑盡可能屹立不搖、這些年來曾經選擇哪些石材的奇聞軼事。早年，美國東岸的白人移民大多使用板岩薄板。「當時他們以為石板上的刻字永遠都在，現在卻什麼也看不見了。你不知道葬在這裡的是誰，因為墓碑上的字都消失了。」強恩說。後來大家改用大理石，然而在汙染較嚴重的都會區，大理石通常很

快就溶蝕掉了；像我外公外婆那座天鵝墓碑的雕刻和字母，大多會慢慢溶掉。後來，大家改用價格低廉、製作方便的水泥作為花崗岩碑或青銅碑的基座；可是水泥容易崩解，不僅墓碑受損，對訪客也不安全。「所以人們總是犯錯。我們盡力嘗試，卻始終無法好好為所愛之人保存紀錄。」強恩說，這些年，墓碑的材料幾乎都以花崗岩為主。

不過，最近這個行業煩惱的方向又變了：問題不在該用**哪種**石材立碑，而是將來還會不會有人在墓園立碑。喪葬費用不便宜，墓園又過分關心及規範墓碑的形式與銘文；「沒有人喜歡聽別人告訴他這個不准、那個不行。沒有人喜歡被管。他們不想要規矩，只想表現自己。」強恩說。「可是墓園那邊的人總愛說這不可以、那不可以、我們不喜歡這樣、你不能這樣做。在我看來，控制和干涉正在扼殺這個產業。」

強恩認為，火化之所以愈來愈普遍，原因不只便宜，也和控制及選擇有關。骨灰運送方便、好分裝，意味親屬可以就近保存逝者遺體，依個人喜好來安置或紀念摯愛。他們可以決定自己想要的儀式，全權處理。強恩表示，在西雅圖附近的美國西岸地區，遺體火化率高達百分之七十五；有些人會把骨灰撒在瑞尼爾山上（Mount Ranier）隨風飄散（那裡大概是華盛頓州最熱鬧的墓地），有些人選擇搭渡輪出海，站在甲板上將骨灰撒向大海；若逝者是殉職軍人或警察，船公司還會暫時停下渡輪，吹奏風笛致敬。如果親屬有意追悼或緬懷逝者，只要上網就行了。強恩認為，數位製品或紀念網頁也屬於能展現個人風格的一種方式，而且一般人負擔得起也好控

制。「會在臉書哀悼追思的人大多這麼想：『嘿，我在臉書紀念他就好啦，不需要花錢做墓碑什麼的。』」他說。「再過一段時間，這種思維極有可能吃掉我們這個產業；所以我和同事們都在想，面對數位時代，我們得嘗試不一樣的做法才行。」

為了讓事業跟上時代腳步，這群傳統石匠抱著「打不倒敵人就化敵為友」的精神，推出結合數位與實體的混合墓碑。強恩等人的想法是，考量數位移民與數位原住民的需求與喜好，縮小世代差距，或許正是這個時代需要的解方。他們先著手研究博物館語音導覽那一類裝置，不過，就強恩的說法，他們不喜歡那種「被綁住」的感覺；因此，隨著智慧手機日益進化，他們轉而對「近距離無線通訊」技術產生興趣——只要把手機靠近固定在花崗岩墓碑上的電子元件，就能立刻通往一個栩栩如生的網路世界。還有，如果在墓碑旁加上標示、秀出網址，讓掃墓上墳的親友敲敲螢幕就能連上紀念網站，這樣做好不好？會不會太麻煩？這時，有人大喊有了！

「QR Code！」強恩回想當時的情景。「太簡單了！根本不費吹灰之力就解決了。」於是我們著手進行。首先得想個好名字——我們希望這個名字夠響亮、能引人注意，所以最後決定叫它「活墓碑」（Living Headstones）；我們想製造「嚇一跳」的效果，但不能過頭。我們打算用塑膠基材做一塊板子，銅面拋光、上黑漆，再用鐳射刻上可連至特定紀念網址的 QR Code。「公司的人都不是搞軟體的，」強恩說，「所以我們找其他公司合作，讓他們負責製作和維護紀念網站。」這種 QR Code 能嵌在鑲任何一塊花崗岩石碑上，萬一板子脫落或表面毀損，要再複製一塊也很容易。

這項產品甫推出不久，基靈石材公司旋即得到當地，接著是全國媒體海嘯般的關注；諸如「全國公共廣播電台」（National Public Radio, NPR）和《今日美國》（*USA Today*）等節目皆派員採訪。「我一度把這些報導逐一列在官網上，但後來實在太累人了。」強恩表示。如此巨量的曝光率，令他們大感震撼，同仁無不戰戰兢兢，摩拳擦掌，準備在這個領域大放異彩。其他公司也開始模仿基靈石材的概念，想一較高下，於是提供更鮮艷亮麗的陶製混鋼 QR Code 嵌板，或直接把網址刻在墓碑上。最後百家爭鳴，眾聲喧嘩。事實上，在我首次與強恩通話時（離那次雪崩式的媒體關注已過了七年），他的每一句話聽起來都非常驚訝，心情大概跟我和臉書的傑德通話時差不多；「請問…請問您是怎麼找到我們的？」他問，語氣興奮好奇又有點猶豫，彷彿驚訝地發現竟然還有人在意他們。

雖然他們最近正在和美國退伍軍人事務部談墓園合作案，不過該公司每月售出的 QR Code 嵌板寥寥無幾。強恩認為，部分原因是消費者不相信這個 QR Code（或是這家公司、或 QR Code 連結的網站）會永遠存在，然而現階段他實在拿不出任何辦法來消除這份疑慮。「比如，他們可能會問：這個網站會維持多久？萬一你們公司收掉了怎麼辦？……你要怎麼跟他們說？如果這個產業不再需要我們，我們自然就得歇業。但是很抱歉，我並不打算繼續維持那些網站。」

我很能理解他的冷酷與實際，他這麼說純粹就事論事。「再過幾十年、或幾個世代以後，說不定有人會問：那些奇奇怪怪、彎彎

曲曲的線條到底是什麼東西呀？」強恩說。我想到那些把 QR Code 刻在墓碑上的墓碑製造商。在不久的將來，如果那時還有人會去逛墓園，世人會怎麼看待這些有如外星符號的記號？二十年後，QR Code、QR Code 連上的網站、網址、臉書，還有我們所認知的網路世界，說不定也可能都不存在了。儘管每年在「環球線上墓園」立碑的人數愈來愈少，現任經營者馬克・薩能仍舊設置了一份百年基金，希望能保障已經**葬**在這裡的人；而他也和其他任何人一樣，對於墓園式微都有一套自己的哲學與說法。雖然備妥了維持費用，但是，隨著科技進展，馬克不曉得將來會不會有人把這裡的墓園搬到其他線上平台去。「網路還在嬰兒時期。」他說。「我們毫無頭緒，沒有半點經驗，感覺就像十六、十七世紀印刷機剛問世的時候。我們還不知道未來會蹦出哪些事，但我們必須從改變文化開始，討論我們想怎麼做以及能夠拿出哪些辦法。」

Ω

　　蓋瑞・伯克斯（Gary Burks）對於推動文化進展並不特別感興趣。聽聞我稱他是數位移民，甚至表示「數位門外漢」一詞搞不好還更適合他時，他瘋狂大笑。他在倫敦「墓地暨火葬管理處」（Cemetery & Crematorium）檔案室工作，管理大量登記資料，成天與寫滿銅版花體字、附皮帶和金屬搭釦的紅色雕花皮面登記簿為伍，感覺舒心自在。他女兒好說歹說、死拖活拖才設法讓他用了 WhatsApp。聽我提起這本書的主題，蓋瑞極感興趣，但也有些恐懼，多次重申他實在非常非常高興自己沒有留下太多數位足跡；

儘管如此，他在東倫敦墓園工作了這麼長的時間，終究還是在實體環境留下大量紀錄。蓋瑞在年少時期就非常確定自己不適合關在辦公室裡工作，因此，他從園丁和挖墓人做起，照顧墓地花園，在和緩起伏的小山丘來回除草，拖著鐵耙整理樹木並立的長徑。後來，他一路做到部門主管，最後是這裡的大老闆「註冊官」。他眼前這兩百英畝土地屬於英國「一級登錄公有地」（Grade I listed landscape），蓋了許多可追溯至十九世紀中期的歷史古蹟；不過這裡也是使用率極高的墓地，每年大概可以供應一千處墳地。這裡看不到半塊 QR Code 嵌板。

「這幾年確實有不少人來這裡談這件事，」蓋瑞說，「希望把這玩意兒賣給我…可是卻沒有任何家屬問我，能不能把 QR Code 或其他東西放在墓碑上。家屬只能跟我打交道喔。我知道這聽起來有點…專制，可是說真的，不是這樣的。我們必須留心每一道吩咐、管好每一處墳地上的每一件事。」他的做法或許就是強恩・李斯提到的控制和干涉，然而比起展現個人風格，蓋瑞更重視逝者享受寧靜、不受冒犯的權利。譬如，蓋瑞告訴我，有一家人想在墓碑刻上「遭警方殺害」幾個字，也有人打算讓逝者永生永世頂著「屁股毛茸茸的混帳」的碑文；還有一次，火葬部門的經理跑來告訴他，有一家人選了內容涉及強暴與謀殺的幫派饒舌歌曲來送逝者最後一程。蓋瑞對這三件個案都做了主觀判斷、出手干預，以免冒犯其他人。如果狀況跟已經下葬的逝者或其家屬有關，問題更好處理。蓋瑞舉例：「假如有人通知我們，表示某座墓碑遭人惡意破壞，寫了極不堪入目的字眼而且很難清掉；這簡單。我先用套子罩起來，再

通知家屬，然後就一直罩到家屬決定好要怎麼處理為止。這些都是我能做的。因為它是有形的東西。」

至於線上墓園，蓋瑞認為它完全不受控制，所以他不喜歡。蓋瑞不知道 QR Code 會連到哪裡去。萬一內容不雅怎麼辦？會不會有人故意貼上另一個 QR Code 來蓋住原本那一個？誠如蓋瑞在我倆對談期間經常提到的一點：身為數位恐龍、或是數位門外漢，他根本不曉得該怎麼掃 QR Code。而且，要是這項科技過時了、被淘汰了怎麼辦？「所以我決定不理它。」蓋瑞坦蕩蕩地說。「我選擇用古典、經典的方式維持這座墓園。」如果有人想多了解一點墓園內某位逝者的個人事蹟，他們只要上 Google 就能查出來了。總而言之，一百年後再走過倫敦的這座市立墓園時，說不定連二〇一八年豎立的墓碑都看不到了。

蓋瑞也和強恩一樣，擔心墓葬傳統無法維持下去；不過他有不同的因應之道。基靈石材公司選擇利用科技吸引顧客，讓「墓碑活起來，**永遠**都能分享摯愛的種種回憶」，[243] 蓋瑞則是以「不販售永恆」的方式維持穩定收益。自維多利亞時代大舉興建豪華公墓以來，英國社會深受崇尚永存的感性思維影響；鑑於今日鮮少提倡永存，蓋瑞決定與之分道揚鑣。英格蘭與威爾斯地區在一八五七年施行的《埋葬法》（*Burial Act*）明定，墓園必須永久保障逝者的安息場所，若想移動遺體，必須提出非常正當的理由，還得獲得教會或內政部允許。[244] 因此，倫敦市立墓園早期出售的所有墓地、納骨塔位、花園穴位（樹葬或花葬）都是永久賣斷的。「我們必須『永遠』照顧這些墳地，種植花木什麼的；在一九〇二年那時候，我們

一個月大概只有幾鎊的進帳可以拿來做這些事。從經營的角度來看，這實在不是非常好的一件事。」

事實上，「永存」嚴重影響收支平衡，導致倫敦公墓公司在一九七〇年初破產，法律亦不得不因此修改。現在，蓋瑞服務的墓園就跟歐洲多數國家一樣，墓地只租不售（但租期稍微長一些）；租期最長一百年，人人平等。至於維多利亞時期留下的老墳墓，使用期從永恆驟減至七十五年；一旦租約到期且無人提出異議，管理處有權將其移除。損壞太嚴重的墓碑就搗成碎石，狀況比較好的就核定為古蹟地標，修整重刻之後供新墳使用。走在倫敦市立墓園美麗猶如鄉村風景畫的林蔭大道上，你不會看到 QR Code 嵌板，但你肯定會看見不少**公告**，表明墓園管理處會在一段時間之後移走墓地遺骨。[245]

「永存到底對或不對？」蓋瑞表示，「我不會說它不對。但事實上，永存代表這座墓園最後會變得破敗不堪，再也無法服務當地居民。」蓋瑞想傳達的是，這種做法無關個人喜好，也不是不尊重個人意志，純粹只是務實而已：如果你選擇葬在倫敦或其他幾個歐陸國家，你的遺體會在一段時間之後被請走（最短二十年、最長一世紀，視當地法令、或你的遺囑執行人願意繼續支付多久的租金而定）。不過，你的數位遺體則會好端端地留在網路世界裡，這份承諾永遠存在。如果臉書願意無限期保存你已紀念化的社群網絡資料，如果線上遺產服務公司願意在你身後繼續傳送訊息給你所愛之人，如果其他服務供應商願意提供數位虛擬化身代替你繼續參加社交活動，那麼，即使你的墓碑在二十年後變成別人家的露台，大概

也沒什麼關係吧？

　　但是，萬一保存數位遺體，維持線上墓園的問題已迫在眉睫，而非傑德·布魯貝克所言「總有一天」會真相大白呢？有人告訴我，到了二〇二五年，我們每人每天產出的數位資料將達到六百億位元；若以我現在寫書的這台新電腦計算，大概不出幾天就會被我的個資塞爆、跑不動了。我的消息來源還說，眼見這個容量及處理危機已兵臨城下，對所有企業、不只是他的公司來說，儲存空間即將耗盡都是日益嚴重的威脅及挑戰〔諷刺的是，他的公司碰巧名為「不朽」（Eternime）；這是一家製作虛擬化身的新創公司，目前已進入驗收測試階段〕。不過，假如科技淘汰的趨勢一波比一波猛烈，再加上大量消滅過剩數據，最後極可能演變成二十一世紀的

「黑暗時代」，而「不朽」的承諾也將會是不切實際的虛幻妄想。這種情況一旦發生，屆時將會有數百萬甚至上千萬的早期數位公民從歷史中消失不見。

　　不過，就讓我們再觀望一陣子，暫且按捺事事譏諷的犬儒傾向吧。若說維多利亞時代的人曾經幻想永恆，那麼新一代的伊莉莎白公民應該也有權構築夢想。所以，就像「不朽」官網上說的：誰願永生不朽？你我又該從何處著手？

第六章

恐怖谷 *

　　「『科幻小說』是什麼？」我問 Google。我正在準備訪談資料，對象是應用程式「不朽」的創辦人暨執行長馬里厄斯·厄薩奇（Marius Ursache）。「不朽」這家公司前陣子頗受媒體關注，但我對它了解不多，部分原因可能是這個應用程式仍處於非公開測試階段。我大致瀏覽了一下官網，發現這個程式的功能看起來、聽起來都非常熟悉，和我看過的十幾個數位遺產服務公司頗為相似。官網問：「想永久保存與父母的回憶嗎？想不想把您的數位遺產留給未來？」但下一個問題突然轉向較少人聽過的範疇。「想不想成為『數位阿凡達』，化身虛擬永生不死？讓未來的人能與您的記憶、人生故事及想法互動交流，幾乎就像和你本人聊天一樣？『不朽』…能為您製作惟妙惟肖的智慧虛擬化身，永生不朽…」

　　我感覺自己眉毛上挑，眉頭皺了起來，內心浮現懷疑、不自在

＊譯注：恐怖谷假設（Uncanny Valley）由日本現代仿真機器人教父森政
　弘（Masahiro Mori）於 1970 年提出：當仿真機器人的外表和動作愈接
　近人形，但又無法完美擬合時，作為觀察者的人類會產生厭惡反應。

的顫慄感。或許，這份不安部分源自於我意識到自己的無知——我承認當時我根本不曉得什麼是「阿凡達」或虛擬化身。我從沒想過要去看那部「有很多藍人」的電影。我逐一點開多年前加入書籤、跟馬里厄斯的公司有關的新聞報導：〈『不朽』讓你化身數位幽靈，永生不朽〉，某篇報導下了這樣的標題。該文描述「不朽」的靈感從何而來：[246] 馬里厄斯之所以想創造不朽虛擬化身，並非神祕主義、降靈託夢或精神導師影響，而是受了科幻小說啟發。但我不僅不認識識艾西莫夫（Asimov），也沒讀過海萊茵（Heinlein），我赫然發現，自己根本不知道「科幻小說」是什麼；也許我看到文本就能清楚辨識出來，但我覺得我好像不曾透徹理解這四個字的定義，至少沒辦法解釋給別人聽。如果讀者和我屬於同一種人，那麼算我們運氣好，輕輕鬆鬆就能找到網路版《科幻小說百科全書》（*Encyclopedia of Science Fiction*）來惡補；[247] 然而不幸的是，百科全書表示該類型的文本通常沒有明確定義，而且編輯也建議我們不用苦苦等候誰來指點迷津，因為科幻小說路線多元、形形色色，大概永遠也等不到一條清楚明確的定義。既然連百科全書也不置可否，那我只好擅作主張，結合菲利普·狄克（Philip K.Dick）和布萊伯利（Ray Bradbury）這兩位科幻小說巨擘的詮釋，作為最切合本章目的的定義。

由於科幻小說帶入「科學」概念，所以各位或許像我一樣，以為這種小說勢必涵蓋某些劃時代或相當前衛的新科技；然而菲利普·狄克認為，這部分並非絕對必要。他表示，科幻小說家**確實**必須做到也最重要的任務，是設定一個讀者能夠理解也能接受的故事

背景。這個背景必須能引起讀者共鳴，在我們所知的世界裡完全站得住腳、確切可信——然後，故事出現轉折，讓讀者目睹這個原本還算熟悉的世界竟是如此徹頭徹尾地不同，或甚至是個全新、完全變了樣的世界。不論起因為何，這個轉折必須引發一連串不可能發生在今日世界的種種事件（就像廚師突然在我們喜愛的菜色中加入某種神祕食材，帶給我們意外驚喜或弄巧成拙）；科幻小說家必須先描述一個我們都能輕易理解的世界，再突然拋出令讀者錯愕，不確定該如何反應的意外發展。[248] 布萊伯利的看法與狄克不同，他**堅信**，夾雜大量科技才是科幻小說本色；不過他還說，科幻小說也必須針貶時事、批判社會，反映人類在道德上的脆弱和潛能。「總而言之，」布萊伯利說，「科幻小說描述的是溫血男女與冷血機器的故事。人類時而受其慰藉，時而遭其痛擊。」[249]

現在我想起來了，想起我為什麼會把馬里厄斯的訪談排在「延後處理」那一欄。我和許多心理學家一樣，偏好跟有溫度的真人面對面談話；簡而言之，科幻小說那一掛從來就不是我的最愛。我不曾真正理解虛擬化身、人工智慧或人型機器人有何魅力，也一直搞不太清楚電腦運算法是怎麼運作的。不過，我不能無限期延後這場訪談，如果我能知道他的靈感來自哪種類型的科幻小說，說不定就能更了解馬里厄斯和他的應用程式。我是這樣想的。

後來我們終於見面了，但是對談步調太快，快到我根本沒機會問到底是哪類科幻小說激發他源源不絕的創意；不過在那次訪談中，我們倒是很自然地聊到兩件事。我很訝異他提到二○一三年的科幻影集《馬上回來》（*Be Right Back*）[250]——《黑鏡》（*Black*

Mirror）系列第二季第一集。這個反烏托邦式的未來情境劇在英國頗受歡迎，探討種種「假如」（what if）的可能後果。我不只看過這部影集，最近幾年也和別人討論過不下數十次。《馬上回來》似乎可作為所有涉及「死亡與數位科技」議題的重要參考，每當我和別人聊起我的研究重點，對方總會提起這齣劇；相較之下，馬里厄斯提到的另一部電影——二○○四年的《迴光報告》（*The Final Cut*）[251]——我倒是連聽都沒聽過。

Ω

《迴光報告》主角「亞倫·哈克曼」（Alan Hakman）個性嚴肅、內斂、專業、恭敬有禮，他的工作與處理身後事有關；事實上，各位很快就會發現他從事的是殯葬業，然而在這一行裡，他做的事可說是相當新鮮。某位與他相熟的朋友在得知其工作內容後，驚嘆又敬畏地說：「你這工作有點像殯葬業…牧師…或是標本師，」她說，「或是三者合一。」[252] 亞倫的職業和技術猶如導演及禮儀師的綜合體：製作長度接近九十分鐘正片的逝者生平影片「回憶重現」（ReMemory），供家屬在葬禮上播放緬懷。

這使我想起二○一一年的電影《珍重再見》（*Beyond Goodbye*），一對製片夫婦為了紀念兒子喬許所拍攝的影片，[253] 還有我的同鄉舊識桂格·金恩（Greg King）為好友傑森·諾布爾（Jason Noble）編製的紀念短片。[254] 這兩部片都可以在 Vimeo 找到。然後還有一般在葬禮上播放，搭配背景音樂的照片剪輯（比方老友史戴芬的紀念特輯，多年來仍留在 YouTube 上）。[255] 就某方面來說，亞倫製作

的影片跟這些片子很像，就是經由主觀的揀選和策畫，總結並呈現某人的人生注腳；然而從另一方面來看，礙於資料來源本身的種類或性質，亞倫的創作常常呈現另一種截然不同的觀點。電影前段那支在大眾運輸系統播放的廣告片，讓觀眾漸漸領會這些「資料」是怎麼來的。

「EYEtech 鄭重推出第九代生命晶片『柔伊』（Zoe implant）。從家庭成員…到您的個人日常生活…」旁白不帶感情地陳述，如廣告片呈現我在其他數位遺產網站看過，現已十分熟悉的實境生活場景 —— 陽光燦爛，母親微笑推著鞦韆、開開心心將孩子送向湛藍晴空。一對愛侶看著這部廣告片，表情期盼，幻想自己應該負擔得起這項高科技產品。廣告說，「每二十人中只有一個人擁有生命晶片」。這個「生命晶片」究竟是什麼玩意兒？

答案揭曉：EYEtech 販售的是一款植入胎兒腦中的神經晶片，能儲存當事人從出生到死亡所接收的一切視聽紀錄。這種晶片是終極版的生活日誌，比二〇一三年風靡一時的 Narrative clip、Autographor 等實境生活記錄器還要複雜、全面且完整。配戴者感覺不到生命晶片的存在，以致有些人甚至不知道自己被裝了晶片（這是該片主要的劇情轉折之一）。至於這些人為何要鉅細靡遺蒐集生活紀錄，純粹就只是為了死後能透過「回憶重現」儀式，讓大家紀念緬懷。這些資料在當事人生前毫無用處，而這塊晶片也只能在死後取回。「您剛完成了一生一次的重要決定！為您未出世的孩子選購『生命晶片』。」EYEtech 招攬新客戶的影片旁白說道。「『生命晶片』象徵**永恆**。我們最珍貴的時刻再也不會隨著時間淡

忘消失…後人可回味並重溫前人的人生體驗和冒險時刻，這些都是最棒最精采的回憶。再次恭喜您！」

我也為女兒取了同樣的名字，因此我馬上理解這個虛構商品何以選擇「柔伊」為名：柔伊「Zoe」是非常古老的希臘文，意思是「生命」。聖經舊約裡的夏娃就叫柔伊。然而，對亞倫這群「專業剪輯師」來說，晶片記錄的大量人生片段實在是一大挑戰：雖然有精密的掃描及分類軟體協助，亞倫主要還是得依家屬想保留或遺忘的意願，從逝者浩瀚的人生紀錄中擷取片段，精心編輯，定剪成總長一百分鐘的影像精華，最後再配上合適且動人的背景音樂，製成感人肺腑的人生回顧摘要。

這部電影明確提出不少道德議題，在螢幕外的現實社會也引發不少批評與迴響（有人擔心 Narrative clip 這類紀錄裝置會侵犯隱私）。片中，一名「反生命晶片」異議人士直接挑戰亞倫，拋出「『生命晶片』可能扭曲我們對逝者的認識與理解，危害他人隱私，反覆強化自我意識並因此質疑與他人的所有互動交流」等難解提問。不僅如此，亞倫自己還多了一重道德困境：因為他瀏覽的人生腳本經常出現犯罪或其他不道德行為，亞倫顯然只能隱忍，埋頭執行一成不變的工作：跳過道德難題，將種種糟糕、不完美的片段剔除消去。他自視為「食罪人」，拿錢辦事——移除逝者的過錯，讓逝者得以較無負擔地邁向來生，也讓遺族能透過柔焦處理、充滿情感的剪輯影像獲得安慰，而非觀賞怵目驚心的真實電影。亞倫深知自己有能力也願意為凡夫俗子製作回憶重現影片，這碰巧也是悲傷的遺族（尤其是心知摯愛其實並不完美）所衷心盼望的。「聽說

您是這一行最厲害的高手，那麼您一定知道要怎麼處理查爾斯的晶片。」查爾斯是個糟糕的丈夫，但他面容哀戚、著全套喪服的寡婦明確表達她的期望。「我看過一些影片，剪輯得很馬虎，**根本不尊重死者**。」亞倫握有她丈夫完整的人生紀錄，因此她心裡明白，未來她丈夫將以何種面貌留存在世人記憶中，此人握有幾近絕對的控制權。透過編輯器這座「斷頭台」，亞倫得以抬高或貶低逝者在影片紀錄中的形象。

《迴光報告》顯然頗為符合菲利普·狄克與布萊伯利為科幻小說設定的基本要素。亞倫的世界和我們的世界極為相似，有書店，有戲院，也有公車廣告。亞倫在陪伴悲傷的家屬時，他的言行舉止就跟葬禮司儀、訃聞記述者沒有兩樣；而他蒐集、整理逝者生前的重要時刻與事蹟，再以另一種致悼詞的方式為逝者送行。致哀者著深色喪服，齊聚一堂，場景設定亦十分眼熟：靈堂、遺照、簽名簿；就連墓園裡也都是刻了字的石碑。這時畫面一轉，驚人的新元素出現了：每當有人走近墓碑，墓碑表面立刻閃現影像畫面——生命晶片在無形中引發了一場社會變革，這是墓碑製造商始料未及的。

然而，《迴光報告》在二〇〇四年上映時，顯然帶給影評及觀察家太多「不知該如何反應的意外發展」。儘管當年的影評大多不完整或找不到（要曉得，就網際網路而言，二〇〇四已經算是上輩子了），不過各位還是可以在《爛番茄》（*Rotten Tomatoes*）的影評欄裡讀到當時的一些零星評論。該網站以多汁飽滿的紅番茄代表正面評價，一灘黏糊糊的綠番茄泥代表負評，[256] 當年網友確

實給了不少綠番茄泥。《亞特蘭大憲法報》（*The Atlanta Journal-Constitution*）認為該片的複雜提問頗有菲利普・狄克之風，《奧蘭多週刊》（*Orlando Weekly*）卻表示無法相信竟然有人想出這種「荒謬」科技，且「荒謬」一詞亦不斷出現在各式媒體評論中。「這部片的假設前提活像是電影系新生在製作紀錄片時胡亂想像的古怪念頭。」《奧蘭多前哨報》（*Orlando Sentinel*）評道。《邁阿密先驅報》（*Miami Herald*）的評語是「胡說八道」。《紐約每日新聞》（*New York Daily News*）譏諷該片「古怪至極」。至於「毛骨悚然」——美國人對所有涉及死亡之事皆以這四字形容——亦廣泛見於各類報章雜誌。[257]

觀眾的反應和影評家如出一轍：《迴光報告》年度票房不到五十萬美元，名列美國該年賣座第二百四十九名；[258] 那年，美國觀眾寧可花錢進電影院看外語片或其他任何影片，也不願意接受這部由羅賓・威廉斯（Robin Williams）主演的科幻電影——以往凡是有他出演的電影，平均票房大概都能賣到六千五百萬美元左右呢！[259]

$$\Omega$$

區區九年光陰，許多事都改變了。二〇一三年，《黑鏡》系列《馬上回來》探討的科幻問題，基本上和《迴光報告》差不多：「要是我們一輩子的人生紀錄能在我們死後轉成數位模式，繼續存在呢？」我們再次看見一個乍看之下十分熟悉的世界：汽車看起來就是汽車，都在路上跑，而非空中飛。女主角瑪莎登場時，她正端著她和男友艾許的咖啡，準備回到車上；她手上的外帶杯除了杯緣

會發光（也許是某種保溫科技，或提醒飲用者注意的警告設計），和你我目前使用的款式差不多。他們的電腦和手機感覺更方便好用、處理速度更快、整體設計更酷炫時髦，一般大眾使用的個人行動裝置也依然保有教人分神的魅力——艾許尤其難以抗拒，因此瑪莎將他的智慧手機暫時收進前座雜物箱，如此才能與未婚夫共度一段有品質的好時光。

　　瑪莎和艾許來到兩人的鄉間新居，這幢屋子似乎是艾許在母親過世後繼承得來的。由於手機還鎖在車上的雜物箱裡，艾許東張西望，注意到壁爐櫃上的一幀照片——是他，小男孩時代的他：髮型像拖把，身穿黃 T 恤，滿臉的笑。但成年的艾許並未回以微笑。後來他取回手機，坐上沙發，拍下這張老照片，就跟我當年在我媽老家所做的一樣（拍下外公外婆二戰期間的照片和日記，破壞實體與數位、私人與公開的界限）。艾許並未植入生命晶片，不過他習慣用社群媒體記錄生活，因此照例將這張照片公布在網路上。艾許太過專注於貼文，因此當瑪莎把茶巾往他頭上扔，他嚇了一大跳；「只想確認一下你是不是還在這裡。」她說。「你總是突然消失……那玩意兒跟小偷一樣。你在幹什麼呀？」[260]

　　不用說，艾許正在把剛才的照片貼上網。雖然他在照片底下加了幾句熱情洋溢的說明文字，不過他邊輸入邊告訴瑪莎，那張笑臉是被逼出來的。那天是他們全家在他哥哥過世後首度出遊。艾許進一步透露，他哥死後，母親把客廳牆上所有有她死去兒子的照片全都拿下來；父親死後，母親也把父親的照片全部送進閣樓。「她都這樣處理。」艾許說。「最後，她只留下這張照片，這個唯一還

在、對她假笑的孩子。」只有艾許的未婚妻知道這張照片背後的心碎故事。艾許線上的朋友們似乎都以為，艾許顯然覺得小時候的自己「好好笑」。

　　隔天，艾許車禍身亡。瑪莎以傳統、非線上的方式得知噩耗──警車閃著藍色警燈到來，警察還來不及開口，瑪莎便一把甩上門，跟蹌後退並倒在走廊上激動喘息。葬禮的場景（餐點、黑衣）同樣熟悉，而瑪莎面容蒼白憔悴，怔忡失神。她的朋友薩菈也有過類似經驗，提議要幫她申請某種帳號；「那個很有用，對我幫助很大。那個可以讓你直接跟他說話。」薩菈推薦的服務有點像生命晶片，同樣只在當事人身故之後才有用。「這不是招魂那類的瘋狂事，」薩菈說，「艾許是重度使用者，所以他非常適合。雖然目前還在測試階段，但我有收到邀請，我可以──」瑪莎尖聲要她閉嘴，打斷她的好意。

　　但是薩菈並未放棄。幾天後，瑪莎收到一封電子郵件。薩菈寫道：「我幫你註冊了。」瑪莎驚嚇不已，然而更令她震驚的是，另一封新郵件旋即出現在她眼前：主旨是「對，是我」。寄件人：艾許・史塔莫──薩菈僅須提供艾許的電子郵件位址，即可啟動這套程式、製成艾許的數位虛擬雙胞胎。薩菈所言「幫瑪莎註冊」這件事，指的就是這項服務。瑪莎無法控制地放聲大哭。她打給薩菈，對電話大吼，說這東西非常下流、噁心且病態。她不懂這是什麼意思，她也不在乎，反正她不要就是了。薩菈執意說服她，告訴她這套軟體能挖出艾許在社群媒體留下的所有貼文、影音檔和電子郵件。「你點一下連結，跟他說話……它蒐集到的資料愈多，就愈像

他。」薩菈說。這是他的虛擬化身，數位副本。

起初，瑪莎完全不想跟這個虛擬化身有任何互動；後來，她發現自己懷了已故男友的孩子，她想和他對話的渴望，徹底蓋過原先的種種疑慮。瑪莎衝向電腦，打開艾許‧史塔莫虛擬化身寄來的電子郵件——內容只有「點我說話」這個閃爍的紅色按鈕。她按下按鈕。在那個當下，這個動作啟動的一連串事件並不屬於科幻小說範疇，或至少剛開始並不符合菲利普‧狄克對科幻小說的定義，因為在今天這個時代，只要提供足夠的基本資料、再配合新興的人工智慧科技，要想跟以文字為基礎，模仿某特定人物的聊天機器人對話，或是跟會說話、類似 Siri 的實體設計對話，並非完全不可能。

二〇一六年底的一項商業調查顯示，每十家企業就有八家已經啟用聊天機器人，或是計畫在二〇二〇年左右導入聊天機器人；[261]在我寫書的當下（二〇一八年），這個數字又增加不少。對於需要面對客戶的企業來說，聊天機器人似乎已不再是「要不要用」，而是「何時開始用」的問題了。[262]《馬上回來》播出後不久，俄籍程式設計師尤金妮亞‧庫伊達（Eugenia Kuyda）受其啟發，和一群電腦工程師朋友利用 Google 剛釋出的開放原始碼軟體，創造了一個對她而言別具意義的聊天機器人——這是她為了紀念故友羅曼‧馬祖蘭柯（Roman Mazurenko）而設計的互動式數位模組。[263]尤金妮亞以數百則她與羅曼的對話為腳本，透過應用程式 Telegram 訓練聊天機器人（羅曼的另一位朋友也和這個虛擬化身說過話，但感覺不太好，他還指責尤金妮亞未從《黑鏡》學到教訓）。我在二〇一七年訪問過一位教授，當時他正在協助英國內閣部門進行人工智

慧研究；他們找到一名商務人士志願者，此人同意提供完整的數位
足跡作為資料探勘之用。該計畫打算造出這名商人的數位副本，希
望這位小名「虛擬貝瑞」的虛擬商人擁有足夠的常識及能力，能在
本尊於某處悠閒享受日光浴時，代他處理日常事務，或甚至在本尊
離世後繼續輔佐他的事業。[264]

然而，隨著劇情進展，《馬上回來》無疑已越界進入科幻領
域。有好一段時間，瑪莎就只是透過線上聊天機器人或手機跟「重
組」的艾許對話；艾許彷彿還在人世，他的虛擬化身幾乎不曾露
餡。瑪莎因此獲得安慰，拒絕親姊妹的關心與支持，堅持繼續與
這個虛擬化身互動。後來，就像今日殯葬產業偶爾會耍的小手段一
樣，艾許的虛擬化身也刻意選在瑪莎情緒不太穩定的時候，向她推
銷最頂級的服務項目。「這什麼？金塊嗎？」送貨員使勁將一個
冰箱大小的箱子拖過門檻。「要是真的就好囉！」瑪莎回應他的
玩笑。箱子裡其實是一具惟妙惟肖的「電動人」，只要泡在一缸
電解質裡就能啟動。從這一刻起，瑪莎發現自己身陷「恐怖谷」
（uncanny valley）。[265]「毛骨悚然」——《迴光報告》影評最常見
的形容詞，也是艾許虛擬化身的相似度又提高一個等級時，他給自
己的評語——正是恐怖谷的主要特色。

恐怖谷理論陳述的「毛骨悚然」，大抵是我們在遇上「似人
的非人實體」時所體驗的負面情緒反應。[266]這座「谷」實際上只
是情緒轉折的低點：原本滿心感到安慰的我們，會因 人形機器人
變得太過詭異而內心一沉，突然得不到任何慰藉；儘管如此，我倒
覺得這處轉折就像進入另一種地形區，讓我們在睜開雙眼時瞬間領

悟──就像《綠野仙蹤》的桃樂絲赫然發現「這裡不是堪薩斯！」的感覺。生理重組或再製的艾許或許**外觀**像人，感覺還是少了點人味；當這個機器人拿起艾許小時候的照片──它不曉得這抹假笑背後的心碎故事（因為這是真艾許和瑪莎才知道的對話），只知道艾許曾經把照片放上社群媒體──於是脫口便說「好好笑」。瑪莎突然湧上一股強烈的反感，喝斥它放下照片。

故事接近尾聲時，瑪莎希望它消失。「你只是泛起的漣漪，沒有過去。你只是在表演，不帶思考地扮演他。但這樣是不夠的！」她太晚才意識到自己的愚蠢行徑──釋放這個怪物，這頭現代科學怪人；但她同時也不忍心毀掉它，甚至認為這或許是孩子未來「認識」父親的一種方式。儘管機器艾許身上流著溫暖的血液，人類瑪莎卻漸漸覺得，天天與它互動是一件不舒服且難以忍受的事；最後，她把它塞進閣樓，就像艾許母親對待亡夫和喪子的照片一樣。在畫面快轉的結局影像中，瑪莎的小女兒蹦蹦跳跳、急切地爬上階梯，想進入閣樓與她的機器人父親分享生日蛋糕。她聲聲催促母親跟上，但瑪莎的厭惡和懊悔再再顯示她需要時間逼自己面對。她遲疑猶豫，緩緩踏上第一級梯階。

從許多方面來看，《馬上回來》和《迴光報告》同樣淒涼、令人不安，但是兩位主角大膽出色的表演和編劇查理·布魯克（Charlie Brooker）的精采劇本，讓這一集在二〇一三年英國首播後獲得一致好評。播出當晚有一百六十萬觀眾打開電視收看，[267] 後來 Netflix 又進一步擴大收視群，影評也同聲讚美《馬上回來》描寫悲傷的方式。各位或許以為，這純粹只是英國觀眾對死亡相關議

題的接受程度比較大，但其實就連美國《紐約》雙週刊（New York Magazine）藝文版的評論員也給了《馬上回來》最高評價，認為它是《黑鏡》系列最棒的一集。該文作者認為，這齣影集與布萊伯利的科幻小說觀點有不少相近之處，表示該片「對於人為創新與生命自然力之間的模糊地帶，提出深刻明智的見解」。[268]

從情節、故事節奏和演員表現來看，《馬上回來》或許略勝《迴光報告》一籌；不過，在仔細爬梳各家影評之後，我找到另一個也許能解釋《馬上回來》何以獲得較大迴響的附加因素：我發現，在二〇一三的評論中，幾乎沒有人批評該劇的假設前提「荒謬」、「古怪」、「胡說八道」。儘管詭異有餘，觀眾似乎並不覺得這個假設奇異得難以接受。「現在看來或許稀鬆平常，然而，在五年前卻可能是不思議的驚奇事件。」該片編劇查理·布魯克接受某雜誌專訪時如此表示。[269] 從菲利普·狄克的觀點來看，《馬上回來》唯一符合科幻情節的部分是那具超現實、實體化的人型機器人，因為這種機器人還未成為目前可輕易購得的商品、也不是大街上的日常景象；至於瑪莎在艾許過世後和「虛擬艾許」的線上交流，相較之下就可信多了。根據我們自己和機械裝置的互動經驗，瑪莎遭遇的情感矛盾（即布萊伯利提到的「慰藉與痛擊」）對我們而言亦相當熟悉。「科技給予，卻也剝奪。兩者不分軒輊。」[270]

儘管瑪莎與線上虛擬化身的對話，還有她後來與機器人的互動，確實都帶給觀眾一絲絲不知該如何反應的顫慄感，這種情況仍在悄悄改變。雖然《迴光報告》的生命晶片應該不會出現在任何一份「最可能實現的十大科幻預言」名單上，二〇一八年才認識這部

片的我，卻依然大為震撼。正如同警察上門帶來艾許的死訊，科技就等在我們門外，未來從此展開——這也是倫敦「維多利亞與亞伯特博物館」（V&A Museum）二〇一八年某場展覽意欲彰顯的主題。[271] 那場展覽特地規劃「死亡」展區——更精確地說，是探討我們在不久的將來，面對或處理死亡的「可能解決方案」。展區入口的標語問道：「誰願永生不朽？」對我來說，這真是再熟悉不過的一句話。進入展間，還沒開始研究那一份份經液態氮處理、以「人體冷凍技術」（cryonics）呈現的血管組織塊或照片之前，我的注意力就先被一支固定在小型基座上、外觀普通的智慧手機給吸引過去了。螢幕持續彈出對話方塊，某人正在和手機應用程式聊天：一套設計用來創造我們的數位雙胞胎、使其能在我們死後繼續活下去的應用程式。「照片裡的女人是誰？」程式問道。「我太太。」協助展示的工作人員回答。啊哈！我心想，所以「不朽」大概就是這副模樣。

Ω

誰願永生不朽？「不朽」官網上的標語大概也是展題「未來與死亡」的直接靈感來源吧。[272] 巧的是，看展那天，我終於敲定要和「不朽」創辦人馬里厄斯·厄薩奇見面了。軟體開發和我完全是兩個世界的事，為此我十分苦惱，擔心自己很難跟對方聊起來，但如果是同為做研究的社會學家肯定容易多了，所以我非常厚臉皮地打電話請教寶拉——鑑於她曾經訪談過那麼多的軟體開發商，說不定我能透過她，多少先了解一下這群「數位遺產服務供應商」的心態

與想法。

　　初次面對面坐下來後，寶拉立刻表示她其實有點嫉妒我 —— 我竟然能把馬里厄斯排進行程。雖然她訪談過許多業界人士，卻一直無法順利約訪他。「或許因為我還『只是』個博士研究生吧。」她嘆了口氣。寶拉目前在倫敦政經學院（LSE）攻讀博士，研究主題是協助社會大眾規劃和準備「身後線上身分」的各種服務供應商。[273] 我之所以認識寶拉和她的研究，起先是因為薇瑞‧沙維的關係。我在上一章提過薇瑞。由於兄長塔爾因故過世，這段經歷促使她開始寫部落格「數位塵埃」（Digital Dust），她本人也成為英國數位遺產協會在中東的經理及主要聯絡人。前些時候，薇瑞覺得自己該休息了，於是在部落格貼出一篇退休告別文，文中指名寶拉為接班人。「如果有人想繼續了解以色列這邊的數位及死亡相關研究，」薇瑞寫道，「建議您不妨與寶拉‧基爾（Paula Kiel）聯絡。」[274]

　　雖然我並非有意探討以色列文化在死亡及數位科技方面的觀點，不過，我**確實**想找一位比我更了解某個特定領域的人：我對「死亡與數位科技」的興趣幾乎都放在遺族、親友這一邊，還有一般人與數位遺產之間偏靜態的互動行為。換言之，我研究的對象清一色是網路上「不再活躍」的已故用戶，而非「依然活躍」的在世網友。其實目前已有不少這類數位遺產服務，讓你我能繼續和已故親友互動交流。

　　埃文‧卡羅（Evan Carrol）在二○一○年出了一本有關數位遺產的書，[275] 書裡有一份清單，清單上的網路平台正好都是寶拉的研究對象。[276] 埃文在引言中表示，這份「身後數位服務名冊」包山

包海，從數位財產服務、身後私訊服務到線上墓碑、紀念儀式等都有。若以二〇一八年六月製表列出的五十七家服務商為準，其中有百分之五十四提供數位遺產規劃服務，協助遺族處理比較重要的數位財產與數位資訊分配事宜，讓逝者的在世摯愛們不會遭遇前幾章描述的那些痛苦。此外也有百分之三十七的服務商承辦線上緬懷或紀念業務，而且幾乎都用到「永遠」、「永存」、「永恆」這類字眼（但全球最大線上墓園「環球墓園」不在這份名單上）。至於在《馬上回來》開頭令瑪莎大感震驚的「身後線上留言服務」比例最低，僅百分之三十左右。[277]

逝者的帳號若繼續存在且能發送訊息，有時可能會遭他人利用或誤用。比如駭客入侵電子信箱，令其發送垃圾郵件；或是有登入權限的遺族親友可能以逝者的數位人格做掩飾，繼續線上活動（有位母親不慎使用亡女帳號回覆男友訊息，指責他太快展開新戀情）。[278] 只要這類社群媒體帳戶未轉為紀念狀態，演算法就會繼續認份工作，敦促在世者繼續維持與逝者的社交活動，說不定還超越逝者生前可能達到的活躍程度。舉例來說，傑德‧布魯貝克就在他的博士論文中提到，臉書曾經推出「重新聯繫」（Reconnect）功能，鼓勵用戶主動聯絡好一段時間沒在臉書活動的親朋好友。[279] 各位或許猜得到，這些「久未活動的朋友」大多已不在人世，導致臉友抱怨連連，也迫使臉書重新思考這項服務是否明智。話說回來，「身後線上留言服務」與臉書的「重新聯繫」功能完全不同，構思也更為慎重仔細；然而，不論這類服務如何變身或包裝，基本上不脫一項共同點：讓你在生前即有機會思考並判斷自己身後想說什

麼，或是別人想聽什麼。

　　「數位超然」（The Digital Beyond）從未宣稱該網站完整列出所有服務，因此要注意的是，這份名冊可能並未精準反映這類平台目前的實際運作狀態。首先是資料老舊；其中有些網站已暫停服務，故不太可能持續更新資料。譬如：有一家直接取名「永存」的數位遺產規劃公司，僅僅數年就關門大吉，撐不到永恆。[280] 印象中，史黛西・皮希里德（Stacey Pitsilides）這位設計師對數位及死亡極感興趣，曾在巴斯大學「死亡及社會研究中心」二〇一一年的研討會上，以生動的投影片呈現數位遺產網站的生命週期。[281, 282] 史黛西每按一下遙控按鈕，象徵各家公司的全彩標誌就沿著時間箭頭逐一出現在螢幕上，然後在衰敗的那一年褪為灰色。其次，「數位超然」的資料也可能因為納入項目不多、導致名單不夠精確，理由是，要跟上持續激增的服務項目亦非易事。儘管網頁名冊上方的簡介直接邀請未列入的服務商與該網站聯絡；不過，我知道的幾家死後留言服務商似乎仍未主動聯繫，因為名冊始終不見他們的名字。「不朽」也不在名單上。最後就是，這份名冊似乎還沒有為「虛擬化身」這類服務設置獨立類別。

　　即使已經有這麼多業界前輩倒閉關門，市場上仍源源不絕冒出新血。在沃里克大學（University Warwick）研究數位記憶的博士候選人黛博拉・巴塞特（Debra Bassett）針對「軟體開發商何以不顧前人嘗試且失敗的案例，仍前仆後繼持續投入研發」的現象，提出一套說法：[283] 她表示，在過去，要是有哪家公司利用演算法發出提醒，邀請用戶和逝者聯絡感情，或是通知用戶某故人的生日快到了

（譬如臉書），大家肯定心裡發毛；但現在，大多數人對此早已見怪不怪，也不會覺得不舒服。二〇〇四年，我們被《迴光報告》嚇得半死；到了二〇一三年，竟然只對《馬上回來》的機器人情節稍稍皺了下眉頭；等到二〇二二年，就算各位親眼目睹仿人機器人，大概連眼皮都不會眨一下吧。隨著時間推移，恐怖谷的疆界也持續重劃改寫；就二〇一八年的勢力分布圖來看，「死後留言服務」與「虛擬化身」已兵臨城下，即將越界。誠如《馬上回來》的瑪莎很快就習慣與聊天機器人艾許互傳訊息、通電話，有些人確實一派從容，甚至不得不面對這種現象；然而另一方面，還是有人仍舊不依不願、恐懼憂心。是說，將來到底還有哪一種「生死交流方式」擁有近乎所向披靡的力量，足以激起科幻小說「不知如何應對」的內心震撼？

二〇一六年，演員暨電視節目主持人琥碧·戈柏（Whoopi Goldberg）代表日間節目《觀點》（*The View*）訪問企業家瑪蒂娜·羅斯布拉特（Martine Rothblatt）。主持人不只和企業家本人對談，企業家創造的仿人機器人「BINA48」亦加入談話──這個穩穩安置於二維平面的三維實體（這簡單，因為它只有頭、頸和肩膀）是以瑪蒂娜的發明家妻子「畢娜」（Bina）為原型所創造出來的。為了和鼎鼎大名的琥碧·戈柏見面，BINA48 費心打扮：不只戴了金耳環，還特地換上桃色絲質襯衫。BINA48 講話有點結巴，感覺像立體版的 Siri，即興式地將維基百科記載戈柏出道以來的重要成就，滔滔不絕背誦出來；不過，羅斯布拉特向戈柏保證，更精采的還在後頭。美國神經學家邁克·格拉齊亞諾（Michael

Graziano）認為，「人腦－電腦」意識傳輸大概還要兩個世紀才會成真，[284] 但羅斯布拉特信誓旦旦地表示，要不了多久，社群媒體上的貼文、照片、影片、電子郵件等我們逐日製造的數位資訊，都能餵給「心智軟體作業系統」，這個作業系統和人類心智的運作方式一模一樣。基本上，BINA48 是羅斯布拉特邁向目標的第一步 ── 她的理想是量產《馬上回來》那種仿人機器人。換言之，就如同戈柏在影片中所言：這是「讓摯愛的記憶與遺贈繼續活在人間」的第一步。[285]

看著這段訪談影片，我突然意識到，我自己好像在照鏡子：戈柏盡力嘗試與 BINA48 正常交談，但表情仍流露些許茫然。我也是。黛博拉・巴塞特告訴過我，「死後的數位存在」，也就是透過機械實體表現故人生前的行為舉止，這種方式對現代人來說仍舊詭異得難以消受；此時此刻，至少對我來說，我確實有點吃不消。所以且讓我們先回到學習理論中的「近側發展區」（ZPD），找找現實中比較能夠體會及接受，感覺沒那麼怪異的領域，比方說現階段比較能確實掌控運用的科技：主要是一些可事先安排預設發送時間，透過電子郵件、社群媒體、手機應用程式或訂製網站發送的個人文字或影音訊息，甚至還能包裝成「意外驚喜」。

「這類訊息有兩種。」寶拉解釋給我聽。「一種是道別，交代完就下台一鞠躬的那種。然後你也可以留下能長久存在，在重要時刻適時發送的訊息，讓線上化身代替你繼續活下去，讓你繼續**存在**。」寶拉和許多這類服務的開發商聊過，他們有些提供道別訊息服務，有些協助你在身後能持續送出訊息，還有一些則是單純

提供管理數位遺產的服務。不過她也和我注意到同一件事：儘管這些服務商全都提出「永存」保證，他們的服務卻不見得都能持久。寶拉打趣地表示自己擁有「死亡之吻」──或許只是巧合，不過實在不能怪她這麼想：「他們就一直倒啊。我訪問他們，訪問完他們就關門了。」她大笑。「機率大概一半一半吧！我想在論文裡特別放一章討論那些失敗的應用程式，應該很有意思。其實認真想想，這些軟體沒道理不成功，卻全都失敗了。」和寶拉聊完的幾週後，我在一場名為「遺愛人間」（Love After Death）的活動上巧遇史黛西‧皮希里德（這場活動就是史黛西辦的。那天我在「死亡小屋」擔任駐場輔導員，與參加活動的來賓討論數位遺產規劃的各種細節[286]）。史黛西也說了一樣的話。「噢，他們都關門了啊。」她說得雲淡風輕。當然，我這麼說是誇張了，不過這麼多「身後數位服務」的乖舛命運再再闡述一件事：世事不總如水到渠成這麼樂觀。那麼，這群絞盡腦汁、構思身後數位服務的人到底哪裡錯了？

　　寶拉說，有時候是因為他們的市場研究有漏洞。為了說明她的論點，寶拉給我講了一則故事：某個以失敗收場的應用程式在黯然下市之前，曾經宣稱它擁有十萬名用戶；[287] 寶拉不太相信這個數字。「開發商說，他們的用戶全都是二三十歲的年輕人。」她補充。「就有意發送這類訊息的人來說，他們的組成份子相當奇特。因為這種歲數的人不是我們一般認為會思考死亡的人。」原來這位研發者曾在以色列服役，多次因同袍殉職而肩負通知家屬噩耗的悲傷任務。那段時空背景的互動經驗促使他開始思考，「預先設立能在當事人死後自動發送的訊息」似乎是個相當不錯的主意。他想當

然耳這麼做了，並且滔滔不絕地對寶拉傾訴，表示做這件事對他個人而言意義非凡，具有精神上的意義，令他更加確定這個計畫絕對會成功。正式投入資金前，為確保計畫可行，他和另一位開發人員還找了一位心理治療師合力進行市場調查；然而這傢伙卻選了「癌症中心」這麼個出乎意料的地方蒐集樣本，而且調查對象都是癌末病人。寶拉搖頭。「我問他，『你覺得這個應用程式為什麼會失敗？』他的答案不是『開發時間太早』、就是『構想太前衛，大家都認為我們瘋了』之類的，從頭到尾不曾說過『我們選錯調查對象了』。」

這位頭好壯壯的年輕阿兵哥竟然拿「安寧療護對象」當作參考資料，設計一套給「健康人」使用的應用程式——或許他本人也是這項計畫失敗的原因之一。話說回來，就我所知，軍人在奔赴戰場之前，通常不會留下這類「以防萬一」的訊息；儘管軍隊鼓勵他們這麼做，他們也不一定照辦。就像這位軍人出身的研發者一樣，不少軟體設計師也常根據個人經驗，建立有瑕疵或有漏洞的假設。寶拉說，在她的訪談對象中，大概有一半是因為曾經失去所愛並深受影響（可能是留下未完成的願望或悔恨），才投入這項產業的。這類研發者就像許多深陷哀傷的人一樣，渴望再一次與故人交流：想聽聽他們的建議，或是希望能再多了解他們一些。這類人想到的是：要是能繼續和故人聯絡、知道他們有何感受，該有多好？要是能再收到他們的訊息就好了。但是，「假設自己想要的也是別人想要的」只會讓他們低估「悲傷」的奇異特質。

有時候，流行文化也會把死後留言這事給浪漫化。「你有沒

有看過《P.S. 我愛妳》（*P.S. I Love You*）？」[288] 寶拉問我。這部二〇〇七年上映的電影描述悲傷的未亡人「荷麗」（希拉蕊·史旺飾演）在丈夫蓋瑞腦瘤病逝後，不再與人來往，躲進自己的殼裡——直到三十歲生日那天為止。而促使她走出悲傷、重新擁抱人生的驚人催化劑，竟是蓋瑞送給她的意外驚喜：生日蛋糕和一封信。這是蓋瑞安排在他死後寄出的第一封信，而且他在每一封信的結尾都寫上「P.S. 我愛妳」。寶拉認為，這部電影和身後數位留言服務商「安心告別」（SafeBeyond）的影片簡介有諸多類似之處：[289] 一開始，我們看見一位父親帶著兩個孩子來到海邊。孩子們跑開、追逐嬉戲，做父親的卻感傷地拿出 iPad 開始錄音。接下來，影片快轉至未來：這天是女兒結婚的日子，父親卻不見蹤影。突然，女兒的電話響了——父親發了一則訊息給她，觀眾這才明白那位父親早已不在人世。「抱歉，我此刻不在你身邊。」他說。

　　「這支影片的假設也未免太多了吧！」寶拉哀叫。「假設她會是異性戀、假設她會結婚，假設三五十年後，結婚依舊是人生大事。這位爸爸給所有人都留了訊息：例如他就對兒子說『你是一家之主了』。所以，這些設計軟體者雖然能讓逝者在未來現聲，但他們卻無法想像，未來的社會習俗可能跟現在完全不同，或者其他某些事也可能一樣重要。」

　　假如設計者本人對於收到逝去親人的訊息抱持美好幻想，那麼我可以理解他們為何難以想像有人的反應會跟他們完全不同。薇瑞·沙維就曾告訴我一段故事，強調這類訊息可能帶給收件者各種不同的感受。有一天（那時她哥哥過世大概一個月了吧），薇瑞在

出門購物時接到一通塔爾朋友打來的電話，聲音聽起來怪怪的，語氣緊張；「我剛收到你哥寄來的電子郵件。」他說。看見這封信躺在收件匣裡，他嚇了一跳，結果這根本不是什麼超自然神祕事件，也不是塔爾事先計畫好的：原來是塔爾的信箱遭駭客入侵，而且趁著還沒人拿出辦法阻止以前，繼續利用他的聯絡人名單發出第二波、第三波郵件。

各位或許以為這種事不太可能發生，其實是有的，而且不限於電子郵件。二○一七年，英國《獨立報》（Independent）的一篇報導指出，臉書求助論壇上充滿用戶回報收到逝者發送交友邀請的抱怨文，因為這些帳號都被駭客入侵了。[290] 所以就如同《馬上回來》中，艾許‧史塔莫捎來新訊息的那一幕，這回換成不知多少人的收件匣突然冒出塔爾的名字。薇瑞表示，收件者對這類事件的情緒表現正好反映每個人對悲傷的不同反應。「打電話給我的那個人，他是真的嚇到了。然後塔爾的另一位好友告訴我，他沒辦法刪掉那封信；『上頭有他的名字，而且在我的信箱裡。我做不到。』而我則是好氣自己竟然馬上就刪掉了！」塔爾的帳號遭到垃圾信公司非法利用，導致在無意中發送了身後訊息；然而，若是逝者帳號未轉為紀念或刪除，電子信箱也維持在使用狀態的話，這類問題肯定愈來愈常見。不幸的是，對於服務項目鎖定在「死後留言功能」的軟體開發商而言，這套法則同樣適用 —— 悲傷的形式多變，因此每個人表達哀悼的需求和傾向各不相同。和寶拉、薇瑞聊過之後，我默默在心裡記下一個問題，告訴自己將來在訪問軟體開發商的時候，一定要拿出來問：他們有辦法**關掉**這類服務嗎？我之所以有這個疑

問，不僅是基於我個人對悲傷、哀悼這方面的了解，也是因為我個人在另一種截然不同的情況下，有過類似經驗。

　　我的一位朋友和男友分手了。對方在兩人交往期間不僅處處脅迫控制，分手後仍繼續騷擾她，想逼她回應，不過這項企圖也同樣失敗了。於是，男人開始做一些跟蹤狂會做的事：透過其他管道繼續追蹤她，而且還將騷擾範圍擴及她的朋友熟人。[291] 我剛好就在這個範圍內，也不斷收到他寄來的電子郵件，質疑我的職業操守、威脅我別想在心理學界繼續混下去。雖然我**覺得**他的行為並不違法，但還是稍稍研究了一下，確認我沒有犧牲自己的權利：如果對方的威脅不涉及肢體暴力，這樣算不算犯罪行為？結果不出我所料：按照英國法律，凡是可能造成他人嚴重情緒困擾或心理傷害、影響其日常生活的行為，都算犯罪。做完功課，我確信自己算是騷擾行為的被害者，遂請警方向他提出正式警告。

　　幸好我遇到的狀況都在控制範圍內，也有規則可循，因此有人能負起責任抓住他，來自執法當局的警告也有效制止對方令人不快的行為。不過，要是立意良善的身後留言（不論是道別遺言或反覆發送的訊息）不慎送錯對象怎麼辦？這是人類有史以來首次可能「被死人跟蹤」的年代。防範跟蹤的宣導資料特別指出，由於「痛苦」是主觀感受，故受害者的陳述皆應視為有效、合理的證詞。而悲傷同樣也是主觀感受。在結婚當天意外收到亡父訊息，確實可能讓某人的婚禮更完美，卻也可能徹底毀了另一人的重要時刻。喜歡《P.S. 我愛妳》的觀眾可能會認為，在這種感傷場合收到意外訊息，似乎相當動人；然而，如果某人哪天登上艾菲爾鐵塔，卻因為

觸動網路定位設定而收到過世未婚夫或未婚妻傳來的訊息，喚起兩人曾經編織的巴黎夢，導致心情瞬間跌落恐怖谷；我想，不論換作是誰，應該都不會想在這時候收到這種訊息吧。

遭逝者騷擾的人無法報警，即使收件者**可以**刪除這些意外或不受歡迎的訊息，但是在心理上，我能想像這個決定有多困難；那種天人交戰的程度就跟刪掉亡父或亡母的電話號碼或在朋友過世後解除臉書好友關係同樣掙扎。這群受個人因素驅使而投入軟體開發的設計者，大多受限於經驗發生的那個瞬間，並且透過極度個人的眼光看世界，因此他們無法想像其他人為什麼不喜歡死後留言這項服務。「他們只著眼於過去經驗，一段非常特別的時刻。」寶拉說。「我認為他們沒有及時設想未來可能發生的問題。」傑德·布魯貝克描述自己與臉書暖心小組的首次會議時，也觀察到類似情形。「這些人都是為了逝去的親友才決心投入這項工作。他們每個人都有必須處理這個議題的個人理由，這些理由對他們來說近乎神聖。可是他們都不是心理治療師或心理醫師。」傑德說。熱情與纖細，執著與洞見，深刻影響他人經驗和推測他人觀點的能力——這些特質通常不會同時存在。

當然，這群人之所以走上創業這條路，不必然與過去經驗或「某特定時刻」有關，個人動機也不是唯一因素。「開發這類軟體的另一個族群，就純粹只是對科技感興趣而已。」寶拉如是說。「他們的心態比較像是：噢，我很好奇我到底做不做得到！」除了著迷於科技挑戰之外，還有一項附加因素：他們想知道，這麼一個很可能跟全人類有關的應用程式，到底能賺多少錢？想想看，每

個人都會死呀！所以**每一個人**都是你的潛在客戶！詹姆斯・諾里斯經營「數位遺產協會」和「逝者聯誼會」（Dead Social），兩者都是總部在英國的數位遺產服務組織，也都以服務社會而非獲取巨額財富為目標。詹姆斯還記得，他是在二〇一二年首度意識到，原來有人的動機和他非常不同。當時，他在德州奧斯汀參加「西南偏南多媒體藝術節」（SXSW）。SXSW 是科技界的盛會，眾人在此建立人脈、推銷或發表自家商品，手法大多相當花俏新穎。「來SXSW 就是搞社交、攀關係，分享各種酷炫古怪、時髦獨特的玩意兒。」詹姆斯此番正是為了發表「逝者聯誼會」而來。「有個穿西裝的大塊頭晃到我這兒來。他走上前說：『哦，逝者聯誼會！』我回：『對啊！』接著他就說：『我也是搞死人科技的！』我遲疑了一下，蛤？他又說：『我說我也是搞死人科技的啦！』」詹姆斯大笑，旋即搖搖頭：「那是我頭一次意識到這件事。」

我在自己的舒適圈裡待了很長一段時間，對許多人事物都習以為常：例如不再活躍、名副其實「死了」的數位遺產，必須處理和面對數位遺產的遺族親友，協助並陪伴遺族親友走出哀傷的專業人士，還有進行各種相關研究的學者專家。我和這個圈子裡的許多人對談過，現在終於來到必須和圈外人聊聊的時候了。據寶拉觀察，創立和設計能讓「死人上線活跳跳」的服務商，幾乎清一色都是**男性**。

$$\Omega$$

彼得・巴瑞特（Peter Barrett）和史提夫・麥基羅伊（Steve

McIlroy）有不少共同點，其中之一是兩人都不符合 SXSW 與會人士的普遍形象 —— 年輕、嚮往矽谷名聲及財富的科技新創人士（不過，彼得現在確實住在離這個科技新貴一年一度聚首處不遠的地方）。相反地，兩人都是中年英國白人，也都是沒有科技相關背景的數位移民。史提夫和彼得對於自己竟然有辦法排除萬難架設網站的事實，雙雙感到茫然又困惑；而這兩項創業計畫背後的動機，基本上都是一樣的。兩位男子都透過創造「希望他們也曾擁有」的服務，處理各自具特殊意義的喪親經驗。

史提夫先找上我。聽完我在 BBC 的某集廣播節目後，他就上推特留言給我。史提夫很了解「死亡」是怎麼回事。過去他投身軍旅，曾在北愛爾蘭失去十八位弟兄。「服役的時候，軍隊總是敦促我們先寫好要留給親人或孩子們的信。」史提夫說。「只是當時我們都還年輕，沒人照做。」他在軍旅期間歷經多次死亡，肯定相當難熬；不過近期一位好友的意外過世，似乎特別令他感觸良多：安迪某日不慎撞到桌角，幾天之後竟因顱內出血驟逝。好友之死重重打擊史提夫。「誰也沒料到會發生這種事。」他說。

史提夫傷心許久。他時常在想，如果安迪知道自己時日無多，他會跟史提夫、跟其他朋友說什麼，交代什麼？史提夫記得他當時曾經這麼想：「假如老天讓他回來，給他一分鐘讓說他想說的話，他會對我說什麼？」這個想法在他腦中盤旋不去，他堅信自己必須完成這件事，但問題是他完全沒有頭緒，不知該從哪兒著手；史提夫表示，因為他只是個從事私人徵信的業餘越野賽車手，根本不是什麼軟體設計師……

當時，史提夫正要說到這個構想是如何形成的，一名女子突然插嘴、打斷他說話。「安靜！艾蕾莎！」史提夫喝斥，對他的亞馬遜智慧語音助理（Alexa）發怒。這位虛擬助理不知怎麼被啟動了，而且似乎無意安靜下來，繼續叨叨聒噪。「哎，我來把她關掉。」史提夫說。我聽見哐啷哐啷的聲音，應該是他起身去把主電源關了。「我好想把筆電砸爛。這個念頭我幾乎每天都冒出來一次。」他拿起電話繼續，「我不太愛用科技。我只是那種腦袋裡有點想法、街上隨處可見的普通人。」

　　不過他也是個意志堅定的人，還找到創立「道別啟示」（My Farewell Note）所需的技術支援。[292] 聽完史提夫描述好友安迪的這段過去，我再度造訪「道別啟示」官網，更加理解他的首頁標題何以選擇這段文字：「有些話非常重要，我一定要說出口。」此外我還了解到，在我們進一步深入對談之後，史提夫何以一再提及那段重要時刻：談話當時，「道別啟示」仍在試營運的草創階段，尚未正式公開發表，所以他急切地想讓更多人了解他的想法。史提夫對這個新成立的網站充滿驕傲與熱誠，滔滔不絕闡述這是市場上絕無僅有的服務。我看過一篇採訪他的專題報導（應該是當地小報），他在報導中亦宣稱這是「獨一無二」的服務。[293] 我不太確定他對自己的競爭對手究竟了解多少（包括那些曾經上市、然後失敗退場的產品），我也不曉得該不該問他，他打算如何讓這項投注強烈熱情的企畫更具競爭力，足以和其他還在市面上的類似服務一較高下。這些我都沒提。我只是繼續研究他的網站，拋出更多問題。

　　我問他鎖定誰作為市場客群？史提夫表示他不想專攻特定市

場。「因為每個人都用得到呀！」他堅稱。「光是在英國，每年就有六十萬人死亡。」不過該網站倒是特別注明，這項服務對於「高死亡風險」的人可能特別實用，像是職業軍人或重病末期病患；然而「道別啟示」也提醒它的潛在客戶，表示任何人都有可能突然死亡（就像安迪一樣）。我提出的問題還有：「道別啟示」如何劃分服務等級？（分為輕型、加值型和頂級三種。從一千字元到不限字數，外加五次語音或影音訊息服務。）如何啟動服務？（用戶建立訊息檔之後，該訊息的指定收件者會收到通知，指示他們如何在該用戶身故後讀取訊息。假如收件者試圖在用戶生前登入並索取留言，「道別啟示」會通知用戶，若用戶未於二十一日內回覆，「道別啟示」即判定用戶亡故、釋出訊息。）

市面上的同款服務似乎都採行這套邏輯，認定我們會經常上線、即時回覆電子郵件或通知，確認我們還活得好好的。但這其中大有問題：如果我們剛好放長假怎麼辦？再不然就是絕不能弄丟手機，或者必須時時檢查垃圾郵件，還有，我們說不定得先準備好一套說詞，因為有些人可能會好奇或擔心你為什麼要讓他們知道你寫了道別訊息，尤其是你既未病入膏肓，也沒打算上戰場？「我們其實考慮過要不要多放一些資訊上去，比如『撒馬利亞慈善諮詢中心』（Samaritans）熱線電話之類的。但我們不想跟這個面向扯上關係。」史提夫解釋，「『道別啟示』是一種祝福，我們無意關注死亡或害人心情低落什麼的。」我的道德敏感神經突然興起一股不滿的情緒：要是哪個心理治療師或心理學家架設這種「道別啟示」網站，卻沒在網站上注明「歡迎心情沮喪消沉、有自殺傾向的民眾

使用」，這傢伙肯定會被相關協會或組織罵到臭頭。

　　但史提夫不是心理治療從業人員，他也從未宣稱自己有這方面的意圖，所以我身為專業心理學者的職業倫理規範，應該不能直接套用在他身上。他的主要考量是期許「道別啟示」能成為有意義、有用的服務，同時也希望它不要太沉重，而是有趣且愉快的，官網首頁下方的卡通影片就是明證：一名中世紀武士站在碉堡城牆前，背景傳來激烈戰鬥聲；這時他突然很不協調地從罩袍下掏出現代智慧型手機，點開「道別啟示」應用程式，設法用隔著皮手套的手指輸入訊息。訊息一開始是這樣的：「很遺憾我一直沒有機會面對面告訴你，但你真的必須知道這件事…」我們看不到他告訴對方什麼祕密，不過背景的戰鬥聲逐漸逼近，他打字的速度也愈來愈快，於是我們看見最後一段文字：「我知道你可能一時難以接受。用這種方式讓你知道真相，我很抱歉。你永遠都是我的兒子。我全心愛你。」武士才剛打完最後幾個字，說時遲那時快——他才按下「發送」，腦袋就被砍了。鏡頭切換至遠方白雪皚皚的山巔，面容嚴肅的年輕武士拿出手機，嘗試搜尋訊號。訊號接通，螢幕爆出一串通知，方才陣亡的父親所發出的訊息亦赫然在列。「關於你的母親…」標題寫道。

　　這種宣傳方式的確輕鬆愉快，不過我一方面覺得有趣同時又心生困惑（跟我看琥碧・戈柏與BINA48聊天時的感覺差不多），而且還多了一份擔憂。我完全能理解並同理史提夫開發這套軟體的個人立場，這套軟體毫無疑問能服務許多人；可是，誠如寶拉所言，我懷疑史提夫到底有沒有從其他人的觀點仔細想過這件事，了解個

人經驗與他不同的人是怎麼想的。但史提夫開心又欣慰，滿心希望這項服務最終能提供給大眾使用，也對它的潛力充滿期盼。「這絕對是一條沒有終點的路，我們還有很多事可以做。」他說。「比如說在某個特定的日子——就說是六月十六日好了，你會收到一則簡訊：車庫，置物櫃右手邊角落。我準備了一份禮物給你。於是你馬上衝進車庫尋寶。又或者你也可以通知某人，請對方某年某月某日務必在家等候，因為有人會送東西過來；可能是一盒巧克力，一束花，或者其他任何禮物。再不然就是指示家人到後院挖挖某個角落，表示有東西埋在那裡、希望對方收下。即便你已經過世了，你還是可以跟大家一起玩遊戲！」

我突然明白這個場景何以聽來如此熟悉了：《P.S. 我愛妳》就是這麼演的。

Ω

經過進一步評估，我是否認為「道別啟示」是獨一無二的服務？就某些特色來說，或許是吧。後來，彼得聯絡上我——看來是個好機會，讓我可以拿史提夫的服務與其他遺言網站互相比較。乍看之下，「遺愛長存」（GoneNotGone）和「道別啟示」差異不大，同樣提供多級別的文字、語音或影音訊息服務：「遺愛長存」分成銅、銀、金、白金四種服務等級（「道別啟示」是輕型、加值型和頂級三種），啟動機制有好幾種，其中一種和「道別啟示」極為相似：根據網站說明，他們每個月都會發一封內附連結的電子郵件給你，確認你是否還活著；如果沒收到你的回覆，網站就會開始

釋出訊息。不過，為了避免這種機制可能發生潛在錯誤，「遺愛長存」也提供其他啟動選項，包括指定代理執行者。「遺愛長存」的網站也有卡通動畫；因為才剛看過被砍頭且使用智慧型手機的中世紀武士，所以在按下播放鍵時，我不太確定這次會看見什麼。眼前這部短片沒那麼怪異，不過同樣傳達「預錄遺言應該是有趣且有意義的」如此訊息。

最後，「遺愛長存」也和「道別啟示」一樣，明確指出受命部署的現役軍人和末期病患是這套系統的主要服務對象，不過該網站的目標市場似乎是「阿公阿嬤族群」：不少影像及畫面皆顯示這群目光閃爍、白髮蒼蒼的老人家急切地想確認自己身後依然能帶給子孫正面且有意義的影響。或許是考量到這群目標客層的關係，「遺愛長存」還不打算開發新奇時髦的手機應用程式。

不過，從根本上來看，「道別啟示」和「遺愛長存」有一處非常大的不同點：前者屬於寶拉口中「交代完就結束」的道別訊息服務，後者則是提供年復一年的「持續發送訊息」服務，讓人以為逝者彷彿透過某種方式繼續存在。「以數位方式長存相伴」，首頁標題寫道，下方照片則是一名眼神湛亮的孩子和一對年邁、精神抖擻的祖父母，言明「您永遠不會錯過他們的生日」。「遺愛長存」或許能讓處於哀傷中的家屬或親友立即得到慰藉，但他們也把眼光放遠，希望幫助使用者在他們離開人世之後，依然能參與摯愛親友的人生。

最重要的是，服務商——尤其是「遺愛長存」這種持續型訊息服務——皆明白表示，假如收件者不想再收到這類訊息，他們隨時

可以關掉它，讓接受方也擁有控制權，避免讓逝者成為不受歡迎的跟蹤狂。不過，就算彼得的父親有機會使用「遺愛長存」這類服務，彼得也絕不可能關掉它。彼得就像史提夫一樣，他無法想像自己會做出這種事來。彼得在石化產業服務了二十二年，前陣子被資遣，所以他認真思考下半輩子要做什麼才好。積蓄他有，而他發現自己**幾乎**沒留下父親生前的影音紀錄。「我父親是這整件事最主要的原動力。」彼得說。「雖然他已經過世十二年了，但他對我的人生還是有非常重要的影響。」要是彼得完全沒有父親的任何影音紀錄，事情說不定還簡單一點；但他偏偏發現一段不到一秒鐘、勾起無限悵惘的聲音紀錄：他在一捲老式 VHS 錄影帶看見一段毛茸茸的白色薩摩耶**唱**《東區人》（*East Enders*）主題曲的畫面；[294] 唱著唱著，畫面突然切換成桌上的一只老式鬧鐘，背景傳出約翰（彼得的父親）的聲音：「麥克風測試，一二，一二三。」接著畫面又跳回來，白色薩摩耶繼續唱下一段。就這樣。彼得心想，要是當時能錄下更多就好了。

　　彼得想讓其他人擁有他不曾擁有的機會，於是想出這個點子。他對網站開發同樣毫無概念，不過倒是認識一些人，可以給他需要的協助。我和彼得對談時，他的網站已經營一兩年了（他比史提夫早入行）；儘管他的上市前調查顯示這個市場相當有潛力，但他後來挺失望的。「用戶數成長的速度比我原本預估的慢太多了。」他說。彼得想過要和軍方正式合作，卻始終不得其門而入；他也試過慈善團體，但這些團體並不想跟營利事業扯上關係。對於預錄遺言這類的事，一般人傾向拖延，就跟大家拖著不立遺囑是一樣的。當

然，他也見過有些人在錄完頭幾封留言後，接下來就詞窮了；「我們的想像力其實很快就用光了。」彼得坦承。

這些問題全部都有可能威脅到這門事業，不過彼得並不特別擔心營收的事。他有積蓄，有熱情，再加上「遺愛長存」又是個營運成本不高的生意；「不管怎麼說，我最大的動力就是想做一件對人們有幫助的事。」他說。「這比賺大錢或其他什麼的重要多了。我是這麼相信的。如果『遺愛長存』的收益足以打平成本、讓網站繼續運作下去，那我就心滿意足了。」

彼得也擔心「遺愛長存」可能遭人誤用，甚至為此失眠了好幾夜。起初我以為他也和我一樣，擔心有自殺傾向的人可能誤用這項服務，結果他最先提起的並不是這個問題。他先向我致歉、表示他不得不討論這個敏感話題，不過他確實擔心「遺愛長存」會被色情網站利用：一開始，彼得在服務條款裡放了「不得裸露」（no nudity）這一條，不過他的法律顧問認為，或許他們不該限制個人表現自我的方式（對象可能是他們的配偶或伴侶），但前提是必須有充分的理由。當然，彼得也擔心想自殺的人會跑來這裡留言。除了服務條款注明的事項之外，他不確定還能再加上哪些防範措施；「如果發現用戶濫用，我們會立刻中止服務、不退款。」他說。「我們能做的大概只有這麼多了。現在我又開始煩惱這件事啦。不過你也知道，生意就是生意。話說回來，即使我們做的事有可能遭人濫用，我們還是會想做一些對人有幫助的事。」

彼得和史提夫的共同點不只這些。他們倆都寄了一份特別試用邀請給我，讓我免費使用他們的服務。有一段時間，我確實在斟酌

要不要上去留言，但始終不曾真正完成這件事。我天天沉浸在「死亡」這個題目裡，也充分理解死神的鐮刀隨時都有可能朝我揮來；然而這份不情願似乎和我把頭埋進沙堆，不願面對自己的死亡無關。我太熟悉數位服務成敗參半的歷史，也知道這類仰賴熱情支持的計畫大概有幾成會成功、幾成會失敗；不過這同樣不是我猶豫不決的原因。我不知道自己何時會告別人世，要拖延這種沒有明確時限的事情其實很容易；只不過，我剛好落在一個相當獨特的族群裡──雖然我還不到五十歲，但我已經立好書面遺囑了。

所以這些都不是理由。二〇一八年春天，我端坐書桌前，努力思索我可能想在死後留給其他人的話語；然而不論我想了多少回，就是辦不到。收件匣裡的兩封邀請函無法激起我留言的欲望──留言給一個超出我想像的未來，留言給一群我無法預測其需求（該如何撫平他們的悲傷）的對象。然而這只是部分原因。我覺得好像還漏了什麼，好像我還理解得不夠深刻。除非我和另一群出身截然不同的服務開發者仔細談過，否則我不可能達到深入了解的境界：我得找那位忙翻天的博學之士──「不朽」的創辦人兼執行長馬里厄斯‧厄薩奇好好聊一聊。

Ω

彼得及史提夫渴望與我一談，我同樣也想跟他們聊聊；但是，我不確定馬里厄斯是否也像他們一樣。所有跟馬里厄斯有關的事，感覺都有點**超過**。馬里厄斯經常受邀擔任麻省理工學院訓練營的講師，該網站描述他是個「不可思議、將多門科學徹底融會貫通」的

人。[295] 天哪。馬里厄斯猶如旋風掃進我們敲定碰面的俱樂部，當時他才剛從倫敦參加「創辦人論壇」（Founders Forum）回來，兩天的緊湊議程理當使他疲憊萬分，他卻依然精神抖擻、極富魅力。

我猜你知道「創辦人論壇」吧？他說。我確實知道。那個論壇似乎是某種祕密組織，不接受報名，只邀請「最厲害、最聰明和最具啟發能力」的企業家、執行長與資深創投人士齊聚一堂，公開辯論、腦力激盪、討論並解決問題〔我是根據那個設計滑溜順手的論壇官網猜出來的。官網照片有維珍集團的布蘭森（Richard Branson）、創立《赫芬頓郵報》（Huffington Post）的赫芬頓以及多位大企業知名人士〕。[296] 接著，他又猜我是從維多利亞與亞伯特博物館的展覽得知「不朽」這個品牌的。沒錯，確實如此。我看過展示，非常精采。這一次，我有違自己一向隨興、自然的訪談方式，準備了一長串問題問他；因為我知道他很忙。是呀，他三十分鐘後又要飛去參加另一場會議，他很感謝我做足功課，讓他無須回答一些被問到煩的老問題。他問我知不知道還有比純錄音功能更好用、更有效率的手機軟體？噢，非常感謝您指教，我說，不過聽寫逐字稿也是我的工作程序之一，所以多謝了。

待我終於啟動手機落後的錄音功能，我的精力差不多也快用光了。幸好馬里厄斯親切又健談，因此接下來的訪談不論在概念或智力上都極具啟發，感覺不像是跟軟體或網站開發者對談，比較像在和學者聊天（而且還是灌了很多咖啡因的那一種）。這趟「不朽」之旅剛開始的時候，馬里厄斯幾乎毫無疑問可說是寶拉口中的第二類平台開發商——對相關科技或知識感興趣，尋求令人耳目一

新的發展機會：馬里厄斯拿到醫學學位後，先在羅馬尼亞成立數位代理公司，不過沒多久就膩了，這門生意對他來說不再有挑戰性；因此在接下來的一兩年裡，他四處尋找新點子、新事物。「這時我突然驚覺，『死亡』說不定是生命或生活這個領域中，還沒利用科技好好探索、改善或改變的項目『之一』──如果還有其他選項的話。」他說。不過，當他的好友因車禍驟逝，這份科技挑戰意外注入一股強烈的個人情感。「在那一刻以前，我純粹抱持科學的非個人觀點，比較像在進行某種智力活動；然而從那一刻起，這件事就比較跟我個人有關了。」

但他所謂的「與個人有關」，並不是指他「必須把這件事視為人生志業」，馬里厄斯立刻追加說明；他的意思是，他開始對某些事體會到更強烈的情感。他驚覺，這位好友的重要數位紀錄竟是如此難以接觸或讀取，絕大部分都鎖在筆電或個人帳號的重重密碼之後。他也開始更敏銳地注意到，儘管西方世界看似並不避諱討論性愛機器人這類話題（將來有一天，我們可能與之同床共枕），但「死亡」仍是禁忌，這表示當死亡找上門的時候，你我大多措手不及。於是他開始關心這個議題，想找出一套方法，讓人們能保存一些可能對後代子孫有意義的事物，讓我們都能從中汲取經驗、緬懷並向其致敬。

因此在「不朽」草創初期，馬里厄斯的主要構想大致上和其他數不清的平台開發商差不多（譬如彼得的「遺愛長存」），也就是一套能製作影音紀錄的線上工具，讓後人能與逝者維繫情感連結。「影像紀錄不太會讓人起雞皮疙瘩，」他明確意識到不慎踏進恐怖

谷的風險，「而且也是最私密、最充滿感情的一種方式。看著故人的影像，你真的會有一種對方彷彿還在人世的感覺。」為了避免碰上彼得「遺愛長存」面臨的「想像力匱乏」問題，馬里厄斯做了一張表，列出與個人生平有關的各種問題，讓使用者利用網路攝影機或手機依序表述，引導使用者逐漸深入、錄製明確而具體的影音紀錄。

從市調結果來看，各位或許以為馬里厄斯可以狠賺一筆。他還記得，當時每個人都覺得這點子相當迷人、極具說服力。「網友來來去去，都說：『噢，我的天啊，這真的很棒耶！』……然後就再也沒回來了。我們主動聯絡想了解網友的想法，但大家只說：『好喔，我等週末再來處理。』那種情況有點像寫作者遇到瓶頸，腦子卡住了。」根據我個人的經驗，還有其他許多平台開發商的調查報告都顯示，這些用戶遇到的困境有點像『老調重彈』，但我仍覺得那份問題列表有點太緊迫盯人。「大多數人要動手做一件事之前，必須克服很高的能量障礙——也就是『閾能』。」馬里厄斯解釋道，「所以你通常得先坐下來，沉澱思緒，屏除雜念才行。」於是馬里厄斯決定使出最後一招：他想知道來自子女的「情感勒索」是否足以跨越這道能量障礙？他找上自己的父母試一試。

「我爸媽大概，唔，七十五歲有了吧，不過身體都很硬朗。我這個實驗是去年做的……所以，在我過生日的一個月前，我對他們說：嘿，這裡有五十五個問題，就當是送我的生日禮物吧！我也只想要這個。筆記本在這裡，還有好寫的筆。拜託，勞煩兩位把答案寫下來吧。結果他們的反應是，噢，我的老天啊，這太誇張了，於

是我們就聊了起來。然後我說，停！不准說話！快寫！」

　　過了一陣子，他的生日也差不多快到了，馬里厄斯前去拜訪父母，順便領取生日禮物。「結果他們的反應是『呃⋯⋯』你也知道。我媽呢，嗯，大概寫了半張紙吧；至於我爸，『不行啊，這麼嚴肅的事，我得坐下來好好寫才行。你知道嘛，我總不能⋯⋯』」

　　馬里厄斯決定再給他們一點時間。「我心想，好吧，下次我會帶著相機、手機回去。後來我又想⋯下個禮拜再去好了，再過兩個禮拜我就能拿到新手機⋯搞不好還得打個燈，或者另外架一台相機什麼的⋯」

　　到頭來，馬里厄斯先前提到的「能量障礙問題」根本超級普遍，就連想出這份問題列表的人亦無法倖免。不過，馬里厄斯接下來的舉動，就讓他和我訪談過的平台開發商有所不同了：即使生意沒什麼起色，服務始終沒有獲利，其他人還是固執地緊緊抓著原本的構想不放；但馬里厄斯決定改變策略。馬里厄斯在 LinkedIn 上描述自己「對產能上癮」，這句話不是沒有道理：若有哪件事達不到馬里厄斯・厄薩奇對產能的要求，他會當機立斷馬上放棄，繼續前進。

　　「所以我們決定調整方向。」他說，「我們還做了許多測試，也參考不少研究，最後就是你們現在看到的這個手機軟體──它會持續檢閱你的數位足跡，透過運算處理找出模式，試著自動替你寫下你的人生傳記。」不過，這套軟體對於上了年紀的人來說不太好用，馬里厄斯為此有些遺憾，而且他也有點責怪自己沒在祖母生前為她留下紀錄。就如同我只有一張曾祖母站在乾草堆旁的照片，馬

里厄斯只能透過一兩張照片和幾份書面文件，留下專屬於祖母的個人紀錄。

　　「不朽」鎖定的目標族群，是認定「數位紀錄已成為生活不可避免的附屬產物」的人──也就是千禧世代與數位原住民，他們製造數位足跡就跟吐出二氧化碳一樣自然。雖然馬里厄斯懷疑他最後搞不好得透過家庭晚餐、設法暗中錄影才能取得他父母的傳記資料，不過，終極版的「不朽」應用程式會使用人工智慧虛擬化身，主動蒐集並編排「主人」一輩子的想法、記憶和個人故事。

　　這套軟體應該會非常適合馬里厄斯那位車禍身亡的故友。那位朋友就像《馬上回來》的艾許一樣，也是「重度網路使用者」；諷刺的是，這位朋友留下的數位足跡竟十分稀少。「他在社群媒體上非常活躍。那不必然是自戀，」馬里厄斯說，「他只是非常活在當下。他有數不清的朋友、聊不完的天。他很有名，負責現任總統的網路宣傳活動；而且他超有人氣，非常受人歡迎。」對於這樣一位認真生活、年輕、不太考慮要為線上身後事做準備的人來說，「不朽」無疑是最適合這個族群的唯一選擇。「因為我們實在找不到其他方法，能讓人有意識地留下數位遺產。」馬里厄斯說。

　　我差點誤以為「不朽」只是安安靜靜、不著痕跡地默默蒐集資料的數位代理工具，但馬里厄斯接下來的說明，不僅修正了我的想法，也令我大吃一驚。他很清楚，這群身強體壯的年輕人得先確定自己有這個需求，才會購買並安裝這套軟體──這就是問題了。「如果『一次結清』需要的時間比『分期付款』還長──譬如得花四十年清算人生，」他說，「消費者幹嘛還要這麼做？」

說得也是。即使數位遺產相關產業是一項挑戰腦力的有趣構想，各家開發商迄今觀察並學到的教訓是：**覺得**「噢！這平台很有意思！」和實際**採取行動**完全是兩碼子事。不僅如此，在「劍橋分析公司」事件發生後，社會大眾變得更加謹慎，認為不能讓軟體平台隨意取得大量個資，因此也更有理由避開「不朽」這類軟體或平台。馬里厄斯表示，你得找到安裝這項服務的實際理由：現結現用，而不是以後再說。

　　所以，馬里厄斯靈機一動：製造數位遺產最好的方式，就是讓它成為另一個動作的副產物，而這個動作是一般人會想**主動**參與的活動。我們使用臉書是為了呈現生活，而不是因為最後難免一死。我想起傑德・布魯貝克曾經表示「墓園賺不了幾個錢，遊樂園才是金礦」。

　　「每天觀照自己的生活其實就像寫日記，」馬里厄斯說，「而且能讓人生變得更有意義。多花心思觀察、注意你做的每一件事⋯了解你的行為舉止是否符合自己的價值觀，也可以為自己的未來做出更好的決定，降低焦慮和擔憂。若是能每天注意自己做了哪些事，人生好像也因此變長了。這就是利基。」

　　身為心理學家，我的耳朵立刻豎了起來：這位原本讀醫還拿過醫學學位的科技開發業者，竟然吐出我這一行的行話。「想像一下：如果，我們開始跟自己的虛擬化身對話，」馬里厄斯繼續，「這對『活得更有意義』、『反省自己的作為』來說，會是一件十分正面的事。假如你花了這麼多時間注意自己的言行舉止，結果卻養成一些不健康的習慣，那麼這就是一面傾向『自戀』的數位魔

鏡。然而，要是這面魔鏡能協助你做出更好的決定，並且根據現有的模式來修正這些決定的後果，使其更完美，何樂而不為呢？」

馬里厄斯闡述的是兩種截然不同的行為：一是純粹為了照鏡子而照鏡子，端詳五官，自戀且耽溺地凝望自己的映像；另一是看著鏡子對自己說：「嘿，看看你在做什麼？瞧瞧你的選擇。這當真是你想要的嗎？根據過去的經驗，這麼做真的行得通？」這面鏡子就像一位比你更了解你自己的朋友，在你走錯路的時候會拉你一把、喚你回頭。馬里厄斯相信，只要方法正確，「不朽」創造的虛擬化身（你的數位映像）剛好可以擔任這個角色。他不再把這個平台定位為「死後繼續存在」的數位分身，反而像是**現在**就能幫助你把握人生的應用程式。「不朽」不一定要把「死後的數位存在」當成服務重點，不過，馬里厄斯認為這說不定會是極為有趣的附帶產物。

$$\Omega$$

那一刻——我和馬里厄斯的對談即將結束的瞬間——我終於能夠對自己解釋，我之所以沒辦法用「遺愛長存」或「道別啟示」的真正原因了。當然，我希望別人記得我，我也想在臨終之前留下些什麼，然而當我每一次在電腦前面坐下來，看著邀請我免費使用數位遺產服務的說明指引時，我根本什麼都不想說。這不是寫作瓶頸或思路卡關，因為我並非腦筋一片空白，而是思緒紛亂——各種方向、各種意圖塞得滿滿的，逼得我好想馬上放棄離開。我想走出房間，走進我最愛的人所在的世界，認真活在當下，過著我深刻知覺並且由我的價值觀所驅使的真實人生。我想告訴那些在我生命中非

常重要的人，此時此刻，我對他們懷抱何等深厚的情感；而在我的本尊忙著做這些事情的時候，不管有沒有科技挹注，我的數位精神大概只能自求多福了。

在我訪問馬里厄斯之前，由於我本人對科幻這個類別的無知，以及勉強根據「第二人生」、《黑鏡》系列或 BINA48 等虛擬化身題材所做的幼稚猜測，我還以為他會說一些超出我對「毛骨悚然」容忍程度、徹底輾壓我舒適圈的驚愕題材。結果有意思的是，在這片廣袤無垠的死亡科技曠野中，儘管他和我各自依循截然不同的道路前進，最後卻幾乎來到同一個地方 —— 這裡和我想像的完全不同。我感受不到一絲恐怖。

第七章

亡者之聲

　　羅伊・奧比森（Roy Orbison）嗓音獨特，百代唱片公司（EMI）唱片部經理華特・李格（Water Legge）盛讚他擁有偉大歌手**不可或缺的條件：極具辨識性的歌聲**。[297]奧比森自己倒是很謙虛，以「有幾分驚奇」（sort of wonder）淡淡帶過，其他同期音樂人也完全贊同。貓王普里斯萊（Elvis Presley）就認為，奧比森的歌聲是他聽過最與眾不同的聲音；巴布・狄倫（Bob Dylan）則表示，奧比森永遠令人驚奇。「聽羅伊唱歌，」狄倫說，「常常會分不清究竟是在聽墨西哥街頭音樂，還是聽歌劇。他總是令你全神貫注，專注聆聽。」[298]

　　奧比森的歌聲有時聽來的確像歌劇，他的風格常令人聯想到受過古典歌唱訓練的聲樂家，而非搖滾明星；然而瑪麗亞・卡拉絲（Mara Callas）就是**貨真價實**的歌劇女伶，擁有一票熱情粉絲及大量錄音。她的聲音並不完美（有時空洞，有時哀愁陰鬱，有時又稍嫌尖銳刺耳），但你永遠聽得出來那就是她的聲音。[299]

　　奧比森和卡拉絲的音樂風格或許不同，但兩人都是極受歡迎的歌者；他們只要一張開嘴巴，聽眾無不聽得如痴如醉，融化在歌聲

中。儘管兩人在人生落幕之際雙雙面臨經濟困窘的難題，不過奧比森似乎注定成為搖滾音樂屆德高望重的元老，而卡拉絲也毫無疑問是古典歌劇界的女泰斗，只是兩人最後都留下天命未竟之憾。這兩位歌唱藝術家還有一項共同點：都在壯年時期心臟病發猝逝。卡拉絲於一九七七年過世，得年五十三；奧比森則在五十二歲的一九八八年離開人世。

當年，世人似乎很難接受奧比森再也無法登台表演，無法再次一睹他揹著一九六三年櫻桃紅「吉普森」（Gibson）吉他、身著袖口帶流蘇的鴿灰色西裝、鼻樑架著宛若簽名記號的墨鏡，在舞台上靜靜彈奏〈美麗女郎〉（Oh, Pretty Woman）的雋永身影。而卡拉絲的超級粉絲只要一想到這個世界再也沒有機會欣賞這位歌劇名伶演唱比才的《卡門》——將手中預言難逃一死的紙牌拋向空中，一雙杏眼迸射蛇蠍美人的炯亮光芒，瀑布般的血紅披巾亦彷彿預示了她的命運——亦每每心痛不已。

如果各位不曾看過兩位傳奇人物精采絕倫的現場表演，別急著懊悔，也不必絕望，因為這兩位的全息投影會在二〇一八年一月十四日於紐約「玫瑰劇場」（Rose Theatre）登台表演；接下來，兩位「全息投影歌手」將分道揚鑣，各自展開全球巡演，為世界各地以為再也看不到偶像登台的老粉新歡高歌獻唱。查查你手邊的藝文資訊，因為這些全息投影歌手不需要休息；如果他們的隨行人員持續有銀兩進帳，全息投影歌手甚至可以永無休止地持續巡演下去。

為了衝高票房，「基地娛樂公司」（Base Entertainment）誇張

地使用永存不朽的宣傳手法，在官網放上卡拉絲、奧比森全息投影搭配現場樂團，幾可亂真的表演片段，誘引潛在觀眾。「四十年前，卡拉絲擺脫世俗羈絆，留給世人無限失落，亦渴望再次見到她的身影，聽見她的聲音，看她表演。」文案如此描述。「現在她華麗回歸舞台，向驚喜雀躍的觀眾確認她是不朽的存在。」奧比森原已不朽的身分也再度升級：「他的歌聲始終是雋永的存在，」簡介寫道，「現在他本人也永生不朽了。」[300]

談到製作逝去巨星的超寫實全息投影，讓他們再次出現在眾人眼前，「基地娛樂公司」並非這行的唯一玩家。太早或驟然離世的傳奇人物不勝枚舉，令眾迷哥迷姊既失落又哀傷，因此肯定需要更多這類企業來彌補眾人的遺憾。譬如「美國全息」（Hologram USA）就把四十出頭即香消玉殞的惠妮・休斯頓（Whitney Huston）與比莉・哈樂黛（Billie Holiday）帶回人間。二〇〇九年，五十歲的麥可・傑克森（Michael Jackson）告別人世，然而二〇一四年他**現身**「告示牌音樂獎」（Billboard Music Award）頒獎典禮時，看起來不超過四十歲。因此，死亡或許不幸，對於未能安享天年的人尤其如此；但死亡不再成為障礙，逝者依然可以輕輕鬆鬆、繼續遊走人間。

不過，這條路也不是全無阻礙，其中許多因素其實相當耳熟，前面幾章都提過了。就技術上來說，建構逼真的全息投影其實是場硬仗，然而隨著數位影音剪輯和電腦合成影像（CGI）技術的逐步進化，各家專門技術團隊也持續端出比老掉牙魔術伎倆「佩珀爾幻象」（Pepper's ghost）更新穎的技術。（「佩珀爾幻象」原是十九

世紀中期用來滿足那些著迷於通靈、降靈會的瘋狂人士所發明的特殊效果。）然而，因為全息技術目前還不夠完美，導致觀眾在心理上本能地排斥它：這些立體、活動自如的人形的確不可思議地真實，但它們看起來就是怪怪的，使我們倏地剎車，不敢冒然踏進恐怖谷。假如媒體報導確實指出部分實情的話，那麼這些過世明星首度「復活登台」所引發的就是這種心理反應。在二○一四年「告示牌音樂獎」頒獎典禮上，僅部分與會人士誠心歡迎「流行音樂之王」幽靈般的造訪，更多人明顯不知該如何反應；有些人在看到麥可・傑克森再度以「月球漫步」橫越舞台時，甚至直言不舒服。《華盛頓郵報》記者在頭版報導中，以「數位福馬林處理」來形容傑克森的幻像；「難道我們要以『全息投影』這種毛骨悚然的方式向麥可・傑克森等殞落巨星致敬？」[301]

近年，因為開始探究「逝者是否有權繼續保有肖像權和隱私權」，反對的聲音與恐怖谷及相關趨勢曲線的偏移漸趨一致，從原本的心理取向逐漸轉為道德取向。對於自己身後竟遭用於營利和娛樂大眾，這些逝去的看板人物作何感想？我們怎麼知道，像比莉・哈樂黛這樣的歌手到底喜不喜歡「數位復活」的構想──畢竟她一九五九年就過世了，幾乎不可能想像世上竟然會有這種事。還有由此衍生的法律糾紛──在這些名人離世之後，誰有權擁有這些名人的姓名、影像和肖像作品？那麼表演、作曲，或甚至商標權又該屬於誰？[302]

若僅考量後面幾道問題，那麼答案就跟逝者的遺產歸屬差不多，由繼承其智慧財產權的個體所擁有。就製作殞落巨星的「全息

投影」這部分而言，那些擁有作品版權的繼承人根本不會設置任何阻礙，反倒汲汲營營想了解一趟死後巡演能為他們日漸空虛的金庫灌入多少銀兩。「視幻」（Eyellusion）執行長傑夫・裴祖提（Jeff Pezzuti）就曾經表示，他的公司經常接到來自過世音樂人遺囑執行人的聯絡電話或信件，而且多半都是在專輯銷量或其他受益開始走下坡的時候。[303]

如果你批判這種作為，力求音樂正統並支持身後隱私權，傾向抨擊「利用已故音樂人」的營利行為，那麼裴祖提認為，這只是一己之私的念頭作崇罷了。「有許多年紀輕、從沒看過重金屬歌手羅尼・迪歐（Ronnie Dio）表演的人，巴望著想看他表演好嗎？」他在某報導中表示。「就因為你覺得這樣不對，或是有人覺得這樣不對，你們就不准年輕人或下一代聽眾親身感受他的音樂？」[304] 據報導，亞歷克斯・奧比森（Alex Orbison）在玫瑰劇場外接受《新音樂快遞》（NME）記者訪問時，他不僅表示看見亡父重新站上舞台令他心情激動，也表達了與裴祖提相似的意見。假如年輕一代的樂迷能看見他父親的**現場**表演，說不定能刺激他們大膽探索，勇敢做出自己的音樂。亞歷克斯・奧比森表示：[305]「這才是最重要的。說不定有些孩子來看過我爸的全息投影表演後，回到家馬上立定志向：『這就是我這輩子要做的事。』…我爸五歲那年看過一場表演，他在表演結束後也說過同樣的話。我們就是在找這樣的人，這種循環。」

對於像奧比森和卡拉絲、休斯頓和哈樂黛、迪歐和傑克森這一類人物，還有生前曾是大富豪或社交名人的社會人士，不只他們的

家人及朋友在乎他們留下的數位遺產，渴望再次聽見他們聲音的人亦所在多有。音樂傳奇復活登台所引發的恐怖神祕感，在不同層面與不同利害關係的個體身上，都具有不同意義；因此傑夫・裴祖提和亞歷克斯・奧比森認為科技幽靈能催生新一代樂迷，這套理論也不盡然是錯的。誠如基地娛樂官網所言，人生苦短，卡拉絲或許擺脫了世俗羈絆，然而她的全息化身反倒能呈現比較輕鬆隨興的一面，讓接下來幾個世代的歌劇迷能繼續欣賞她的表演。卡拉絲也可能就此形塑他們對歌劇的品味：這位歌劇女伶的數位雙胞胎若在歌劇界出道，說不定還能威脅目前活躍在舞台上、**會呼吸**、歌聲和風格迥異的演唱家，令她們相形失色——不過這也是部分歌劇迷之所以反對全息投影表演的原因。這份擔憂不是沒道理，畢竟卡拉絲的存在無與倫比。

如果換作是一般老百姓呢？要是你還未能擁有巨星登台、天使之聲的幸運待遇，也還沒有屬害的公關公司為你服務，而你依然想在死後繼續對這個世界發揮個人影響力，且對象擴及家人朋友以外，又該怎麼辦？當然，假如你目前還只是凡夫俗子而非傳奇藝人，現在考慮要不要製作全息投影似乎還太早。二○一八年，我在倫敦名為「遺愛人間」的活動中，和不少人討論過數位遺產。我問他們對自己「數位復活」（像是在特別的紀念日或特殊場合，以數位方式再度現身）有什麼想法時，我得到的回應大多是微微地困惑不解。那麼，撇開全息投影不談，就算你只是數位大池塘中的一條小魚，你想不想在肉身死去後，繼續對更廣大的社會領域帶來影響？拜網際網路之賜，這個願望不僅能夠事先安排，影響的等級也

提高了。不論生前或死後，你都能在「網路」這個線上劇場繼續演唱自己的樂章；不過，要想實現這個願望，你得先好好規劃才行。

Ω

露西・華茲（Lucy Watts）做每件事都要計畫。十一歲的時候，她已經把未來想好了——十五歲考英國中學普測（GCSE）要準備哪些科目，在學校得在哪些科目拿到 A 才能申請她想念的醫學院，她甚至連退休之後要做什麼都想好了，但前提當然是成為稱職成功的醫師。在這個歲數就定好目標、熱烈追求似乎稍嫌年輕，但露西沒有時間放鬆。露西心底藏著一個祕密，藏得很深很深，深到連她母親都不曉得她活得這麼辛苦。她的健康狀況始終不太好。不過才十歲出頭，她的肌肉就已經非常虛弱且不協調，幾乎無法將手臂高舉過頭或順利爬上一段樓梯。她再也無法假裝一切如常了。

時間快轉到三年後。露西終於屈服於輪椅，但她的病因始終是個令人挫折的謎。醫師診斷是「複雜型鬆皮症」（Complex Ehlers-Danlos Syndrome），不過這也只是她的主治醫師所能猜想到最貼近的假設；沒有人知道露西的身體究竟出了什麼毛病，他們只知道，這個問題總有一天會奪走她的性命。

露西不願放棄。她決心對抗不聽話的身體，奪回命運的控制權。她認為，坐輪椅應不足以妨礙她成為一名醫師。她無視自己可能無法活到實現理想的沮喪預想，堅定注視前方的道路。她埋頭苦讀，堅持考完中學普測，不僅師長讚嘆連連，也鼓舞了一同赴試的同學們。露西在等待成績單時，才知道自己獲頒「黛安娜紀念獎」

（Diana Award）[306]；該獎項致力表揚為社會帶來正向改變的傑出年輕人，而老師們折服於她面對嚴苛困境的堅定意志，遂替她報名角逐獎項。

　　一拿到中學普測成績單，露西立刻籌措基金，打造一台能讓她繼續大學學業的特製輪椅；她選了不少科學課程，踏上成為醫師的下一級梯階。可是，露西的人生迅速演變成一連串永無休止的醫療程序，她的病一點一滴削去她對未來的希望。露西漸漸無法進食，只好直接從小腸吸收營養；坐姿導致血液蓄積在腿部，迫使她大多時候必須斜躺；起初她還能每天聽課一小時，後來連這一小時都辦不到。她的離線社交圈縮限到僅剩家庭成員、一位忠實友人，還有以前騎馬課的老師（他常常牽馬過來，讓牠們把腦袋探進露西的窗子）。不過，她廣闊的線上交流足以彌補現實缺憾，甚至還能填補醫療照護的空白。

　　由於露西大多數時候只能在家休養，鮮少出門就醫，因此她常常覺得自己很難得到需要的醫療關注。英國國民保健署（NHS）的醫師一般不太出診，再加上這個系統資源相當吃緊，使醫師很難照顧到候診室以外的病人。二〇〇一年初，露西體重急遽下降，家人連忙帶她就醫；醫師先安排她在三週內做檢查，但後來排定的時程又變了，極可能從三週變成三個月。任誰都看得出來，露西體重直直落（當時她已不到四十五公斤），然而眾人看不見的是她的內臟也在持續衰竭，包括心臟、骨髓，以及消化系統的幾個重要器官。

　　露西和她母親急切地上網搜尋，最後終於找到「年輕安寧之家」（J's Hospice）這個專為罹患絕症的年輕人所設立的慈善機

構，而且地點就在她們所在的埃賽克斯郡。安寧之家派來的護士貝芙經驗老道，她一看就知道露西命在旦夕，於是立刻催促各科會診並採取行動，迅速做出露西必須即刻停止從管灌汲取營養的決定。醫師把鼻胃管置換成可直接供應心臟養分的系統，這才把露西從鬼門關給拉回來。「對我來說，這種隨手可得的資訊具有完全不同的意義。」露西說。「它不只和我的社交生活有關，而是直接關係到我整個人生。沒有網際網路，我大概早就不在了。」

　　露西這回僥倖逃過死神之手。雖然治療方式改變，她的病仍舊沒有治癒希望；最後不是這個病、就是伺機感染的病原將奪走她的生命。貝芙意識到這個事實，便開始和露西討論預立醫療自主指示、臨終計畫這方面的事。這類話題在安寧中心很常見，討論重點多半放在了解臨終前可能發生的情況、使用哪些藥物、病人是否希望接受哪些醫療介入措施，基本上都是為了讓病人感覺更舒適，即使躺在臨終病床上也能相當程度控制自己的人生。不過，貝芙的做法不同，她以十足就事論事的口吻詢問這位年輕病人：她對自己的人生有何計畫？

　　在那特別的一刻，露西完全不知道該如何回答。「每個人都想以某種方式啟發或鼓舞別人吧。」露西說。「大家應該都有這種念頭，希望自己能影響別人、造福人群。我們每個人都有自己想做的事。」露西一直以來都想透過「當醫師」來計畫、完成這個夢想，可惜她不是健康無憂的青少年，她的不治之症迫使她不得不放棄大學學業，她的免疫系統亦殘破不堪，計畫也隨之破滅。從心理上來看，露西已經把全副精力都花在「接受夢想破滅」這件事情上，強

迫自己接受永遠不會發生、永遠做不到的人生計畫。

　　儘管貝芙和露西母親的觀念與眾不同，可是大多數的人都覺得，露西肯定什麼事都做不到，認為這樣的生命幾乎不值得活。露西一身病痛，隨身戴著各種複雜的醫療設備，還有護士和輔助犬陪著她到處跑；那些四肢健全的人看到她大多表現憐憫、不敢領教的態度。「大家只看見那些醫療器材、看見我的身體，看見我身上的管子，我的輪椅，我的預後，但他們看不見**我**，不完全把我當人看。他們的反應常常是，呃，我想我沒辦法那樣過日子。」露西說。

　　但是貝芙出現了。她投出一記曲球，不僅待她如常人，而非病人，還進一步表示未來依然在她的掌握中。當貝芙開口問這位即將不久於人世的年輕病人「這輩子想做什麼」，她猶如解開露西心中一道連露西自己都未曾意識的心鎖。「感覺就好像我的潛意識突然衝著我大叫，」露西說，「然後我就說出來了。『我希望大家不要忘記我。我希望我的人生不是毫無意義的。』連我自己都被我說出來的話嚇一跳，因為我從來不曾認真想過這些。」

　　當時她母親正好在附近，回了她一句「別傻了」，驚恐地認為露西怎會以為家人和朋友會忘記她。但露西不是這個意思。她當然希望自己所愛的人永遠記得她，但她想要不只這些：她突然意識到，在她的肉身放棄這個世界之後，她仍希望這個世界能為了某件**特別的事**而記得她；不只她的家人記得她，還包括其他更多更多的人。露西還不確定哪件事才是她所謂「特別的事」，不過她心裡突然湧出一股新的決心和希望。「我在心裡埋下一顆『想讓別人記得

我』的種子。不一定要出名，也不一定要很特別；我只希望別人記得我做過的**某件事**就行了。屬於我的傳奇。」

不僅如此，露西不要別人來告訴她這份數位遺產會是什麼或應該是什麼。那次訪談期間，露西最常使用的詞彙是「控制」。「因為我的病，所以對於我自己的人生，沒幾件事是我能控制的。」當時，我們坐在她家的一個房間裡，支撐她的斜面輪椅占去大半空間，輔助犬則趴在旁邊的地板上。我聽見護理師在近處的另一個房間裡走來走去。「我無法控制死亡。但我可以控制我的人生在別人回憶中的模樣。」

露西認為，如果讓別人來決定她的人生總和，她擔心他們可能會低估一些不該低估的事，看不見箇中含義。這點她親身感受過。不知有多少回，她發現其他人無法相信或不願意相信，像她這樣的人也可能擁有美好、精采、值得經歷的人生。「這是一個事事批判的社會，我們常常啪地一下子就對他人做出評判。我的內在情緒是我認為我的人生過得很值得，而我的外在情緒是我希望**其他人**知道我的感受。我想讓大家真真實實地看見：儘管我遭遇了這麼多事，但也因為這些事，所以我有過非常精采豐富的人生。這是我想留下的數位遺產，至少部分是這樣。」

能以露西想要的方式傳達這份訊息的人只有一個：她自己。

為了控制訊息內容，她還需要一套她能控制的媒介平台。二〇一一年，就在她經歷與死神最折磨、最艱難的一次交手之後，她設法讓自己跟所有需要聽見這份訊息的人展開對談。儘管她恢復得很快，但是參加活動、發表演講仍稍有負擔；但如果露西不想等、想

趕快讓大家聽見她的聲音，她確實也無須等待：這麼多年來，網路把世界帶進她房間，現在，她也可以透過網路將訊息發送給外面的世界。

剛開始，露西將部落格取名「克服難關」（Overcoming Obstacles）。讀者群快速成長，不僅醫療專業人士愛讀，年輕人、為人父母者、就連沒有罕見疾病或殘疾經驗的一般家庭也是她的讀者群。透過部落格，她和英國以外，包括冰島、加拿大、美國、澳洲等地的讀者成為朋友。寫了一段時間以後，露西感覺自己的使命更加明確，遂為部落格想了一個更好的名字，象徵她希望為這個世界帶來的影響；「我的一生因為病痛而增添許多意義。不只對我有意義，對其他人也是。」她說，「每個人都有各自的難題與掙扎，但你可以成為照亮他們人生之路的一道光。」

我在二〇一七年底首次見到露西，當時我們正要搭電梯上樓，準備前往 BBC 廣播播音室；那時「露西之光」（Lucy's Light）的點閱數已超過二十六萬五千次；她的線上曝光率愈高，她就有更多機會將訊息傳遞出去。[307] 部落格列出的個人成就足以令一般人的履歷相形見絀：為「年輕安寧之家」錄製影片，受邀至英國下議院與衛生部演講，多次現身英國各主流媒體，擔任多個慈善機構的慈善大使或其他職銜，撰寫供全英醫療專業人員閱讀及施行的照護手冊，然後就是她在二〇一六年、以二十二歲之齡獲頒大英帝國最優秀勳章之中的「員佐勳章」（MBE），表彰她對殘疾年輕人的服務與貢獻。

擁有目標、懷抱志向說不定有助於避開死神召喚。露西全心全

意克服難關，她打敗醫師預後，不願向命運低頭。露西行程爆滿，不時冒出新企畫和新點子，幾乎很少有時間想到自己的生命不會太長。當然，她非常清楚命運極可能欺騙她，讓她以為自己還有很多時間、奪走她留下人生紀錄的機會，所以，如果她真心想掌控自己的人生，就必須徹底且認真思索她究竟想留下什麼，以及這些數位遺產留在世人心中的樣貌。

「數位遺產真的是很有意思的東西。」露西說。「有很多不同的形式。」對於她母親，她曉得她會留給她很多的愛還有回憶；至於妹妹和將來的世世代代，她想傳達的就更多了：知識、選擇和控制。露西窮盡一切努力，想找出她的病症是否會透過粒線體 DNA 遺傳，深怕她的妹妹，還有妹妹的子孫後代說不定會遺傳到這種疾病。「我妹妹的孩子對我來說非常重要。」她說，「也許我活不到他們出世的那一天，但我希望我留給他們的不只是回憶，還有某些實實在在的東西。」那時她正在尋找更多檢驗方法、等待更正確的診斷，而這是一份她自己可能永遠不會知道，卻能留給外甥、外甥女的遺贈。

雖然她的母親和其他親戚們絕不可能忘了她，而她將來也有可能拿到篤定的診斷結果、造福更多病人，但露西認為，如果能在更廣大的世界裡留下永存不滅的標記，應該能收到事半功倍的效果。網際網路毫無疑問是選項之一，不過，憑著她一向深謀遠慮、貫徹到底的態度，她踏上「數位遺產規劃」的大師級道路。健康強壯的普通人平時幾乎不會擠出時間做這件事，但露西深知自己正在跟時間賽跑。她很清楚「露西之光」是她的第一要務。她知道部落格上

的每一篇文章都能在她死後繼續啟發、幫助成千上萬的人，因此，這份紀錄必須保存下來，她必須找人好好照顧這塊園地。由於她母親比她自己還不熟悉科技這類玩意兒，再加上她母親可能深怕讓女兒失望，進而太過焦慮，因此露西為她編寫了一份鉅細靡遺的「部落格維護指南」，利用螢幕截圖詳細交代每一個動作。她仔細地為每一個帳戶編寫指示（包括更新密碼），另外也列出她對每一個帳戶的規劃與期望。比方說，她的推特帳號主要用於工作而非社交，為了避免讓親友太過難受，她認為可以直接關閉這個帳號。又譬如臉書，臉書屬於比較私人的溝通管道，她會透過臉書和一些未曾謀面、遍布世界各地的朋友維繫友誼；因此她的臉書個人頁毫無疑問必須保留下來，而且，她還希望可以透過臉書直播她的葬禮。

話說回來，露西也預見一個問題。旁人經常提到，她的免疫系統脆弱得不堪一擊，導致她隨時都可能死去；有時她的身體狀況極差（對她來說已是家常便飯），無法和外界聯絡，於是她的朋友便學會觀察她在網路上的活躍程度，藉此判斷她的狀況好或不好。只是，萬一她還來不及為自己的人生留下最後註解，即撒手人寰──那一刻來臨時，萬一她已虛弱得無法上網、無法集中思緒，甚至無法口述怎麼辦？露西不僅受不了，也不敢想像。面對這種可能性與隨之而來的焦慮，露西只能做她一直以來持續在做的事，而這也是人們問她怎麼有辦法應付如此局限的生命時，她所給出的答案：「我沒有選擇呀。不對，其實我**有**選擇。」她說，「我可以就這麼坐著發愁，或是去做一些更有建設性的事。」她開始編寫可留待死後發表的訊息，這麼做讓她找回以往全力以付的感覺。她的人生、

她的決心、她的數位遺產都只有她本人能賦予定義。她說了算。

露西初次冒出這個念頭時，她不曾聽聞有誰這麼做過。「我就坐在那邊想嘛，我何不先寫好一些東西，讓我媽可以在我過世之後放上部落格，有點像用我的口吻發表一小篇悼文？然後我又想，嗯，要不然乾脆錄一段影片好了。還是透過臉書發文呢？……我非常確定這就是我要做的。這件事無以為名，我也不確定這究竟是不是個事兒，因為我不知道那時候我在做的**正是**所謂的數位遺產。」對於她的這項決定，朋友與家人反應有好有壞；有些人覺得很了不起，有些人覺得有點詭異。後來，露西透過她四通八達的聯絡管道，得知 BBC 第三頻道有個名為《數位安息》（*Rest in Pixels*）的紀實節目，她這才驚覺有這種想法的不止她一個。[308] 在外面的世界裡，還有許許多多根本不覺得這個念頭很奇怪的人，於是「數位遺產」一詞首度進入她的世界。

另外還有一些人也在想同一件事，就是史提夫、彼得那群我們在第六章提過的平台開發商。雖然他們並未特別針對重症末期的病患推銷「道別啟示」和「遺愛長存」，然而像露西這樣知道自己不久人世的族群，肯定會認為這類服務極具吸引力。照理說，她應該能好好利用這類服務，可是這些平台好像只是設計用來跟特定對象（與逝者關係較近的人）道別的工具，或是讓逝者有機會繼續參與這群特定對象的人生。露西不想留下任何遺憾，不過她也知道，若想讓這類留言服務為她所用，她得排除更多障礙才行。

拜網際網路之賜，露西二十出頭就已經是個公眾人物，朋友動輒數百上千，受她激勵鼓舞的人更是成千上萬；所以，她希望自己

最後留下的訊息能經由她自己選擇的形式、以她自己的話語傳遞出去。她想為**每一個人**整理、總結她自己的人生，而這份訊息不能只是浮光掠影，必須長長久久流傳下去。對於那些已經認識她的人，露西想提醒他們，他們對她非常重要，她從他們身上學到許多、非常愛他們。對於身心健康卻對她的人生抱持懷疑態度的人，還有那些她未能結識和她一樣深受殘疾折磨的人，她想提醒他們，永遠不要低估「她的人生」蘊含的意義與潛力。她想告訴大家：**她**就是所有和她擁有相似命運的人也能發揮最大可能性的最佳明證。所以，眼前有誰能幫露西完成這個心願？

幸運的是，《數位安息》剛好深入報導了詹姆斯‧諾里斯在「死亡科技產業」的貢獻。這位平台開發商在二〇一二年 SXSW 推出非營利的「逝者聯誼會」。他將典型的死後留言發訊服務做了不一樣的變化，設計出「逝者聯誼會」──這項服務同樣也透過社群網絡發送訊息，而它使用的社群網絡碰巧也是露西天天在用、聯絡屋外偌大世界的同一套網絡。

Ω

詹姆斯‧諾里斯的父親在他小時候就過世了，因此，在成長過程中，他經常思考死亡這件事。他在教會學校聽了不少天堂與地獄的討論，繼而思忖他和他所愛的人會擁有什麼樣的來生。每次看到搖滾樂團「槍與玫瑰」（Gun N'Rose）T 恤上的骷髏頭，詹姆斯心裡總有一絲愧疚；畢竟他父親才過世不久，他是否不該穿這種衣服？可是他們的音樂卻很能撫慰他的心。

玩滑板、聽搖滾樂都是十幾歲小伙子的正常娛樂活動，不過詹姆斯不確定他的朋友們是否和他一樣，也花大把時間思索要在自己的葬禮上播哪些歌曲。他沒有自殺傾向，他只是想先做好規劃，因為他已經打定主意：在他人生最後的一段旅途上，他想要無限重播「槍與玫瑰」的音樂。青少年時期的詹姆斯‧諾里斯和十幾歲的露西‧華茲不同，他既不是絕症病患，也沒有特別想傳達給全世界知道的訊息。他心裡最重要的一件事就是葬禮歌單──感覺要對才行。他關心的是送行的過程，而非他想留下什麼。

　　詹姆斯不太明白他何以如此在意並且想控制自己的葬禮要放哪些歌曲，也許是因為父親過世時，「槍與玫瑰」的音樂帶給他非常大的安慰吧。總而言之，他覺得這件事很重要，所以他認為敦促其他人思考這個問題也同樣重要。當初我是先找上詹姆斯，然後才跟倫敦市立墓園負責人蓋瑞說上話的；蓋瑞和我分享了不少奇聞軼事，但我想我應該能猜到詹姆斯對其中某則的反應（就是火葬部經理基於維護墓園安詳、考量其他悼念者的情緒可能較為敏感，因而主動將某位年輕逝者的送葬歌曲通報上級審查那件事）。

　　詹姆斯對於葬禮歌單相當執著，以致他為「數位遺產協會」設計的定期問卷總會納入這類問題。有些人可能會質疑，當眾人齊聚哀悼逝者或者目送逝者火化時，這些劃過空中的音符和數位遺產到底有何關係？「不知各位是否想過，您希望在自己的葬禮播放哪些歌曲？」他在二〇一七年的調查中問過，而且這一題相當突兀地夾在「您計畫如何處理社群媒體個人檔案」與「是否還有別人知道您的手機密碼」之間。又譬如：「您是否想過要在葬禮上播放哪些歌

曲？是否對任何人提過？」[309] 二十出頭時，詹姆斯偶然發現一件事，促使他更廣泛思考數位遺產這個問題。當時，他在一家數位行銷代理公司擔任社群媒體部經理，某天在做慈善企畫研究時，他在YouTube 發現一段相當有意思的短片。

廣告一開始是大群烏鴉（或渡鴉）倏地起飛的震撼畫面，黑色剪影襯著灰色背景與老教堂尖塔——這群鳥兒其實是受了鮑伯·蒙克斯（Bob Monkhouse）驚擾才飛走的。這位喜劇演員兼電視主持人在墓碑之間信步晃悠，顯然正在尋找某位逝去的故人。儘管畫面陰沉，配樂卻叮叮噹噹、欣喜歡快；這時蒙克斯的鬼魂立刻展現他獨樹一格的喜感，大剌剌地說了起來：「你還以為現在終於可以放心打開電視…沒想到又見到我了吧！」他俏皮說道。最後，他停在自己的墓碑前面，碑上刻著「鮑伯·蒙克斯，逝於二〇〇三年十二月二十九日」。接著，蒙克斯告訴大家一個驚人的統計數字——在英國，每小時就有一名男性死於攝護腺癌！「比我太太上菜的速度還快！哈哈哈！」這時畫面跳出一個框框，指出鮑伯就是死於攝護腺癌，並告誡觀眾別讓這種遺憾發生在自己身上。「我花了大把大把的鈔票，為的就是不要窩在這種鬼地方。」蒙克斯嘆氣，無可奈何地幽幽離去，消失在薄霧中；「你呢？你的健康值多少？」[310]

詹姆斯不曾看過這則廣告。它最早在二〇〇七年的英國電視台播出，屬於「男性癌症宣導週」針對攝護腺癌研究募款宣傳活動的一部分。這則廣告究竟會不會讓不曾目睹父親生病死亡的人留下深刻印象，實在很難說；而且，要不是詹姆斯碰巧在這個社群媒體蓬勃發展的時代，剛好從事這一行，他說不定也不會多想。不過，這

段廣告片就像一顆懸在他頭上的超級大燈泡——燈泡瞬間亮了。「瞧瞧這傢伙做了什麼」，詹姆斯心想。這位著名的喜劇演員知道自己難逃一死，便利用「電視」這個大眾媒體以及他身為名人的力量，透過他獨特的戲謔風格，幽默又嚴肅地從陰間向世人傳達十足個人卻又當頭棒喝的訊息，彷彿他當時就站在你我面前，親口講述這件事。「影片裡的他一句話就把觀眾給逗笑了。不論從喜劇演員或他個人這兩種身分來看，都十足具有他的風格。」詹姆斯說。「這段影片像速寫一樣，清楚呈現了鮑伯·蒙克斯這個人，而且還深深打動了我，因為他在拍攝這段廣告的時候，顯然早就知道廣告片只會在他過世後（四年後）才播放。」蒙克斯是名人，在他過世的二〇〇三年，你得是政商名流或門路甚廣的人才可能上電視；但現在的情況與二〇〇三年大不相同，每個人都可以做跟蒙克斯一樣的事。詹姆斯心想，社群媒體不只能用來向摯愛道別，也能向**社會大眾**傳遞重要且有意義的醒世遺言——就是這個念頭催生了「逝者聯誼會」。

對詹姆斯來說，製作「具有個人意義、且能在死後傳送」的訊息極具吸引力，猶如他長期以來幻想「選擇人生最後一首歌」的自然延伸。於是，他和另一位平台開發搭檔建置了一套系統，讓使用者（逝者）能在數位遺囑執行人的協助之下，依照逝者規劃的時程表，在臉書與推特貼出他們生前就寫好的訊息。詹姆斯希望這項服務永不收費，便將「逝者聯誼會」設計成非營利、限額一萬名的服務平台（結果因為他心軟，致使該平台的實際用戶不知不覺來到一萬三千名左右）。詹姆斯深深著迷於自己的創見，他滿心以為

其他人也會覺得這個概念非常迷人。「當時我還在想，等服務推出以後，大家一定都會想來做這件事，因為我自己就躍躍欲試呀。」詹姆斯說。後來，他就和其他同在「死亡科技產業」的創業家一樣（尤其是想藉此致富的人），硬生生學到教訓，幡然領悟事實壓根不是這樣。正如同其他人不見得像他一樣熱中於持續修改葬禮歌單，也不是每個人心裡都有非得在死後繼續傳達的珍貴訊息。

其實，就連點亮詹姆斯頭上那顆大燈泡的鮑伯・蒙克斯本人也沒有過這種念頭。誠如麥可・傑克森於一九九七年展開第三次全球巡迴演唱會（HIStory tour）時，他並不知道這次巡演的錄影片段會在多年後被人挖出來，製成全息影像**出席**「告示牌音樂獎」頒獎典禮；蒙克斯這位喜劇泰斗生前亦未策畫這支感人的公共宣導短片，從六呎之下向英國男性倡導保健觀念。創作者結合錄影、替身、配音和電腦特效做出蒙克斯的幻影，利用它來傳達攝護腺癌的衛教訊息。蒙克斯遺孀向 BBC 表示，蒙克斯本人應該會非常喜歡這個創意，但那真的不是他計畫好的。[311]

詹姆斯不得不接受，「逝者聯誼會」並不如他原先設想的，或至少還不具有廣大的吸引力，所以他也做了跟馬里厄斯差不多的事：重新定位、多樣化進行。他成立「數位遺產協會」，提供與數位資產、數位遺產有關的訓練、工作坊、講座與諮詢服務，藉以支持非營利的「逝者聯誼會」。詹姆斯仿效亞馬遜、蘋果、臉書等大企業，致力提升數位遺產協會的服務品質，力求過程透明化，試圖說服心存懷疑與行動慢半拍的立法單位和主管機關，督促他們明白將數位資產和數位遺產納入考量的重要性。此外，協會也提供緩和

醫療照護人員多項關於線上網絡與數位遺產的訓練與資源，因為這些資訊對於像露西這樣的人來說十分重要；而與一般大眾相比，醫護人員是最了解這份需求的人。

後來，協會的業務繁忙到需要一個團隊來協助他，於是青年團體就委由露西出面，中東地區就請薇瑞代勞擔任主要聯絡人，就連我也插手兼任心理學團體的聯繫業務。[312] 不過詹姆斯可沒忘了「逝者聯誼會」，而且他打算在二〇一八年推出升級版平台「我的願望」（My WIshes）。[313] 詹姆斯認為，如果他沒能幫助世人善用社群媒體管道留下遺言，那麼他就不算真正做到盡力協助大眾規劃自己數位來世的目標，因為社群媒體已然成為現代生活不可或缺的重要部分。

露西開始與數位遺產協會合作之後，她也更透徹仔細地思考自己的數位遺產。要想找到一個比露西更懂得打理數位小窩的人，那可不是說找就找得到的；因此，如果各位知道就連露西這個終極規劃大師也還沒錄好原本有意錄製的道別影片，各位或許也會大吃一驚，而且就連她打算先準備好，待她過世後再請母親代發的貼文，她也還沒動筆寫。露西或許十分清楚，她想為自己的人生想留下什麼樣的最後注解，可是她每每在下筆時遇到和我一樣的問題（我在打開「道別啟示」或「遺愛長存」網站時，也總是陷入天人交戰）：儘管她的神祕疾病持續惡化，儘管她還在跟時間賽跑、仰賴注入心臟的營養液維持生命，儘管她希望在時間用盡前找到確診結果，她也還沒準備好要寫下最後的話語。她正全心全意投入生活、投入生命。「有些部落格我確實已經寫一半了，可是我的想法也常

常變來變去。」露西說，「其實我自己也挺掙扎的…畢竟我還沒走到那一步。我覺得我現在不該做這件事，可是我隨時都可能死去；所以為了以防萬一，我應該今天就來寫一寫嗎？還是等到下禮拜再說？…可是這就好像我的人生還在繼續，卻已經要動筆寫結局了。」

就算露西最後還是沒能親筆寫下結局，即使她因為「直到人生最後一刻，她都覺得人生還在繼續」而錯失良機，她應該還是能感到欣慰吧，因為她想表達的都在這裡了：她一路以來持續編寫、蒐集、悉心整理的數位自傳，包括發表過的作品、講稿、部落格文章、至今的成就、她的人生故事，甚至還有她為鍾愛的輔助犬「茉莉」**經營**的臉書部落格。她非常明白，她最後想留下的隻字片語（她稱為「本書結局的更新內容」）並非她唯一的遺產——她曾經做過的一切都是她留給世人的遺贈。她是她自己的線上傳記作者，也是負責整理過去七年以及將來線上紀錄的檔案管理員。露西會繼續為世人照亮前方道路，直到命定的時刻來臨，直到有人接下火炬、延續下去。

$$\Omega$$

就算傑森‧諾布爾曾經和露西一樣懷抱某種使命，希望成為世人的指路之光，他大概也不會用這類字彙描述，更不可能公布在網路上。與露西相比，傑森的數位足跡非常簡單且零碎；不過對那些從小聽黑膠唱片長大、會自己錄製卡帶、拿紙筆畫漫畫並發行小誌刊物的數位移民來說，這點並不意外。雖然他會去 iTune 下載喜歡

的音樂，他為《路易斯維爾古怪觀察者》週報（*LEO Weekly*）藝文版所寫的文章也都出了線上版，傑森的數位足跡依舊少得可憐。

傑森的朋友桂格·金恩以「奇特」、「風趣」形容傑森貧乏的網路印記，而這兩個形容詞恰恰也是他在真實生活中廣受朋友喜愛的兩大特質。由於傑森鮮少使用網路媒體，所以桂格完全不曉得他有 LinkedIn 帳號──直到有一天，該網站建議「結識『傑森·諾布爾』可能有助於維繫長久的友誼與樂團夥伴情誼」，他才知道他也用 LinkedIn。「桂格，建議您持續和重要人脈保持聯繫，此舉肯定能在職場上助您一臂之力。」郵件寫道，「您可能認識我們推薦的聯絡人，請現在就與對方建立關係。」LinkedIn 知道什麼啊！雖然桂格壓根沒想過有助職場發展之類的事，但他樂得舉雙手贊成！按下「建立關係」的小方塊，桂格十分好奇接下來會看見什麼：

簡介：類人類──與大多數非人靈長類的染色體結構差異達百分之一。熱愛《*X 檔案*》以及所有和蒙塵的甬道、閃爍的日光燈有關的事物。

專長：樂器音樂、漫畫繪圖、夜間閒晃、夢遊、影片音樂製作人、變溫動物。

工作經歷：*Shipping News* 與 *Young Scamels* 團員，*ear X-tacy* 店員。目前請病假，斷斷續續偶爾上工。

概述：一般事務處理⋯大蒜與墓穴監工。偶爾使用銀彈與銀彈。使用古籍、白橡木屑與鈍器。喜愛夜間工作。[314]

桂格看得目瞪口呆，因為當時傑森已經過世好幾個月了（他罹患罕見癌症，而多次化療重創他的免疫系統，導致他年僅四十就因

為細菌感染而告別人世），但他也激動得無以復加。「我心痛不已，但這詭異的電腦運算為我帶來片刻欣喜，」他說，「讓我能再次接觸他，看見我不曾見過的另一面，感覺就像好幾個月都沒他的消息，結果突然聽到他講笑話一樣。那一刻的感受非常私人，不受干擾…我其實還滿喜歡的。」

這一刻也別具意義。理由是，不論這次的數位運算偷襲有多令人發毛，它同時也挑起滿滿的熟悉感——自從傑森死後，桂格以為他再也感受不到了。二〇一二年八月，桂格在寫給傑森的紀念文中提到一件特別的事：有一次，傑森去紐約看他，臨走前（桂格正在刷牙洗臉，傑森動手收拾行李），傑森隨手畫了一張蜘蛛人速寫，偷偷塞進桂格桌上的平面檔案櫃。「傑森那小子就愛搞這種不知何年何月才會發現的小驚喜。」桂格寫道。結果這個「不知何年何月」倒是沒拖太久。幾刻鐘之後，桂格在布魯克林區自宅門前擁抱好友，珍重、揮手道別；當天稍晚，突然有股神祕力量將他的注意力帶到房裡那座啟人疑竇的檔案櫃上。桂格告訴我：「我坐在書桌前，回味和傑森共度的美好時光，視線不知怎麼著就落在那兒了。我心裡有種感覺，催促我拉開檔案櫃——結果我第一個打開的抽屜就躺著那張速寫。」在同一篇紀念文裡，桂格還說：「這些時刻是我生活的養分。從上高中的第一天起，我們就透過空氣互相傳送這些真誠又愚蠢的對話——我們之間奇妙的腦波連結，填滿詭異巧合、時機……還有超級英雄的共生關係。」[315]

為了拓展電影製片和藝術事業，桂格從肯塔基移居紐約、洛杉磯等大城，但真正離鄉背井的只有他的「人」——若要將肯塔基從

他心頭抹去，遠遠不是搬個家這麼簡單的事。路易斯維爾是他從小長大、和傑森一起念高中的地方，這裡儼然是他存在的一部分。傑森過世時，桂格在西岸，這個恐怖噩耗令他情緒崩潰，然而當下他卻無法觸及他最渴望的路易斯維爾社群，孤立無助。「在洛杉磯跟我比較親的朋友，其實不太了解我的路易斯維爾鄉親，也和那個地方沒什麼關聯。他們不曉得，路易斯維爾還有那裡的人對我來說有多重要。」他說。「路易斯維爾完完全全就是我這個人的一部分，我很難對其他人完整描述這種感覺。」他渴望聯絡任何一位來自家鄉同時也認識傑森‧諾布爾的人。他把這些人一一搜尋出來，接下來幾天，都在跟這些多年未見的家鄉朋友聯絡敘舊。

　　但這群路易斯維爾鄉親並不是唯一哀悼傑森的人。過去十五年來，傑森領軍多個樂團──Rodan、Rachel's、the Shipping News 等──樂迷遍布全球。《滾石》雜誌在傑森的訃聞中，亦描述「Rodan」對一九九〇年代後硬核龐克搖滾（post hardcore）帶來的深遠影響。[316] 曾經在「關懷橋」網站（CaringBridge）追蹤傑森病況與最新治療進度的人，少說就有好幾百，其中不乏來自海外的音樂愛好者（譬如：義大利），以各自的語言為傑森加油打氣。[317] 我之所以知道這些，是因為我也關心傑森的病況，最後他不敵病魔也令我傷心難受，所以一度密切追蹤過他的「關懷橋」個人頁；不過我心裡仍有些不安。我懷疑自己有點像一九七一年哈爾‧阿什比（Hal Ashby）《哈洛與茂德》（*Harold and Maude*）的兩位主角（他們的共同嗜好就是參加陌生人的葬禮）。[318] 儘管「關懷橋」是公共論壇，但我只顧潛水，鮮少認真思考是否很沒禮貌？我是不是也該發

文致意一下？

　　不過我仍安慰自己：我又不是**不認識**傑森，我和他來自同一個地方。我們十幾歲的時候就認識了（我還跟他朋友約會過），一塊兒開車兜風過好幾次，也去過他家。我閣樓的幾個鞋盒裡，甚至還有幾張拍到他的照片。長大後，我數次返美也會抽空繞到他工作的唱片行 ear X-tacy 聊兩句（ear X-tacy 在當地小有名氣，現已歇業）。雖然我也曾希望能和他成為更親近的朋友，不過最重要的是，我也和那些不曾見過他本人的樂迷一樣，透過他的音樂，從遠方感受他的精神與才華。

　　考量我和他的關係實在有點薄弱，所以就連我都懷疑自己是偷窺者或熱中「黑暗旅遊」的人。＊我和他已多年未聯絡，我們的認識程度當真足以造成我的情緒負擔、令我發自內心感到哀傷與難過？可是另一方面，我又覺得關心傑森根本沒什麼好抱歉的，因為他對我、對每一個人都是如此仁慈和慷慨；他只是另一個人類（或者像他自己在 LinkedIn 寫的「類人類」），健康時總是有源源不絕的創意，生病時又像頭勇敢的獅子。在這個屬於社群網絡的時代裡，我感受到的尷尬和沮喪實屬正常。如果哀悼者與逝者的關係密切，幾乎人人都能理解，也允許此人公開表露悲傷；但如果關係不近的人也同樣坦率表達，情況就比較複雜了。若你公開哀悼的對象是名人或流行文化偶像——他或她對你的人生具有重要影響，但對方根本不認識你、走在路上也不會叫住你，這時「哀悼監督員」就

＊譯注：dark tourism，刻意參訪曾發生不幸事故或事件的旅遊活動。

會跳出來管理秩序。他們可能會說：你又不認識他，少在那裡假惺惺看熱鬧，滾開！[319] 他們也可能這樣說：你又不是他的粉絲，請不要貶損偶像留給我們的回憶好嗎？像我這種**正牌**粉絲才有資格哀悼他！

有一派心理學家將這種「粉絲因明星或偶像過世而體會到的失落感」，歸類為「擬社交關係」（parasocial relationship），傑德·布魯貝克也屬於這一派。他曾在二○一六年艾倫·瑞克曼（Alan Rickman）、大衛·鮑伊（David Bowie）、王子（Prince）接連過世後，分析過臉書留言的哀悼監督現象。[320] 論文描述，「擬社交關係」是「一群人針對某種個人經驗而產生一種單方面、情緒強度相近且會互相影響的關係」，線上環境對這類擬社交關係的發展和強度貢獻良多。對於眾粉絲而言，網路社群大概是最完美也最容易讓大家同聚哀悼的空間；不過，由於網路缺乏完備規範——基於何種理由、應該在何時、何處表達哀悼，以及在前述情況下，哪些表達方式是「受到允許」的——因此經常有人被另一人的陳述或感受所激怒，這種情況屢見不鮮。我很確定傑森·諾布爾本人應該會強烈反對自己被貼上「偶像明星」標籤，或是覺得被稱為明星實在可笑；儘管如此，我在哀悼傑森時所感受到的不確定感，肯定也是今日「粉絲的兩難」的一種變體：我是否有立場去感受、更遑論表達我的哀傷？

但我決定我可以，沒問題的。我確實認識他本人，也勉強算是能「延續傑森精神」的人（有個紀念網站即以此為名），[321] 至少在某些小地方來說確實如此。他生病時，我沒來得及擺脫內心焦慮、

在「關懷橋」張貼訊息，最後只能選擇潛伏在臉書紀念社團這種比較被動的互動空間，讓他繼續活在我們這群追悼者及粉絲心中。[322]桂格一聽到有人在臉書成立「永懷傑森‧諾布爾」紀念社團，立刻急切地加入。「我幾乎可以說是直接抱住。那個社團就像浮標、船錨或是在暴風雨中能讓我抓住的東西一樣。」他說，「我好像上了癮，本能地需要聽人描述更多關於他的故事，讀到更多他的資料以及和家鄉親友的聯繫。」桂格離家數千里，因此這個社團對他來說尤其重要；當時如此，現在亦然。直到今天，桂格依舊能在紀念社團裡不斷找到令他無限渴望的資訊。每當社團成員貼出一則回憶或是一張照片時，桂格總是能感覺到驚奇、愛與微微震撼——他在檔案抽屜發現那張蜘蛛人速寫時，也有這種感覺；LinkedIn 把傑森那個惡作劇似的個人檔案推薦給他的時候，也是如此。

「關於他的個人故事，我不知道的實在太多。是說我怎麼可能都知道呢？」桂格說。「他送朋友一張畫——那人也許是他的工作夥伴之類的——然後這個人可能會把那張畫貼出來或是寫成一段回憶。我實在好愛看這種東西。我什麼都讀，什麼都看，好像永遠不知饜足；因為這一切都能讓我再重新接觸到他，彷彿是種全新的體驗。這些點點滴滴補足了我所不知道的、傑森的人生故事，感覺就像他的生命繼續延續下去。」

儘管桂格從臉書紀念社團得到許多安慰和喜悅，他也有些不安。桂格的不安和我不同，無關他是否有權出現在這裡或表達傷痛：他是傑森最要好的朋友之一，他的立場和身分不容懷疑。我和桂格也同樣多年未聯絡；不過，就在劍橋分析公司不當利用臉書

個資的醜聞爆發後不久，我在傑森的紀念網頁上瞄到他貼出一篇長文。這篇貼文在紀念頁中顯得十分突兀，因為它既不是照片或影片，不是傑森可能會喜歡的議題連結，也不是許多朋友經常指名寫給他的留言訊息。桂格在文中描述他苦無解方的為難處境，發文對象則是社團裡的其他成員。

「各位朋友，」桂格寫道，「我之所以還留著臉書帳號，最主要的理由就是可以連上這個紀念頁；可是最近我在考慮是不是該離開臉書了。我想把這個網頁的資料備份下來，坦白說，我已經開始了——以最刻苦的『截取螢幕』方式進行。」傑森過去寄給他的電子郵件，桂格亦如法炮製（他同樣不想一輩子被 Yahoo! 綁住，卻為了傑森而保留帳號）。工作與家庭已令他忙得不可開交，每當他想存取頁面上已經存在的內容時（一次只能截一張圖，非常辛苦），總會有新紀錄冒出來搗亂；所以他想請教社團朋友們，若想保存這裡的資料，有沒有什麼更省時又有效率的好辦法？底下的回覆五花八門，涵蓋範圍從實際可行的建議（譬如檔案下載服務）、天馬行空的創意（製作實體書，或是另外建置一個檔案資訊網，把傑森的工作與生活紀錄都放上去）、到盲目驚慌（才讀了開頭就誤以為桂格是網頁管理員，進而誤會他要關閉紀念頁）都有。

桂格立刻安撫大家：他沒有權限也無意關閉紀念頁，他只是個想戒掉臉書的普通人。他厭倦網路世界的尖酸刻薄、單方傳播、勾心鬥角以及缺乏真實的對話交流；只是在此同時，臉書又能讓他和路易斯維爾的鄉親們保持聯繫，讓他母親能密切關注小孫子的一舉一動。儘管桂格多所抱怨，他仍十分感謝臉書結合影音與文字素材

的格式與平台，讓他能和遠方的親友社群聯絡。桂格對臉書的感覺就和我們大多數人一樣：又愛又恨。雖然他很難做出抉擇，但他非常確定一件事：如果他最後決定關掉臉書，那麼在他找到滿意的方法，能夠把傑森紀念頁的內容完整備份下來以前，他不會冒然採取行動。其實，我曾經有過一個與臉書有關的假設，卻一直不太願意提出來詢問傑德‧布魯貝克，但桂格的困境恰恰是這項假設的完美範例：這些不願意把自己鎖在線上墓園外的在世用戶，說不定也對臉書的收益做出小小貢獻。

我倒是從桂格的貼文看出些許端倪，譬如：不離線份子造成的現代獨裁文化，與社群媒體的魔鬼交易，還有渴望更簡單、回歸類比時代的記錄方式。不過，桂格之所以冒出這股衝動，想把跟傑森有關的線上資料以實體方式保存下來，原因不只他可能離開臉書這一項。「我是老派人士，」他在那篇貼文的最後總結道，「我就是想要一份有形的紙本紀錄。我就是想要一本三孔活頁夾，裡面滿滿都是從這個紀念網頁印下來的資料。」談到老派與科技，桂格認為傑森肯定會喜歡「機器大戰機器」這類科幻素材，他也認為他自己一定會在有生之年目睹機器人 KO 電腦。後來，我們又一次通電話的時候，桂格重申疑慮，態度亦更為嚴肅。桂格以電影製作人與剪輯師的身分在數位媒體產業工作；從內行人的角度來看，他深知數位科技有多脆弱，而這份認知進一步增強他對數位儲存的不安全感。桂格非常明白，若把「數位儲存」與「永恆」劃上等號，此舉無異痴心妄想。

「我滿腦子都在想這個問題…世界已進入『無帶化』

（tapeless）時代，大家都把檔案存在記憶卡或磁碟上。」他表示。「假如你有錢，有自己的製片或錄音室，那麼你確實可以用大型主機備份各種資料；但你若只是玩票性質，自製影片或拍照修片什麼的，你大概就只有一般磁碟機可用——當然現在有更先進的固態硬碟——可是，你充其量也只是把這些媒材用一種原本就無法長期保存的方式儲存起來。」他還說，就連那些設備完善的網路平台（例如臉書），感覺也不怎麼**牢靠**。萬一發生什麼意外呢？萬一管理員決定關站呢？萬一臉書或任何我們所知的網站決定終止營運呢？

我想起「環球墓園」的馬克·薩能曾經說過，我們的網路還處於嬰兒時期；東倫敦墓園的蓋瑞則表示，雖然維多利亞時代崇尚不朽，墓碑總有一天會倒下。我想起米凱拉，她男友路卡生前也和桂格一樣從事藝術與電影製片工作，而她卻失去了他所有的作品和記錄（因為路卡的最近親屬拿走筆電，後來還弄壞了）。鑑於路卡本身的職業和認知，他理應曉得必須好好保存作品，然而，這些資料卻完全沒有備份。路卡就像桂格描述的那些人，也和我們許多人一樣，只是「玩票性質，自製影片或拍照修片」而已。我不止一次聽聞巴斯大學「死亡及社會研究中心」的約翰·托耶博士在演講時諄諄告誡聽眾：別太信任數位儲存裝置。這些玩意兒實在脆弱，而且還有技術淘汰的潛在風險。假如你手邊有一些對你來說非常重要的照片，「把照片印出來，」他說，「現在，馬上。」

不過我們也知道，實體紀錄亦非萬無一失。當初瑞秋失去女兒臉書帳號的存取與控制權時，她之所以如此痛苦，有一小部分原因是在那之前數年部分原因是數年前她搬家時，有人趁她搬家時，偷

走她車上的東西──其中就包括女兒童年時期的珍貴相本。桂格為了平息唯恐不能繼續讀到傑森相關回憶的不安全感，不惜耗費數百張紙，將電子郵件和臉書貼文全部印出來。桂格面臨的壓力碰巧是我的對照版：我正好也在考慮要不要進行一項大工程，把裝有我外公外婆戰時書信紀錄的五大冊三孔活頁夾（這剛好是令桂格安心的儲存方式），全部掃描存起來。

　　可是，桂格想做的，不僅僅是為自己保留與傑森有關的資料素材。他想幫忙，確保其他人也能看到傑森留下的豐富回憶。有人在臉書紀念頁上提了一個點子，桂格注意到了；這個提議非常簡單、又恰到好處，美妙得令桂格怨嘆自己怎麼沒想到。「我心想，他媽的真要命，太完美了。棒透了。這個主意非常有傑森的風格──做一本書。他肯定會**愛死**它。我心裡想著一定要⋯⋯我一定要做出這本書。也許不是今年或明年，可是⋯我真的很想做這本書。這個點子實在太符合我的理想了。」

　　儘管做書符合理想，桂格本人也是執行計畫的最佳人選，但仍有其他因素令桂格裹足不前。過去幾年，桂格對人生有了不少體會，其中最重要的就是人生苦短，時間寶貴。命運可能奪走你原本擁有的生活和資產，而傑森的早逝並非唯一教訓。他和傑森有過許多詭異的巧合經驗，眼前又冒出一件：就在傑森確診罹癌後一年，桂格的未婚妻也被診斷罹患同一種癌症。假使他倆未當機立斷、在化療副作用開始前進行凍卵手術，這對愛侶孕育下一代的希望也將隨之破滅。愛子誕生後僅僅一個月，桂格自己也獲知罹癌，只不過他的癌症類別較為普遍，後來也幸運康復了──不過，從此以後，

桂格不再虛度光陰，不再浪費生命。事實上，這也是促使他重新思索當初那股衝動，想建檔整理傑森的傳奇、令其永留世間的主要原因。

「照我原本的個性，我會很樂意花個一兩年時間好好整理傑森的人生和作品。」桂格說，「可是過去這幾年，我在藝術創作上真的遭遇到非常大的困難，而我卻沒辦法跟我最常討論這件事的人討論這件事。要想面對、處理這個問題，最重要的還是持續創作，繼續拿出新作品。我很清楚要怎麼蒐集、整理他的作品，可是⋯這麼做能不能幫助我精進和繼續我自己的藝術創作，就像傑森本人也曾經是支持我創作的最大動力一樣？他相信我。你能明白我的意思嗎？」

雖然傑森在 LinkedIn 的個人檔已不復存在，不過，桂格這位檔案管理狂還是把 LinkedIn 在傑森過世後寄給他的連結內容截圖給我；這份訊息猶如某種私人交流，像是只有他和他的多年老友才會理解、在他死後才發送的狂妄玩笑。顯然，傑森病後就未再新增或更新資訊，因為他的個人檔案還停留在二〇一一年的創作計畫，狀態也還是「病假中」。在截圖最下方、名為「其他資訊」的分類標題底下，有一排加了底線的藍字，應該是條連結。

興趣：「鬧墳」（*the "unquiet" grave*）。

我寫信問桂格，桂格回覆說他也不曉得這句話什麼意思。他猜想，傑森可能又在展現他「陰森幽默」的功力 —— 「他老愛用一些恐怖詞彙和意象。」桂格如此表示。[323] 鑑於我和這位已故音樂人、藝術家兼博學之士的關係屬於有點熟但幾乎不熟的那一種，而桂格

又是他最親近的朋友之一，我傾向聽從桂格的判斷。

不過，「鬧墳」（或「不安靜的墳墓」）碰巧也是一首著名的英國民謠。這首民謠不是那種只有音樂學家才知道的古老民謠，今日仍受到許多民歌手喜愛。[324] 歌詞版本很多，不過大意都一樣：年輕女人死後躺在墳墓裡，年輕男人天天在她墳前啜泣，不願離去；他無法接受再也見不到她的事實，亦疏於照顧自己。過了一年又一天，死去的女子決定她該說幾句話了，於是地底傳出她的聲音——她告訴他，在他倆以前經常一起散步的花園裡，即使是最美的花兒最後也會凋零死去。假如你現在就來與我相聚，她說，我倆的心只會一起腐爛；你的人生還有時間，這麼做實在太浪費了。你總有一天會死，說快也挺快的，但是在此同時，你必須盡力過好你的人生。「所以讓自己開心吧／我親愛的／直到蒙主恩召為止」。

桂格把緬懷傑森的人生與作品視為創作原動力，至今還在找尋新企畫，期望能將他自己的新作和傑森的傳奇結合在一起。桂格想過，他說不定會拍一部片，靈感來自傑森，同時也描述自己和好友的藝術創作；有新的創意，同時也緬懷舊時光。就像傑森也會想做的一樣。

$$\Omega$$

基於桂格本身也有罹癌經驗，所以我特別想問他，他是否曾有意識地把自己的作品當成「遺產」來思考。那當然，他立刻表示，彷彿這是再明顯不過的事。不用說，自己生病和痛失好友這兩件事肯定對他影響不小，不過理由不只這些。**身為藝術工作者**，桂格

說，他很自動地就會從「傳奇」、「遺產」的角度來思考事物。就好比他現在、未來會有的孩子都屬於他「遺產」的一部分，創作也是，因此，他希望其中一方能支持另一方——希望他的孩子能夠欣賞他一生的創作結晶，確保他的繪畫、他的影片在他死後能繼續留存人間。

誠如嬰孩自母體誕生，作品同樣也是藝術家的心靈之子。儘管作品與藝術家彼此可能獨立存在，兩者之間仍有一絲切不斷的連結。唯有透過溝通交流，兩者方能展現旺盛的生命力，為求生存，劇作家的劇本需要觀眾，作者的書需要讀者，畫家的畫作需要鑑賞家，音樂家的歌曲需要聽眾。為了讓傑森和桂格自己的精神繼續存在，桂格只能奢望那些存載兩人作品的裝置不會毀壞，希望桂格的孩子們不會將他的作品據為己有，而是繼續與眾人分享。只要這些作品能在類比或數位世界繼續生存下去，創作者的精神也就能夠永存人間了。

大衛·鮑伊的音樂錄影帶《拉薩勒》（*Lazarus*）推出之後，該片的豐富隱喻在數日後昭然若揭——二〇一六年一月十日，臉書官方正式公布他的死訊。[325] 這部短片無疑是鮑伊向世界發出的最後訊息，而且他和鮑伯·蒙克斯不一樣，他很清楚自己在做什麼。唯有他能向世界傳遞他自己的訊息（**我曾有過戲劇般的人生，誰也偷不走**，他如此唱道），[326] 歌詞內容和釋出時機忠實呈現鮑伊身為公眾人物的生活方式。對於這樣一位精於策畫和設計舞台表演的超級巨星來說，《拉薩勒》確實是他一生最貼切的注腳。影片中，床底下伸出一隻手、作勢要抓住他的病袍，他的臉猶如死人，歌詞

與意象充斥各種明示、暗喻，指向即將逼近的死亡；突然間，鮑伊下了病床、坐在書桌前，身形憔悴但精力旺盛——他猛地摘掉筆蓋，目光如炬凝視前方，源源不絕的靈感使他的雙眼熠熠發亮。靈光乍現，他觸電般地抖動一下，食指朝天——有了！他的人生還在繼續，怎能就此劃下句點？他拱背伏案，振筆疾書，停筆思索復又再續，直到最後，直到生命終結。鮑伊倒在桌上，墨水汩汩流過紙張，溢出邊緣。

點子太多，時間太少；如此豐沛的藝術創作，滿坑滿谷洗耳恭聽、殷殷期盼的樂迷。無數觀眾淚流滿面、不敢置信地盯著電腦或手機螢幕，看著他們的偶像一步步退回陰鬱的維多利亞式衣櫥，帶上門，象徵他回到猶如「納尼亞」的神祕之境——當然，像鮑伊這樣的存在肯定來自那樣一處地方。全球各地的粉絲彷彿直接從鮑伊口中聽見他最後的訊息，他們滿懷悲傷，卻深感慰藉。

抬頭看看，鮑伊以他不容錯認的歌聲唱道：**我在天國呢！**。[327]

第八章

寄語柔伊

　　二〇一六年一月十日，一位名叫「柔伊」的小女孩在大衛·鮑伊的家鄉（英國）辦了一場生日派對。柔伊的中間名，以及身上的一套粒線體 DNA，都和外曾祖母伊莉莎白一模一樣，她也從雙親身上繼承了絕佳的音樂鑑賞力。柔伊雙親的音樂品味分別由他們父母收藏的黑膠唱片，還有成長時期（一九七〇至八〇年代）收音機播放的各種歌曲所養成。此外，他們還留著一些舊卡帶（裝在鞋盒裡，但因為閣樓的熱度而漸漸損壞），裡頭都是開頭被切掉幾秒的流行歌曲（因為在那個年代，通常都是一聽見廣播播放愛歌才連忙按下錄音鍵）；如果碰巧沒聽到團名，接下來可能得花好幾天苦思那首歌究竟是哪個樂團唱的，然後才捧著零用錢衝進唱片行，把錄音帶買回家。

　　柔伊生於數位時代，SONOS 無線音響、Spotify 帳號和 YouTube 連結唾手可得，因此在她探索音樂的過程中，不曾經歷前述的困難阻礙。當她決定辦一場以鮑伊為主題的慶生派對時，她的雙親滿心驕傲、熱切配合。派對當天，DJ 按照壽星女孩兒制定的歌單依序播放，曲目從一九六〇年代至近期新作都有。當大衛·鮑伊躺在

卡茲奇山（Catskills）自宅床上，即將告別人世之際，在大海另一邊，遙遠的倫敦某教堂聚會廳裡，十幾個小孩和一群爸媽正開心跳舞；他們身穿樂團 T 恤，手臂貼著亮晶晶的刺青貼紙，臉上還有搖滾彩繪。

翌日，我女兒看見報紙頭版的全版鮑伊照片〔《阿拉丁精神》（*Aladdin Sane*）專輯封面照〕，她嚇呆了；劃過鮑伊臉上的紅閃電，和前一天柔伊臉上、T 恤上，甚至她蛋糕上的冰雕一模一樣。她多次大聲唸出頭條標題，但每一次都跳過「死」這個字。**大衛・鮑伊…於癌症，得年六十九歲。**「他的家人應該會繼續做音樂吧。」她說。柔伊似乎想更確實掌握年華老去及死亡的概念，於是特別要求我們上 YouTube 幫她找幾段音樂錄影帶；「我們可不可以看他老了以後拍的影片？可不可以找他年輕時的影片給我看？」

稍晚，我再次登入臉書（那天一早，我一如往常也是先從臉書得知鮑伊死訊的），發現今天的每一則回覆或評論都提到：當他們聽見鮑伊死訊時，第一個閃過腦海的人物就是柔伊。這群特殊的朋

友圈──我的朋友圈──因此把我的女兒和鮑伊連在一起。「我一聽見這可怕的消息，第一個就想到她。我心裡好像破了一個洞。」某位朋友說。「沒來得及認識柔伊，大概是鮑伊這輩子唯一的遺憾吧！」另一位朋友留言。「希望他的音樂能啟發下一個世代的音樂怪傑。」還有人這麼寫道。

「去看看《拉薩勒》吧！」這位臉友不曾見過我女兒，不過她留言表示，這似乎是她人生頭一次體會到巨大的失落感；「他給她留了訊息，向她道別。」

Ω

進入數位時代以前，大家對於「逝者的資訊隱私權」沒有太多想法；儘管立法人員和主管機關還是不願意信服，也不打算完全接受「身後隱私權」的概念，但是鑑於目前有這麼多可能持續存在，具識別性又超級私人的個資在網路上流竄，我們不得不開始認真思考，該怎麼管理自己的數位遺產。不過，逝者隱私權並不是一度遭忽視，近來又重新受到重視的最主要族群。而我接下來要提到的這個族群，各國主管機關的態度可就一致多了。

傳統上，除了死人與無行為能力者，還有誰對自己呈現的樣貌幾乎毫無選擇或宰制權？孩童。因為數位時代的關係（更確切地說，是因為孩子們的父母使用社群網絡平台的關係），法律也開始採納並承認孩童也有隱私權。歐盟最新公布的個資法除了建議各會員國著手處理「保障逝者隱私」這道難題之外，對逝者這個族群未多作著墨；不過二○一八年公布的《一般資料保護規範》倒是列出

不少與孩童有關的條款。法規明白陳述：「未成年人亦為個資當事人（主體），與成年人同樣享有控制個資的權利。」[328]

問題是，在這些未成年人獲得語言或文字能力，意識或洞察或理解他們有權賦予或收回同意權之前，他們可能已經擁有極可觀的數位足跡了。二〇一七年，美國的兩歲孩童已有百分之九十二留下數位足跡，其中許多人甚至還能回溯到出生前──有四分之一的孕婦會上網分享腹中胎兒的超音波照片。[329]

全球各地深愛子女的父母最喜歡跟別人聊自家寶貝，分享他們的照片，互別苗頭或眉飛色舞地描述「小威廉」有多可愛、「小蘇菲亞」有多厲害，做了這些那些了不起的事。然而，透過社群網絡傳播與交流這些資訊，又是另一種截然不同的層次。各位或許不經意看過或聽過「曬娃」或「分享症」（sharenting）這個新詞彙，就是用來描述為人父母在網路上過度分享兒女活動的行為。

誠如美國某法律實務教授所言：「為人父母者在上網分享與孩子有關的資訊之前，幾乎不會先徵得孩子同意。父母既是子女個資的守護者，也是對外宣述子女個人故事的人。」[330] 凡是向社會大眾公開其子女具辨識性個資的父母們，儘管在本質、頻率和分享平台方面可能視情況而有所不同，其行徑皆不脫「曬娃」範疇。有些父母會寫部落格、利用 Instagram 記錄從懷孕到為人父母的歡笑、艱辛、試煉和喜悅（或藉此賺取收入）；有些人（多半是母親）的「媽咪日記」充斥各種商品廣告，她們撰文分享不只為了好玩，更把經營部落格當成主要收入來源。位於這道「分享光譜」另一端的父母們，他們大多只是偶爾在臉書貼幾張照片，和較親近的家人、

好友等有限觀眾隨興分享，或是在一些通訊軟體及 iPhoto 私人共用相簿裡，放上幾張小朋友的照片；儘管他們控制閱聽者的身分及數量，這些舉動仍舊會產生數位足跡。

假如各位還不太清楚哪些行為符合「曬娃」定義，且聽我道來：因為我剛剛就曬了 —— 在這一章開頭，還有第四章某處，我都曬娃了，而且我還打算再多曬一點。

我在數十年前便移居海外，住在離多數家人及家鄉朋友很遠的地方；因此，我總覺得在維繫我和家鄉之間的關係這方面，社群網絡有其無與倫比的重要意義。只要我細心調整隱私設定，留神注意自己貼出的文章，我認為使用臉書的好處遠大於壞處。前段提到的統計數字完完全全就是在說我 —— 我就是那個從第一張超音波照片就開始分享女兒個資的人，因此我的女兒肯定在兩歲以前就留下大量數位足跡。事實上，「兩歲」這個年紀對我別具意義，因為從這個時間點開始，我幾乎是以指數增長的速度大量累積她的線上紀錄。在她兩歲以前，我分享的幾乎都是照片；一等到她能有模有樣地對話之後，「柔伊語錄」就此誕生。

「柔伊語錄」主要收錄我和她的對話逐字稿，主題五花八門。幾年下來，我的線上朋友圈漸漸了解她對藝術、宗教、恐龍、養雞、餐桌禮儀、大自然和網際網路的想法和見解，另外她也常觸及一些涉及存在主義的大哉問〔諸如記憶、有限性（finitude）、責任、上帝、愛與死〕。在這份語錄中，最受歡迎而且幾乎等同於按讚數與回覆留言數雙重保證的，是她對大人世界 —— 諸如喝酒、工作、養育子女等種種行為與想法 —— 的諷刺觀察。此外，該

語錄亦忠實轉述她對各種樂風（藍調、藍草、龐克、經典搖滾、另類搖滾等），還有相關音樂團體或音樂人〔包括：雷蒙斯樂團（Ramones）、法蘭克‧札帕（Frank Zappa）、ZZ Top、林納‧史金納樂團（Lynyrd Skynyrd）、丹迪‧沃霍斯樂團（the Dandy Warhols）、果漿樂團（Pulp）與大衛‧鮑伊等等〕的評論意見。

咱們的「小小音樂發燒友」——她父親和我總是這麼喊她，深深佩服她，同時也愛極了她真的好像好像我們倆。「這些對話讓我的每一天都充滿希望。」我的朋友們總是這麼說。讚，讚，大心，大心，大心，讚——每一次的小小成功都是一記助力，一點一滴激勵我繼續下去。有何不可？既然我的觀眾們個個引頸期盼，我的隱私設定固若金湯，而我又愛極了這些屬於她的童年紀錄；比起我媽寫在育兒日誌裡的寥寥數語，這份「柔伊語錄」完整多了。

然而過了一陣子，我開始像桂格一樣，擔心萬一哪天臉書出問題了怎麼辦？我是不是應該把這些珍貴的對話紀錄備份下來？我的擔憂並非空穴來風。二〇一八年七月，臉書股價狂跌、市值整整少了一千兩百億美金，赤裸裸地提醒世人沒有哪家公司能永遠處於巔峰。[331] 因此，我在女兒度過第七個耶誕節那天，用剪貼的方式把語錄內容全部存成一個文件檔，印製成實體書，再加上硬殼書封與國際標準書號（ISBN），並且為每一篇對話加上〈論友誼〉、〈論美〉、〈論語言〉等小標題（靈感來自蒙田《隨筆集》）。因為這段過程，我這才發現，過去五年我竟然在社群網絡貼了這麼多篇對話——足足有一百七十五張 A4 紙之多。

我把一本印好的《柔伊道》（The Tao of Zoe）送給她的奶奶。

她並未使用社群媒體，因此一篇也不曾讀過；她非常訝異也很開心我把這一切都忠實記錄下來。這實在很棒耶！每個人都這麼說。妳把她的童年記憶好好保存下來了！是呀，我就是在做這件事，我心想。我想記錄、捕捉回憶，而且感覺**真是**棒極了！現在我才明白，我做的不只是「記錄」。我不是鏡子，而是「稜鏡」。我是手持相機的攝影師，我是說故事的人。我做決定，挑選我想保留的時刻。柔伊是一本故事書，而我則是「我」這個版本的敘事者；我寫故事，我也記錄故事。

　　我還記得，我領悟自己的影響程度有多大的那個瞬間。女兒六歲的某一天，我帶她去和我的一群老友共進晚餐。柔伊不曾和他們見過面。這群大人興奮難抑：「鼎鼎大名的柔伊欸！不敢相信我終於見到妳啦！我覺得我好像早就認識妳了呢！」他們熱情洋溢，期待她妙語如珠、冒出幾句慣常的俏皮見解，因為他們太常讀到這些了。當柔伊適時滿足他們的期盼，他們會開心得不得了，喜不自禁地瘋狂稱讚：「噢！我的老天，真的欸！妳真的是這樣欸！就跟我想的一模一樣！」後來，他們開始盤問她的音樂喜好；但柔伊連答案都還沒說出口，他們就預先設想到她會回答什麼了。「妳的音樂品味真的很酷欸！」他們熱切地看著她。不過，假如她提到幾首時下流行歌曲，或是近期皮克斯動畫原聲帶裡的曲子，她立刻就能從大人的語調和表情得知她似乎令他們失望了。「真的嗎？」他們會試探地問，期望她收回或修改答案，或至少下一題能給出比較令他們滿意的答案。「我還以為妳不會這樣說欸。妳不是比較喜歡大衛・鮑伊嗎？」

回家路上，有一段時間，後座一直很安靜。我以為她睡著了。後來終於傳來她的聲音，聽起來相當清醒。「我不懂，」她說，語氣不太高興，「這些人怎麼會認識我？我很有名嗎？」我的女兒和有名幾乎扯不上邊，不過多虧有我這位「曬娃狂」媽媽，她也體會了名人才可能感受到的「擬社交關係」，並且幾乎很難意識到或控制有誰知道她的哪些私事。鮑伊在《拉薩勒》唱到「現在大家都認識我了」這一句時，[332] 心裡說不定也是這麼想的。我的逐字稿或許一字不差，並未增減從她嘴裡說出的每一句話，然而我身為「傳記作者」的這個角色，當真有我以為的那般中立或有所助益嗎？

那些剖析現代父母曬娃行為並且嚴加批評的專家學者和媒體評論員，他們擔心的問題不止這一個。萬一孩子們在網路上的照片，流入戀童癖手中遭到誤用怎麼辦？要是本應值得信賴的為人父母者，竟然在貼文中不經意洩露孩子的日常作息與具個人辨識度的重要資訊，結果遭到有心人士利用、結合定位技術，危及孩子的安全呢？如果孩子的數位足跡對他將來的人生造成負面影響或傷害怎麼辦？我們又怎麼可能會知道，孩子在此刻或未來會不會因為電子監控或目標行銷手段而受到傷害、迫害或剝削？這些問題都非常值得思考，可是我的最主要考量遠比這些問題更重要。

在柔伊性格形成期的最初幾年，也就是她還沒上學，她會見到誰幾乎全由大人控制的這段時間，她遇見的每一個人幾乎都對她懷抱既定期望，認定她會變成哪一種小女孩。她幾乎不曾認識「新」的朋友——沒有半個對她一無所知、不帶任何先入為主的成見、不曾與她建立某種程度「擬社交關係」的人。大家都「認識」她，而

他們也不避諱讓她知道。他們對她的期望完完全全、徹徹底底受到她的數位足跡所影響——可是這些足跡並非由她本人而是她母親所創造和控制的，並且還不斷受到她母親線上交友圈的正向回饋而持續滋長。

如果各位曾經對這個六歲小女孩竟然會自己拿主意、選擇大衛・鮑伊作為她的生日派對主題而感到意外，現在這整件事應該很好理解了吧。她的選擇看似百分之百自願自發，其實卻深受**我的**喜好影響。全是我幹的好事。憑藉社群網絡的力量，我比數位時代之前的父母握有更大、更深的影響力。姑且不論柔伊這輩子有多長，由於我從她人生初始就在網路上撰寫、分享她的故事，我懷疑我早已相當程度地介入、控制她離開人世之際所留下的永恆遺產了。

不過，在命定的那一刻到來之前，我在女兒年幼時期撒下的數位陰影會不會對她的未來人生造成好影響或壞影響，又有誰說得準？伊莉莎白和詹姆士的曾外孫女只是許許多多前途不可限量的年輕世代中的一個。這些年輕人生於革新時代，而這是一個資訊飽和、社會觀念日新月異以致我們幾乎難以理解的年代。誕生在這個歷史交接點的孩子們最後將走向何方，誰也不知道，然而在他們眼中，這個時代的種種矛盾與不尋常完全是理所當然的存在。

話說回來，這些矛盾的癥結點究竟是什麼？我們看似對自己的個人資訊擁有全部的宰制權，同時卻沒有半點權力，什麼都控制不了；我們的數位個資有可能無法刪除，進而影響我們在他人眼中的形象，或留在他人記憶中的模樣；但這些資料也可能徹底消失，抹去我們曾經存在的一切證據，使我們成為二十一世紀數位黑暗時代

的受害者。儘管數位時代拎著「永存」願景在我們眼前逗弄，死亡總是能找到方法、戳破我們對「不朽」的虛妄幻想。永生終究是幻夢，是沙漠中的海市蜃樓；即使進入數位時代，這個事實大概也不會如一般人所預期地大幅改變。

這本書剛開始只是在討論數位時代的死亡，寫著寫著，死亡卻幾乎成為某種神祕且有用的工具，使我們進一步了解目前的生活方式正面臨哪些轉變或改變。透過死亡和數位這兩面透鏡，凝視人生，我們肯定能把這個時代瞧得更清楚——影響力，企業財團，控制宰制，所有權和隱私權。身分、自由和選擇。關係與聯繫，回憶和精神遺產。還有愛。

Ω

我和柔伊的爸不久後將補辦婚禮。為此，我去拜訪珠寶設計師「莎蕊」，[333] 我非常喜歡她的作品。她的設計靈感來自大自然，十足現代、有機且流暢。她把我祖母的訂婚及結婚戒指放在掌心翻轉端詳，研究那些亮晶晶的石子，還有它們優雅、線性的老式排列設計。這枚特別的戒指不是伊莉莎白傳下來的，而是我祖母艾娃的戒指；對比於伊莉莎白的冷酷、強硬，艾娃是個溫暖可愛的老太太，不過，她對待紀念品的方式可說是惡名昭彰地粗線條：她最著名的事蹟就是會把人名直接寫在照片中的人臉上，而且她在我爸小時候，竟然把他珍貴的「超八卡式底片」（Super 8）全給扔了，我爸始終不曾完全原諒她。

坐在莎蕊的工作室裡，我突然想起以前我常坐在艾娃腿上、轉

呀轉地把玩她手指上的戒指。這份強烈的感官記憶栩栩如生地令我想起她溫暖的身體、瘦骨嶙峋的指節，還有脆弱且近乎透明的皮膚。一想到她的戒指即將面臨解體的命運──小碎鑽們將離開原本的位置、金戒基座也將鎔掉重塑，我心裡五味雜陳。莎蕊察覺我的遲疑，慈祥地看著我。做這個決定不容易，她說。於是，我開始猶豫到底要不要做這件事。望著這些七彩寶石在莎蕊的工作檯上散發耀眼光芒，我突然想到：或許我可以把祖母的鑽石和我女兒的誕生石結合在一起。這個念頭確實大幅削弱我的猶豫，但我仍然無法下定決心。

莎蕊表示，依照我們目前擬定的設計版本，肯定還會剩下幾顆小碎鑽，派不上用場；「乾脆也幫妳女兒做一只小一點的戒指怎麼樣？」她提議。「就用她曾祖母戒指上的碎鑽吧。畢竟妳女兒也是這一天的重要人物。」

我想起祖父母、外祖父母留給我們的傳家之寶，想起我有多珍惜這些寶物。我想到伊莉莎白親手寫下，和各式雜物放在一塊兒的小字條。這些精采、有趣的點點滴滴都是我們家族歷史的一部分。我凝視莎蕊掌中閃閃發亮的戒指，艾娃的戒指。我感覺自己沉浸在家人、祖先留給我的回憶中。這麼多親愛的人，這麼多珍貴的寶物，這麼多愉快的回憶──這之中沒有一個人、沒有一樣東西和念頭能夠透過數位的方式記錄、反映或保存下來。

好呀，我說。說真的，妳能為我和我女兒各做最一枚戒指，真是太好了。就讓我們用長輩留下來的材料創造一些新的、和**這一刻**完美相容的事物：讓新與舊、延續和改變緊緊相繫。不過在同一瞬

作者的母親、女兒和詹姆士及伊莉莎白的紀念碑。

間，我發現自己正揩去臉頰上的淚水——因為回憶、因為愛、因為
意識到所有逝去的事物而流下的淚水。

　　莎蕊理解我的心境，我們就這麼不發一語，靜靜相伴。陽光穿
過窗戶，灑落在古董工作檯上，溫暖我倆的臉龐；陽光也照在那即
將徹底轉變的戒指上，閃爍粼粼光芒。

　　「多美麗的一份禮物。」莎蕊說。[334]

最後叮嚀
關於數位塵埃的十項建議

　　塵歸塵，土歸土，還諸天地⋯。我始終沒哭，然而在那一刻，我突然哽咽了。那時的我沒參加過幾場葬禮，也只在電影或歌詞中聽過「塵歸塵，土歸土」這樣的句子。我想起主日學校講過「創世」的故事（上帝拾起一把土，以祂能賦予生命的神奇力量吹了一口氣，造出第一個人）；或許《創世記》和我們的距離並沒有想像中遙遠，因為科學家也說，我們其實都是天體剝落的碎屑所組成的。我的視線逐漸模糊。堅強、聰慧又令人費解的外祖母竟然是一群星塵的集合體，怎麼想怎麼奇怪；但她的人生之火早已熄滅，肉身也與大地融為一體。這隻白色天鵝終而成為她獨特的象徵 —— 但也僅限於地面之上。六呎之下，她和墓園裡的其他鄰居幾無差異，大夥兒皆緩緩化為原子，不分你我。

　　死亡是人人都要面對的事，總有一天也會找上我；我的肉身將化為塵土，就像外祖母一樣。然而我和她不同的是，我知道我還會留下一些數位塵埃，那是我在網路上一點一滴累積數十年而成的遺留物。各位也一樣（除非你活得像反科技隱士，徹底遠離網路）。你們的數位塵埃將在乙太中飄浮，既不確定會飄多久，也不需要上

帝之手將其聚攏，賦予生機——只要能連上網路，復活之事任誰都辦得到；只不過有些人搜尋的可能是真實人生的燦爛火花，有些人想找的是微弱星光。認識你的人也許只是想藉此尋求慰藉、回憶、解答或情感聯繫。將來，各位的子孫後代或許受到好奇心及尋找個人存在的意義所驅使，在尋根過程中發現、找到了你。與你毫無關係的人也許藉此得知你對世界的貢獻，或因為你的人生而獲得啟發；同時，作奸犯科者也可能躲在你死後仍繼續存在的數位斗篷底下，冒用你的身分從事非法勾當。這一切對你來說有何意義？你又該拿出哪些對策？

　　我的工作是研究人類心理，經常和委託人一起探討問題，協助他們找到自己的答案。任意提供意見或過度主導談話或多或少有違我的專業，所以我習慣讓對方自己導出結論；但另一方面，由於十多年來我都在探討、思考數位時代的死亡議題，若要說我在這段時間內並未推導出任何定見，那我就是在說謊。我的觀點受限於我個人的環境與歷史背景，所以肯定與您的觀點不盡相同。儘管如此，在本書接近尾聲的這一刻，為了讓段閱讀之旅有其價值與意義，我想提出十項普遍原則給各位參考。這十條戒律能協助各位更積極面對數位塵埃的現實挑戰，再不然也值得各位認真思考一番。

第一條：面對死亡帶來的焦慮。

　　要面對「肉身總有一天會消亡」這個事實，內心肯定十分掙扎。死亡太神祕了。徹底失去控制，如同火光熄滅，突然失去一直以來感知的意識存在，這實在難以理解。各位可能傾向避開這些令

人焦慮的問題，但迴避不僅無法消弭焦慮，反而可能助長焦慮。深呼吸，認真看看眼前的四方螢幕，說不定你會找到方法、將你意識到的焦慮轉劣為利，從而更清醒地活著。偶爾提醒自己，每次在使用上網裝置時，你的每一個動作都可能成為未來數位墓碑的一塊磚頭，或是在你身後繼續流傳的個人傳記中的一個段落。如果各位不只把數位活動視為**生活**的一部分，也當它是一份**遺產**，那麼你大概得做出更為明智的選擇。假如你明天就不在了，請問你是否滿意眼前留下的所有足跡？想到那些字句可能乙太世界徘徊繚繞、想到那些影像可能成為你永久的數位映像，你開心嗎？如果答案是否定的，那麼在網路及現實生活中，你打算採取哪些不同作為？

第二條：確實評估，切莫猜測。

　　不論是規劃你自己的或管理其他人的數位遺產，這條規則一體適用。切記，適用於數位時代以前的規則不一定，也通常不適用於數位範疇。對於你正在使用且重要的線上帳號，請認真閱讀其服務條款，了解服務供應商在你身故之後將如何處置你的資料。假如你找不到相關服務條款，打電話、直接問，也許你的提問將促成某種必要改變。各位也可以搜尋一些從事線上公眾教育、倡導數位遺產的組織團體，尋求資源及建議；在選擇遺囑公證人的時候，最好選擇具備數位資產相關知識的專業人士。

第三條：站在別人的角度思考。

　　首先，如果你登入、管理或操作的是已故親友的手機、社群媒

體帳號、部落格、通訊軟體或電子郵件帳號，你必須了解，這些帳號內的任何活動都有可能造成「死者發聲」，這點是非常重要的。學術研究及坊間證據雙雙指出，這些「亡者之聲」極可能對他人造成驚嚇或負面衝擊。當然，各位也可能讀取或存取其他在世者的數位資訊，此舉可能令對方不安，反過來也可能令你不安。其次，或許您個人並不在乎自己身後的人情世故，因此不想費神保留你的數位遺體或遺產；或許你希望在嚥下最後一口氣之後，你的線上存在也能隨你消失刪除。這些都是你獨有的權利。然而，在你做任何決定之前，請試著站在他人的觀點思考：假設有個人和你十分親近，他或她經常出沒網路，留下大量照片、影片和其他紀念紀錄；如果這些資料在對方過世後全部消失了，你是否在乎、會不會因此煩擾？好好沉思一下，認真設想，或許你會突然發現，自己其實也不是完全不在乎或無所謂於自己的數位遺產。但是光憑想像，不只考慮程度有限，也可能導致你錯誤臆斷他人感受──於是這引導我們來到下一條。

第四條：找人聊聊死亡及數位相關議題。

　　死亡與數位固然是能讓人腦洞大開、認真思考的有趣話題，不過，請不要停留在抽象、空泛的討論，要在生活中實踐你的想法。請和你在乎、你愛的人討論你對數位資料、個人隱私、數位時代的個資所有權等議題的想法和感受，表達你期望他人在你身後如何處置這些資料。此外也問問他們的想法，了解他們對於他們自己的數位資訊有何偏好的處理方式。假如某位朋友希望他或她自己的社群

媒體資料能在死後全數刪除，而你認為失去她或他的數位足跡將令你萬分傷心，請明白說出你的想法，同時也試著理解對方何以有此決定（假如對方仍堅持自己的選擇，請想想該如何留下你的珍貴回憶）。若你希望你的臉書能轉為紀念帳號，或者為後代子孫繼續保留你的部落格，請明確告知你的最近親屬，因為他們可能不知道你的考量或想法。假如你目前還拿不定主意，不妨多找人聊聊，這做通常能相當程度地協助你釐清狀況與想法。

此外，請把這個話題與討論的對象擴及社交圈以外的場域，譬如職場。若你受雇於人，請問你的雇主是否能控制或取得員工、委託人、使用者及顧客的資料？假如和這些資料有關的人因故過世，是否會對其他人造成任何實務、財務或情感上的影響？你任職的機構有沒有清楚完善的規定和程序能處置逝者個資，或者有沒有詳盡的準則與訓練，指導員工如何與遺族親友妥善互動？這些問題的答案可能都是「沒有」，因為我們在這個領域確實還有好長一段路要走。各位不妨展開對話，帶頭改變。

第五條：制定符合數位時代潮流的遺囑。

首先，別在意他人眼光，現在就預立遺囑；接下來再進一步挑戰傳統，在遺囑中明確記載你期望如何處置以數位方式儲存的資料。可惜，諷刺的是，這份超前衛的遺囑仍須以紙本留存、用墨水簽名、還得送去公證；由於並非所有司法制度都接受以數位方式產出或儲存的遺囑，所以請務必確認您所屬國家或地區的法律規定。即使數位資料在您所在的國度並不具備依法執行的效力，在遺囑中

明白表示期望也不會造成任何負面影響。譬如，您可以加注「我希望我的母親能使用我留下的財產，繼續支付我的部落格費用」，或是「我希望我的臉書帳號能轉為紀念帳號」。少了你的明確指示，你摯愛的親友或代管資產的服務商將可能會妄加推斷你的想望，也可能引發內部爭執；他們有機會猜對，但也可能猜錯。

若你正在使用的線上服務允許你指定數位代理人（像是臉書的紀念帳號代理人或 Google 閒置帳戶管理員），請務必完成該項設定；不過也請先與您的口袋人選討論這件事，再行指定。我必須再次強調，「數位代理人」在您所在的國度可能不具有法律地位，不過這總比沒留下任何指示、表明期望要好多了。請您把這項安排明確列入您的正式遺囑。不過也請您牢記：各位無權將不屬於你的東西遺贈與他人，因此若屬於「一人一帳戶」的數位服務，服務條款可能不允許您將帳戶控制權轉移給他人，或者讓您以外的其他人取得帳戶內容。請務必詳讀服務條款，做好設定或安排。

第六條：建立密碼管理系統，讓您所託之人可順利取得密碼資料。

密碼能保護個人裝置、帳戶和應用程式，是我們在日常生活中保障個資安全及隱私的必要手段，而我們也鼓勵各位定期變更，或在帳號遭駭時立即變更密碼。然而，在我們過世之後，這些功能卓著的實用防護措施可能變成某些人的夢魘（譬如那些必須替你處置遺產，或取得你個人紀念資料的人）。由於我們使用的密碼可能有很多組，也經常改變，若要為了遺產或財產規劃而特別維持並隨時更新密碼清單，可能有些不切實際。所以，若各位選用一些設計完

善的線上密碼小幫手，或設定智慧手機統一儲存密碼，那麼您只要將輔助軟體的主密碼或手機密碼收存在安全的地方即可，譬如寫進遺囑，或放入信封鎖進保險箱，交給律師或您託付的對象。如果您的手機內建生物辨識功能，您甚至可以考慮將指紋或臉部辨識的替代資訊交給代理律師或您另行託付的對象。

不過，還有幾件事也要提醒各位注意。首先，假如有人允許你在緊急狀況、或當事人意外死亡後取得他們的裝置與帳號密碼，切莫辜負對方的信任，恣意窺探。不論你與當事人關係為何，請務必釐清你在哪些狀況下才能獲准讀取對方的私人資料。其次是有些服務條款明文規定，該平台在確認帳號原持有人身故之後，會採取刪除帳號、帳號紀念化，或其他封鎖登入措施，因此這些平台的帳號密碼是有使用期限的。最後，假如你的線上空間有一些藏得太久、不為人知的祕密，而你認為這些祕密可能使你關心或在乎的人感到困擾、受到背叛或加深他們的痛苦，請慎重考慮是否要讓這些人取得完整的讀取或存取權。若您在生前就已經不願意坦承或處理這些祕密，您或許該即刻動手刪除這些資料，或者將帳號密碼帶進墳墓，或者確保這個祕密檔案櫃在你再也無法繼續戍守之後，能永遠關閉、無法開啟。有人認為，在某些情況下，若你無法親自收拾殘局，那麼讓你所愛之人繼續蒙在鼓裡，或許會是比較好的選擇。

第七條：盡力規劃，避免留下糾紛或遺憾。

世人對「經營」網路形象大多抱持負面評價，常常把這個詞與「加油添醋、誇大自己興奮開心或成功的經驗，美化並炫耀自己的

生活，繼而引發他人的嫉妒或不安全感」連在一起；然而若從「精神遺產」的角度來看，「經營」二字的解讀可謂大不相同。我想討論的不是網路審查那些艱澀玩意兒，我也不認為不論好事壞事一概坦承布公、無所隱瞞就一定是好的；相對地，我想談的是透過「選擇」來管理你的網路活動。

請想像你從一位熱愛拍照的人手中繼承他的筆電或其他儲存裝置，裡頭有**數千張**照片待處理（不用說，因為手機普遍內建相機，致使數位攝影已是家常便飯，因此很多人都有這種狀況）。除了相片檔，可能還有文件、電子郵件、簡訊等其他類型的檔案，其中大部分都沒有足夠的上下文線索或評論，使你無法判斷哪些是有意義或者重要的訊息，哪些則否。許多繼承或協助處理逝者遺物的人都被這些巨量、無從區別的數位謎團給嚇一跳，他們見樹不見林，只想盡可能避開麻煩、不願牽扯太深。今天，若是某位對研究家族系譜相當狂熱的人挖出一張曾曾曾祖父的老照片，她或他肯定欣喜若狂；因為在曾曾曾祖父的年代，影像紀錄是非常非常珍貴且稀有的東西；但是，假如今天所有透過數位儲存的資料都能長長久久保存下去，即使經過數百年也依舊便於取得，那麼這些業餘系譜學家大概會覺得這項原本極具挑戰性的嗜好突然變得相當乏味，超級無聊。

在社群媒體平台上，我們其實有所選擇，我們可以只把對自己最有意義、最感動，或者最符合我們想要的形象資訊放上網路。你留在社群媒體平台的個資，跟電腦裡亂糟糟的檔案或上網自我搜尋的結果是不一樣的，因為前者能提供事件背景、時間軸、描述等等

更詳細的資料，讓其他人更輕易就能拆解分析，認出那就是你，甚至體會你的感受。當然，你所選擇的資訊或許經過大量編修，可能也不是你真正的模樣，但如果只是為了供他人回憶、為了留下精神遺產，你選擇性地強調自己最快樂的時光、最刺激的體驗或是自己看起來特別迷人的時刻，那又何妨？不論你是為了讓自己多年後能再憶起這些時光而留下數位自傳，或是讓你的摯愛或子孫能透過這些數位傳記想起你、發現你是什麼樣的人，為這些數位資料抹上些許幸福色彩，或許不是什麼壞事吧。

第八條：知道愈多不一定愈感到安慰。

　　人在哀悼或悲傷時，常會飢渴地搜尋、閱讀種種和摯愛有關的一切資料，尤其是涉及意外、悲劇或自殺、他殺、原因不明等種種令人難以接受的死亡。這種搜尋行為可以解讀成透過不斷提問，再經由逝者個資尋求解答、安慰和解析的一種釐清方式。在某些情況下，我相信翻閱私人書信的確能找到蛛絲馬跡；然而大多時候，我們找到的常常是一些令人沮喪且模稜兩可、感到痛苦，或只會勾出更多疑點的資料。逝者不可能回答這些令人不安的問題，他們無法釐清疑點、無法提供重要的脈絡線索，甚至無法道歉並尋求解決或補救的辦法。這是資訊時代可能導致悲痛變得更加可悲的面向之一。若你打算深入鑽研逝去摯愛的個人數位資料，最後可能會打開一份珍貴禮物，也可能掀開潘朵拉的盒子；至於等在眼前的是哪一種，事前無從知曉。所以，小心為妙。

第九條：效法老派作風。

　　儘管目前我們還保有古埃及的紙莎草紙捲，然而在數十年或數百年後，或許不到下一個千禧年，我們以數位方式儲存的資料說不定就已經不存在，無法讀取或閱讀了，這種事誰也不知道。不過我們比較能確定的是，紙張或其他實物雖然易受天氣或氣候影響，但它們絕不會成為淘汰科技的受害者。就算你有信心、確信你的數位塵埃還會繼續存在相當長的一段時間，就算你盡力確保其他人能夠順利讀取這些資料，畢竟天有不測風雲，世事多變；可以預見的是，科技注定會以難以預測的方式淘汰及進化。有鑑於此，不時揀選一些重要的數位資料，轉以實體方式備存，這麼做肯定值得：將你最喜歡的相片，或是一些有意義、值得紀念的時刻做成相簿保存；把你最重要、最珍視的電子郵件列印出來；擷取你在網路發表的文章段落，抄在漂亮的筆記本上，收進書架。

　　假如你沒來得及留下實體紀錄，也不必絕望。數位世界還未徹底摧毀你依循傳統方法觸及所愛或祖先們的能力。照片和信件總能使我想起和祖父母或外祖父母有關的回憶，不過當我看見、觸碰或使用某只戒子，或是縫紉盒裡的舊鈕扣，或是邊邊翹起來、一步步教你如何製作巧克力片餅乾的發黃食譜時，回憶也會像泡泡一樣不斷冒出來。對於我們及其他也認識逝者的親友們，每一件物品都能再度強化並擴展我們彼此共享的回憶。把他們的故事藏在心裡、記在腦中，再傳給下一代。世事多幻變，記憶永留存。

第十條：別奢望永存不朽。

　　數個世紀以來，世上只有一小群人——譬如：達文西、莎士比亞、巴哈或霍金——因為在藝術、文學、音樂或科學方面有所貢獻，得以流芳百世；至於其他絕大多數的人，不論他們留下多少數位或實體資料，頂多也有只有這一代及下一代而且是認識他們並深愛他們的人，才會覺得這些訊息意義非凡。既然如此，你應該專注於好好過你想要的生活，做你認為有意義的事。記得要常常問自己這個問題：如果我做的事沒有人記得，也不會帶來財富或名聲，這件事到底值不值得去做？這件事對我或者對別人是否仍屬好事一椿？

　　或許，我們對死亡、對無足輕重的恐懼加深了我們對「不朽」的幻想。不朽或許和過度自負有關，也或許你希望自己一生的成就能讓世界有所不同，並且盡可能延續下去，故而渴望永存不朽，那又何妨？不論冀求「不朽」的理由為何，這終究是一場注定失敗的戰役；在全心投入戰鬥的過程中，你是否或可能錯失了什麼？請盡可能捕捉、記錄、分享生活中有意義和美好的事物。就像我永遠不會懷疑，我的女兒和她的子孫們肯定會很喜歡我這幾年在社群網絡為她精心保存的童年紀錄。透過這些努力和成果，我和她的數位塵埃說不定能帶給未來好幾個世代些許歡樂、趣味或甚至啟發，而我也非常樂意投入時間和心力，為他們累積這些精神資產。不過，不管我曾經**為她**獻出多少寶貴的時間和努力，這一切——不論是這份遺產的重要性或持續影響力——終究會褪色。

　　所以，最後一條戒律的本質與精神就是：盡你所能，活出最

好、最有價值的人生。好好去愛。活在當下，對存在的每一刻心懷感激。為世界發揮善的力量。將你的一生奉獻給所有能讓你引以為傲的事物，有形無形、形式不拘；至於這些精神遺產能維持或存在多久，無須憂慮，一切隨緣吧。

致謝

　　如果沒有以下許多人無與倫比的慷慨關愛與支持付出，這本書不可能存在。其中，確保本書最後得以問世的幾位重要推手，無疑包括我聰穎優秀的文學經紀人，Hardman & Swainson 的 Caroline Hardman，天才小說家 Rosie Fiore-Burt（多虧她的引薦，我才認識 Caroline），還有無與倫比的 Little, Brown UK 編輯 Andrew McAleer（從他拿到這本書開始，就一直是我最堅定忠實的啦啦隊長）。此外還有 Urban Writers Retreat、This Time Next Year London、All You Read is Love、Blacks Club 的諸位可愛夥伴們，各位總是提供我需要的舒適空間，讓我得以完成寫書的工作。在我的心情或注意力偶爾動搖時，總有一群難以逐一列名的人支持我、鼓勵我，急切地想知道本書的最新進度；其中特別要感謝 Abi 和 Dave Hopper 與 Michael Nabavian，感謝 Michael 以他一逕縝密、細心的方式針對本書原始提案提出提出最全面且透徹的評論與解析。

　　此外，我也要感謝每一位協助我為本書進行調查研究的人。謝謝你們的討論、啟發和直接的參與貢獻：Nick Gazzard、Kate Roberts、Edina Harbinja、Lilian Edwards、Tony Walter、Debra Bassett、Morna O'Connor、Dennis Klass、Vered Shavit、Paula

Kiel、Marc Saner、Jane Harris、Sinead McQuillan、Jed Brubaker、Lisa Jones McWhirter、David Costello、John Troyer、Edith Steffen、Stacey Pitsilides、Caroline Lloyd、Jennifer Roberts、Gary Rycroft、James Norris、Lucy Watts、Beth Eastwood、Helen Holbrook、Pete Billingham、Sharon Duffield、Amy Harris、Susan Furniss、Jon Reece、Gary Burks、Marius Ursache、Peter Barrett、Steve McIlroy、Greg King、Kristin Furnish、Sarie Miell、Wendy Moncur、Maggi Savin-Baden、Silke Arnold-de-Simine、Carl Öhman、David Watson，還有 Death Online Research Network 所有成員，以及無數參與研究的無名夥伴。謝謝你們慷慨地分享時間與寶貴的個人經驗。對於所有已不在世、無法親自應允參與這項計畫的人，我也誠心致上最深的感激與謝意。

最後也最重要的，是我的家人，特別是我的父母。感謝我的母親——詹姆士和伊莉莎白的女兒——從我小時候就支持我、引導我寫作，她的故事也成為我踏上作家之路的最佳素材。感謝我丈夫馬可斯無窮的耐心，體貼地為我親手寫下寫作計畫；感謝我婆婆珍幫我照顧孩子，讓我能如期完稿；我最最感激也永遠感謝總是帶給我靈感的女兒柔伊，感謝她的愛、她的貼心可愛、她對這本書最直接的貢獻，還有這幾年來她對生死、對永生、對網路環境提出的各種觀點和意見。最後，我要把這本書獻給詹姆士・費雪、伊莉莎白・費雪和艾娃・路德威爾——這本書與其說是獻給你們，不如說是源自於你們，還有你們留下的愛與回憶。

謹以此書紀念各位。

注釋

序言：紀念伊莉莎白

1. 影像版權為作者所有（Image © Elaine Kasket 2017）。

2. 影像版權為作者所有（Image © Elaine Kasket 2017）。

3. 描述「數位移民」與「數位原住民」的資料很多，某些論文亦進一步詳述這兩類人的特質。譬如，有報告指出，「數位移民」傾向面對面交談，在學習方面偏重邏輯，喜歡一次做一件事；而「數位原住民」幾乎總是掛在網路上，學習偏直覺式，可同時處理多項工作。這些描述與特質目前仍有爭議，因此我只簡單使用「數位移民」與「數位原住民」這兩個詞彙來指稱現代人與數位時代的實際關係。讀者亦可參考以下資料：Prensky, M., 'Digital Natives, Digital Immigrants'. *On the Horizon*, 9/5 (2001), 1-6。網址 http://www.marcprensky.com/writing/Prensky%20%20Digital%20Natives,%20 Digital%20Immigrants%20-%20Part1.pdf（2018 年 7 月 14 日檢索）。

4. 這句話取自年輕神經外科醫師保羅・卡拉尼提（Paul Kalanithi）的書名。透過這本書，他描述自己面對死亡、洞悉活得更有意義的真切價值。《當呼吸化為空氣》（台北：時報文化出版有限公司）。*When Breath Becomes Air* (New York: Penguin Random House, 2016)。

第一章　新至福樂土

5. 這場演講是藝術家 Gillian Steel 邀我共襄盛舉。讀者可透過以下網址找

到 Alistair Quietsch 對那場展會的評論 http://www. aestheticamagazine.com/
what-happens-when-we-die-stardust-some-thoughts-on-death-at-st-mungos-
museum-glasgow/（最後檢索日：2018 年 7 月 27 日）。

6. 我在前述事件過後不久，就把我的發現寫成學術論文發表。請參考
    Kasket, E. 'Continuing Bonds in the Age of Social Networking: Facebook As a
    Modern-Day Medium', *Bereavement Care*, 31/2 (2012), 62-9。可參考 https://
    www.tandfonline.com/doi/abs/10.1 080/02682621.2012.710493。

7. 以下這篇論文對「持續連結」概念做了更詳盡的解釋與探討：Klass, D., &
    Steffen, E., *Continuing Bonds in Bereavement*: *New Directions for Research and
    Practice* (New York: Routledge, 2017)。該論文是 1996《*Continuing Bonds*》
    一書的更新版，原書由 Dennis Klass、Phyllis Silverman 與 Steven Nickman
    共同編纂完成。

8. 關於佛洛伊德《哀悼與抑鬱》的定稿版，可參考 J. Strachey 翻譯／編輯的
    The Standard Edition of the Complete Psychological Works of Sigmund Freud,
    vol. 14 (London: Hogarth Press, 1917), 252-68。我個人則是從以下網址擷取
    資料參考 http://www.arch. mcgill.ca/prof/bressani/arch653/winter2010/Freud_
    Mourningandmelan-cholia.pdf。

9. 參見 Segrave, K., *Women Swindlers in America, 1860-1920* (London: McFarland
    & Company, 2007), p. 7。

10. 出處同上。

11. 參見 Lescarboura, A. C., 'Edison's Views on Life and Death', *Scientific American*,
    123/18 (1920)。

12. 我腦中浮現的畫面毫無疑問是 1982 年由 Steven Spielberg 和 Tobe Hooper
    製作、執導的《鬼哭神嚎》（*Poltergeist*）。

13. 關於「風之電話」的動人描述，可上網聆聽《*This American Life*》特輯
    〈One Last Thing Before I Go〉，亦可參考 https://www.thisamericanlife.org/

597/one-last-thing-before-i-go（2018 年 7 月 20 日引用）。

14. 「至福樂土」也稱為「極樂世界」（Elysium/Elysian Fields），是古典希臘文學中描述人死後前往的淨土之一。至福樂土近似後來基督教提倡的「天堂」，不過前者主要保留給神祇的親屬，以及生前特別良善、正直、英勇的凡夫俗子們。

15. 那場展覽的展期為 2015 年 10 月 24 日至翌年 3 月 13 日。我參與的 2015 年 12 月 4 日播出的《BBC Breakfast》，在博物館現場直播。目前網路上沒有該集的錄影資料，不過各位還是可以透過下列網址了解那場展覽的大致內容：https://www.bristolmuseums. org.uk/bristol-museum-and-art-gallery/whats-on/death-human-experience/（最後引用日：2018 年 7 日 28 日）。

16. 這句話摘自我個人的日記，日期為 2015 年 12 月 5 日。

17. 參見《連線》雜誌（Wired）2015 年 12 月 15 日報導。Pontin, J.,〈Silicon Valley's Immortalists Will Help Us All Stay Healthy〉。網址 https://www.wired. com/story/silicon-valleys-immortalists-will-help-us-all-stay-healthy/（2018 年 7 月 27 日引用）。

18. 數據參考 Plimoth Plantation and the New England Historic Genealogical Society 編纂、未標注日期的專文〈Raising Children in the Early 17th Century: Demographics〉，網址 https://www. plimoth.org/sites/default/files/media/pdf/edmaterials_demographics.pdf（2018 年 7 月 27 日引用）。

19. 參見 The World: Life Expectancy (2018)。網址 http://www.geoba.se/population. php?pc=world&type=015&year=2018&st=country&asde=&page=3（2018 年 7 月 27 日引用）。

20. 參見 Demographia: Greater London, Inner London & Outer London Population & Density History。網址 http://www. demographia.com/dm-lon31.htm（2018 年 7 月 27 日引用）。

21. 關於「豪華七墓」的歷史，可參考 Turpin, J., & Knight, D., The Magnificent

Seven: *London's First Landscaped Cemeteries* (Stroud, Gloucestershire: Amberley Publishing, 2011)。

22. 參考 Arnold, C., *Necropolis: London and Its Dead* (London: Simon & Schuster UK, 2008)。

23. 參見《大西洋月刊》（*The Atlantic*）2011 年 3 月 16 日報導。Greenfield, R.,〈Our First Public Parks:The Forgotten History of Cemeteries〉，網址 https://www.theatlantic.com/national/archive/2011/03/our-first-public-parks-the-forgotten-history-of-ceme-teries/71818/（2018 年 7 月 27 日檢索）。

24. 參見《時代》雜誌網站（TIME.com）2017 年 12 月 16 日報導：Rothman, L.,〈*TIME* Has Been Picking a Person of the Year Since 1927. Here's How It All Started〉，網址 http://time. com/5047813/person-of-the-year-history/（2018 年 7 月 27 日檢索）。

25. 該期封面由 Arthur Hochstein 製作，照片由 Spencer Jones/Glasshouse 提供。

26. 參見 2013 年 9 月 20 日《紐約》雜誌（*New York Magazine–Daily Intelligencer*）Amira, D.,〈The One Joke You Should Never Make in Your Twitter Bio〉，網址 http://nymag.com/daily/intelligencer/2013/09/twitter-bio-time-person-of-year-man-2006.html（2018 年 7 月 27 日檢索）。

27. 參見 Aced, C., 'Web 2.0: The Origin of the Word That Has Changed the Way We Understand Public Relations', Internation-al PR Conference: Images of Public Relations (2013)。

28. 參見 DiNucci, D., 'Fragmented Future', *Print* (1999)。全文可查詢 http://www. darcyd.com/fragmented_future.pdf（2018 年 7 月 27 日檢索）。

29. 許多部落客都曾提及這個統計數字。譬如 Sifry, D. 2006 年 8 月 6 日的部落格文章〈The State of the Blogosphere〉，網址 http://www.sifry.com/alerts/2006/08/state-of-the-blogosphere-august-2006（2018 年 7 月 14 日檢索）。

30. 參見《時代》雜誌網站 2010 年 12 月 15 日報導 Grossman, L.〈Person of

the Year 2010: Mark Zuckerberg〉，網址 http://content.time.com/time/specials/packages/article/0,28804,2036 683_2037183_2037185,00.html（2018 年 7 月 27 日引用）。

31. 參見「皮尤研究中心」2017 年 1 月 12 日文獻 Smith, A.〈Record Shares of Americans Now Own Smartphones, Have Home Broadband〉，網址 http://www.pewresearch.org/fact-tank/2017/01/12/evolution-of-technol-ogy/（2018 年 7 月 14 日檢索）。

32. 若想一睹這類諷刺作品真面目，讀者不妨瞧瞧影片 Audritt, D., & Butterfield, K., 'Anti Social–A Modern Dating Horror Story', Comic Relief Originals (2017).，或上 YouTube http://www.youtube.com/watch?v=GEWnXmD-fVZg（2018 年 7 月 27 日引用）。

33. 這裡提到的五大類別皆有助於思考或探討本書提及的多個主題，不過，這些分類都屬於非正式用法，也沒有完整的科學依據，因此在使用上並無衝突限制，但也不夠詳盡。

34. 參見科技趨勢媒體《ITProPortal》2017 年 12 月 7 日報導：Lunny, O.〈SMS Is 25 Years Old–And Still Going Strong〉，網址 https://www. itproportal.com/features/sms-is-25-years-old-and-still-going-strong/（2018 年 7 月 14 日檢索）。

35. 當時有許多報導提及數位相機銷售銳減的現象（歸因於智慧型手機興起）。譬如 2017 年 3 月 2 日《DIY Photography》Djudjic, D. 的報導即附帶淺顯易懂的圖表〈Camera Sales Report for 2016: Lowest Sales Ever on DSLRs And Mirrorless〉。網址 https://www.diyphotography.net/camera-sales-report-2016-lowest-sales-ever-dslrs-mirrorless/（2018 年 7 月 27 日引用）。

36. 關於「網路社交情境崩解」的相關討論，讀者可參考堪薩斯大學社會學家 Michael Wesch 的部落格文章（Digital Ethnography (2008)），網址 http://mediatedcul-tures.net/youtube/context-collapse/（2018 年 7 月 27 日引用）。

37. 參見「皮尤研究中心」2012 年 2 月 29 日文獻 Anderson, J. Q.〈Millennials

Will Benefit 46 and Suffer Due to Their Hyperconnected Lives〉，網址 http://www.pewinternet.org/files/old-media/Files/Reports/2012/PIP_Future_of_Internet_2012_Young_brains_PDF.pdf（2018 年 7 月 14 日檢索）。

38. 參見 2016 年 9 月 28 日《BBC News》〈Shutter Falls on Life-Logging Camera Startup Narrative〉，網址 https://www.bbc.co.uk/news/technology-37497900（2018 年 7 月 14 日檢索）。

39. 參見《揭祕風暴》（New York: Knopf, 2013）。

40. 參見 2017 年 Netflix 自製影片《直播風暴》（Ponsoldt, J., & Eggers, D.）。兩位編劇將戴夫・艾格斯於 2013 出版的反烏托邦小說改編成電影。

41. Graphic © Elaine Kasket 2018。你我的數位足跡由許多不同元素組成，本圖只是呈現其中一種分類方式，而這種分類方式剛好切合本書所要探討的主題。

42. 節目名稱〈We Need to Talk about Death: Digital Legacy〉（BBC Radio 4，2017），由 Eastwood, B. 製作。英國地區的聽眾可上網聆聽這一集的內容 https://www.bbc.co.uk/programmes/b09kgksn（第二季第二集）。

43. 「數位遺產協會」https://digitallegacyassocia-tion.org。本書後面幾章也會繼續提到這個協會。我本人是該協會「遺族親友」這一支線的主要聯絡人，不過在撰寫本書期間，我和該協會的合作稍有限制。

44. 這份表單只是眾多類似功能的表單之一，或多或少具代表性，讓我們相當程度地了解必須考量數位資產或遺產的哪些問題。參考網址 https://njaes.rutgers.edu/money/pdfs/Digital-Assets-Worksheet.pdf（2018 年 7 月 14 日引用）。

45. 市調公司 YouGov 於 2017 年的調查顯示，10 名英國成年人中不到 4 位立有遺囑。詳情參見 https://reports.yougov.com/reportaction/willsandprobate_17/Marketing。美國的調查結果也差不多：2016 蓋洛普（Gallup）民調公司的調查顯示，預立遺囑的美國成年人不到 44%，請參考 https://news.gallup.com/poll/191651/majority-not.aspx（兩項調查皆於 2018 年 7 月 27 日

引用）。

46. 這樁事件的所有關係人皆以假名代表，但故事內容乃是根據當事人女兒「金姆」的訪問錄音及逐字稿寫成。

47. 雖然我並未為本書正式採訪約翰（也未留下錄音），不過在撰寫本書期間，我和約翰確實多次交換意見。本段提及的內容是我倆在英國雷丁大學（University of Reading）沉浸式劇場作品〈User Not Found〉演出前導聆期間的討論意見。

48. 參見 Tow, C. S.2012 年 1 月 24 日臉書貼文〈Timeline: Now Available Worldwide〉，網址 https://www.facebook.com/notes/facebook/timeline-now-available-worldwide/10150408488962131/（2018 年 7 月 28 日引用）。

49. 參見 2015 年 2 月 12 日臉書新聞 Callison-Burch, V., Probst, J., & Govea, M.〈Adding a Legacy Contact〉，網址 https://newsroom.fb.com/news/2015/02/adding-a-legacy-contact/（2018 年 7 月 28 日引用）。

50. 節錄自網站「This Day in Quotes」2018 年 6 月 2 日條目。不過，關於馬克‧吐溫對於自己被「賜死」的相關報導，大部分的引用內容都是錯的。網址 http://www.thisdayinquotes.com/2010/06/reports-of-my-death-are-greatly.html（2018 年 7 月 14 日引用）。

51. 參見 2017 年 12 月 16 日《紐約時報》報導：Abrams, R.〈Google Thinks I'm Dead. (I Know Otherwise)〉，網址 https://www.nytimes.com/2017/12/16/business/google-thinks-im-dead.html（2018 年 7 月 14 日引用）。

52. 請參考該網站官網 cemetery.org（2018 年 7 月 28 日引用）。

53. 參見 2017 年 3 月 3 日《衛報》（Guardian）報導 Berreby, D.〈Click to Agree with What? No One Reads Terms of Service, Studies Confirm〉，網址 https://www.theguardian. com/technology/2017/mar/03/terms-of-service-online-contracts-fine-print（2018 年 7 月 14 日引用）。

54 參見 2005 年 4 月 22 日《C/Net》報導 Olsen, S.〈Yahoo Releases E-Mail of

Deceased Marine〉，網址 https://www.cnet.com/news/yahoo-releases-e-mail-of-deceased-marine/（2018 年 7 月 28 日引用）。

55. 該法案於 1986 年通過，幾乎與電子通訊發展同步發生。更多詳細資訊請參考 https://www.epic.org/privacy/ecpa/（2018 年 7 月 30 日引用）。

56. 根據多數媒體報導，約翰·艾斯沃斯僅取得光碟片；不過官方提供的物品清單顯示另有幾箱紙本資料。關於本案更詳盡的討論與描述，讀者可參考 2014 年《明尼蘇達州法律，科學與技術雜誌》（*Minnesota Journal of Law, Science & Technology*）Cummings, R. G.〈The Case Against Access to Decedents' Email: Password Protection As an Exercise of the Right to Destroy〉，網址 https://conservancy.umn.edu/bitstream/handle/11299/163821/Cummings.pdf（2018 年 7 月 28 日引用）。

57. 出處同上。

58. 本案當事人賈斯汀·艾斯沃斯的個人遺產代理人為他的最近親屬約翰·艾斯沃斯。

59. 參見前項 (56) Cummings (2014), 941-2。

60. 參見 2017 年 12 月 12 日《生活駭客》Franco, M.〈How to Reclaim Your Digital Privacy from Online Tracking〉，網址 https://lifehacker.com/how-to-reclaim-your-digital-privacy-from-online-trackin-1820878546（2018 年 7 月 28 日引用）。

61. 出處同上。

62. 請參考兩人的互動計畫 https://www.youtube.com/watch?v=Qg4-gdDx-As0（2018 年 7 月 14 日檢索）。

63. 當時各大媒體皆大幅報導本次個資洩漏事件，不過僅有一家媒體在事件發生後數週完整描述整起事件。請參考《連線》雜誌 2006 年 8 月 7 日報導〈AOL's $658 Million Privacy Breach?〉，網址 www.wired.com/2006/08/aol_s_658_milli/（2018 年 7 月 28 日引用）。

64. 讀者可以在 YouTube 找到整套紀錄片。《我愛阿拉斯加》的第一段迷你影片網址為 https://www. youtube.com/watch?v=c-SOCGdPyNU（2018 年 7 月 14 日檢索）。

65. 這段文字節錄自 Submarine Channel 官網，網址為 https://submarinechannel. com/i-love-alaska-new-minimovie-now-online/（2018 年 7 月 28 日引用）。

66. 節錄自《我愛阿拉斯加》第三段（日期：8 月 13 日），網址 https://www. youtube.com/watch?v=7iUHp-80vd0Y（2018 年 7 月 14 日引用）。

67. 參見 2006 年 8 月 9 日《紐約時報》報導 Barbaro, M., & Zeller, T.〈A Face Is Exposed for AOL Searcher No. 441774〉，網址 https://www.nytimes. com/2006/08/09/technology/09aol.html（2018 年 7 月 14 日引用）。

68. 節錄自薇瑞・沙維（Vered Shavit）個人描述（日期：2017年12月20日）。

69. 參見 2016 年 5 月 8 日《衛報》Brannen, K.〈Her Secret History: I Discovered My Mother's Digital Life After Her Death〉，網址 https://www.theguardian. com/lifeandstyle/2016/may/08/secret-history-my-mothers-digital-life-after-her-death（2018 年 7 月 14 日引用）。

第二章　網路哀悼

70. 讀者亦可搜尋我 2014 年 10 月在「愛爾蘭童年喪親關懷網」（Irish Childhood Bereavement Network）研討會的演講錄影。https://www.youtube. com/watch?v=f-08p9HmgBRU（2018 年 7 月 28 日引用）。

71. 取自我 2014 年 10 月 3 日在都柏林「愛爾蘭心理學會」的談話筆記。

72. 我在 2013 年「心理輔導部門」（Division of Counselling Psychology）研討會上發表這項研究結果，顯示心理輔導從業人員若低估自己對數位時代的假設與偏見、未體認到這方面的需求，最後可能會對他們的專業及工作造成影響。論文參見 Kasket, E., 'Grief on Social Networking Sites and Implications for Bereavement Counsel-ling'. Individual paper presented at the

Division of Counselling Psychology conference, Cardiff, Wales, July 2013。

73. 參考《為父親守靈：愛爾蘭文化教我們如何生活、愛人和死亡》（Boston: Da Capo Press, 2018）。

74. 參考 2017 年 9 月 9 日《衛報》Toolis, K.〈Why the Irish Get Death Right〉，網址 https://www.theguardian.com/lifeand-style/2017/sep/09/why-the-irish-get-death-right（引用日期：2018 年 7 月 30 日）。

75. 出處同上。

76. 參考 2013 年 2 月 25 日《澳洲人報》（*The Weekend Australian*）報導 Morton, R.〈Facebook from Beyond the Grave〉，網址 https://www.theaustralian.com.au/news/inquirer/facebook-from-beyond-the-grave/news-story/fdc31790d7a31c40bbc8f-c75246b2de8?sv=38a0139e-350807449c3822939be54596（2018 年 7 月 28 日引用）。

77. 參考 2010 年 4 月 9 日澳洲《世紀報》（*The Age*）報導 Milovanovic, S.〈Man Avoids Jail in First Cyber Bullying Case〉，網址 https://www.theage. com.au/national/victoria/man-avoids-jail-in-first-cyber-bullying-case-20100408-rv3v.html（2018 年 7 月 28 日引用）。

78. 出處同上。

79. 出處同上。

80. 參見 2013 年 4 月 25 日《BBC》新聞〈Facebook Removes Memorial Page of Brazilian Journalis〉，網址 http://www.bbc.co.uk/news/world-latin-america-22299161（2018 年 7 月 28 日引用）。

81. 參見 Pennington, N., 'Tie Strength and Time: Mourning on Social Networking Sites', *Journal of Broadcasting and Electronic Media,* 61/1 (7 March 2017), 11-23. 數位物件識別碼（DOI）：10.1080/08838151.2016.1273928。

82. 參見 Rossetto, K. R., Lannutti, P. J., Strauman, E. C., 'Death of Facebook: Examining the Roles of Social Media Communication for the Bereaved', *Journal of*

Social and Personal Relationships, 32/7 (21 October 2014), 974-94. DOI: 10.1177/0265407514555272。

83.　參見 Kübler-Ross, E., *On Death and Dying* (New York, NY, US: Collier Books/ Macmillan Publishing Co., 1970)。

84.　關於佛洛伊德《哀悼與抑鬱》的定稿版，可參考 J. Strachey 翻譯／編輯的 〈*The Standard Edition of the Complete Psychological Works of Sigmund Freud, vol. 14*〉(London: Hogarth Press, 1917), 252-68，亦可搜尋 http://www.arch. mcgill.ca/prof/bressani/arch653/winter2010/Freud_ Mourningandmelancholia. pdf（2018 年 7 月 28 日引用）。

85.　參見 1944 年《美國精神病學雜誌》（*The American Journal of Psychiatry*）2006 線上版 Lindemann, E.〈Symptomatology and Management of Acute Grief〉，網址 https://ajp.psychiatryonline.org/doi/abs/10.1176/ajp.101.2.141?journalCode =ajp（2018 年 7 月 28 日引用）。

86.　參見「美國精神醫學學會」《精神疾病診斷與統計手冊》（*5th edn, Arlington, VA: American Psychiatric Publishing*, 2013）。

87.　參見 Pies, R., 'The Bereavement Exclusion and DSM-4: An Update and Commentary', *Innovations in Clinical Neuroscience,* 11/7-8 (July/Aug 2014), 19-22。亦可搜尋 https://www.ncbi.nlm.nih.gov/pmc/articles/PMC4204469/（2018 年 7 月 28 日引用）。

88.　參見 2016 年 11 月 15 日英國《獨立報》（*Independent*）報導 Volpe, A.〈The People Who Can't Stop Grieving〉，網址 https://www. independent.co.uk/ life-style/health-and-families/people-who-cant-stop-grieving-science-mourning-psychologists-a7416116.html（2018 年 7 月 28 日引用）。

89.　參見 Klass, D., Silverman, P. R., & Nickman, S. L., *Continuing Bonds*: *New Understandings of Grief* (Washington, DC: Taylor & Francis, 1996)。

90.　參見 Walter, T., 'How Continuing Bonds Have Been Framed Across Millennia', in D. Klass & E. M. Steffen (eds.), *Continuing Bonds in Bereavement*: *New Directions for Research and Practice* (London: Routledge, 2018), 43-55。

91. 參 見 Bonanno, G. A., *The Other Side of Sadness*: *What the New Science of Bereavement Tells Us about Life after Loss* (New York: Basic Books, 2009), p. 14。

92. 摘自前項 (90)Walter (2018), p. 52。

93. 摘自前項 (90)Klass & Steffen (2018), p. 4。

94. 摘自前項 (91)Bonanno (2009), p. 7。

95. 參見 Stroebe, M., & Schut, H., 'The Dual Process Model of Coping with Bereavement: Rationale and Description', *Death Studies,* 23/3 (April/May 1999), 197-224。 DOI:10.1080/074811899201046。

96. 摘自前項 (91)Bonanno (2009), p. 41。

97. 參見 Hannon, G., 'Lives Lived–Michael Stanley Kibbee, M.Sc., P.Eng' (1997)。亦可搜尋 https://cemetery.org/michael-kibbee/。

98. 據「環球墓園」現任經營者馬克・薩能表示,「寧靜、優雅」是這個紀念平台的主打特色,與其他以各種名目收取費用、安插廣告的線上平台完全不同。

99. 參考 2014 年 8 月 17 日《新聞週刊》(*Newsweek Magazine*)報導 Chayka, K.〈After Death, Don't Mourn, Digitize With Sites Like Eterni.Me〉,網址 http://www.newsweek. com/2014/08/29/after-death-dont-mourn-digitize-sites-eternime-264892.html(2018 年 7 月 28 日引用)。

100. 讀者可參考香港的線上紀念園區資訊 https://www. memorial.gov.hk/Default.aspx(引用日期:2018 年 7 月 30 日)。

101. 請參考網站 Legacy.com。

102. 讀者無須註冊成為會員,也能看見「第二人生」設置的線上墓園 http://secondlife.com/destination/transgen-der-hate-crime-suicide-memorial(2018 年 7 月 28 日引用)。

103. 墓園網址 http://secondlife.com/destination/peace-val-ley-pet-cemetary（2018 年 7 月 28 日引用）。無須註冊成為會員即可觀賞。

104. 基於保密原則，作者不方便提供連結；不過讀者可以自行上網搜尋，應該 也會找到不少必須付費才能登入或觀看的留言本或紀念網頁，譬如 http:// archive.is/t1Lrt。

105. 參見 Walter, T., 'A New Model Of Grief: Bereavement And Biography', *Mortality,* 1/1 (1996), 7-25. DOI: 10.1080/713685822。

106. 網頁連結已失效，原始出處為 http://media. www.redandblack.com/media/ storage/paper871/news/2007/11/07/Variety/Facebook.For.The.Great.Beyond -3083145.shtml。

107. 參見 Kim, J., 'The Phenomenology of Digital Being', *Human Studies*, 24 (2001), 87-111，或搜尋 https://www.jstor.org/stable/20011305?seq=1#page_scan_tab_ contents（2018 年 7 月 28 日引用）。

108. 參見 Kasket, E., 'Continuing Bonds in the Age of Social Networking', *Bereavement Care*, 31/2 (2012), 62-9. DOI: 10.1080/02682621.2012.710493。

109. 參見 Roberts, P., 'The Living and the Dead: Community in the Virtual Cemetery', *Omega*, 49/1 (2004), 57-76.

110. 參見前項 (108)Kasket (2012), p.65.

111. 參見前項 (108)Kasket (2012), p.65-6.

112. 資料來源為 2012 年 12 月 11 日英國國家統計局（Office for National Statistics）發表的〈Religion in England and Wales 2011〉，網址 https:// www.ons.gov. uk/peoplepopulationandcommunity/culturalidentity/religion/ articles/religioninenglandand-wales2011/2012-12-11（引用日期：2018 年 7 月 30 日）。根據 2011 年人口普查，穆斯林為英國第二大宗教族群，占總人 口數的 4.8%。

113. 參見 2017 年 10 月 20 日《科學人》（*Scientific American*）Downey, A.〈The

U.S. Is Retreating from Religion〉，網址 https://blogs. scientificamerican.com/observations/the-u-s-is-retreating-from-religion/（引用日期：2018 年 7 月 30 日）。這份數據取自社會概況調查（General Society Survey, GSS），每年調查對象為一千至二千名成年人。須注意的是，美國有些年次的人口普查並未涵蓋信仰取向調查。

114. 參 見 Cox, Daniel; Jones, Robert P., 'America's Changing Religious Identity', *2016 American Values Atlas*。這份資料引用美國「公共宗教研究所」（Public Religion Research Institute）2017 年的調查研究，該研究另指出，69% 的美國人認為自己是基督徒，45% 表明他們加入新教教會；至於非基督徒（譬如猶太教、佛教、印度教和伊斯蘭教）約占美國總人口的7%。

115. 參見 Gustavsson, A., 'Death, Dying and Bereavement in Norway and Sweden in Recent Times', *Humanities*, 4 (2015), 224-35. DOI: 10.3390/h4020224。

116. 參見 Walter, T., 'Angels Not Souls: Popular Religion in the Online Mourning for British Celebrity Jade Goody', *Religion*, 41/1 (2011), 29-51。

117. 參見 Walter, T., 'The Dead Who Become Angels: Bereavement and Vernacular Religion', *Omega*: *Journal of Death & Dying*, 73/1 (2016), 3-28。

118. 參見 Walter, T., *What Death Means Now*: *Thinking Critically About Dying And Grieving* (Bristol, UK: Policy Press, 2017)。

119. 參見前項 (115)Gustavsson (2015), p. 230。

120. 參見前項 (117)Walter (2016), p. 17。

121. 參見前項 (118)Walter (2017), p. 105。

122. 參見前項 (108)Kasket (2012)。

123. 參見前項 (117)Walter (2016), p. 18。

124. 參見前項 (108)Kasket (2012), p. 66。

125. 出處同上。

126. 參見 Pennington, N., 'You Don't De-friend the Dead: An Analysis of Grief Communica-

tion by College Students through Facebook Profiles', *Death Studies*, 37/7 (2013), 617-35. DOI: 10.1080/07481187.2012.673536。

127. 參見前項 (108)Kasket (2012), p. 66。

128. 出處同上。

129. 參見 Heidegger, M.《*Being and Time*》（Malden, MA: Blackwell Publishing, 1962）。

130. 參見 Cnn.com 於 2011 年 9 月 22 日報導 Milian, M., & Sutter, J. D.〈Facebook Revamps Site with "Timeline" and Real-Time Apps〉，網址 https://www.cnn.com/2011/09/22/tech/social-media/facebook-announcement-f8/index.html（2018 年 7 月 28 日引用）。

131. 參見 Pennington, N., 'Tie Strength and Time: Mourning on Social Networking Sites', *Journal of Broadcasting and Electronic Media*, 61/1 (7 March 2017), 11-23. DOI: 10.1080/08838151.2016.1273928。

132. 參見臉書使用說明 2018 年更新版（Facebook Help Centre）「關於紀念帳號代理人」（What is a legacy contact and what can they do?）此英文版可參考 https://www. facebook.com/help/1568013990080948（2018 年 7 月 28 日引用），中文版請參考 https://zh-tw.facebook.com/help/241237032913527/?help ref=hc_fnav（引用日期：2020 年 3 月 5 日）。臉書政策與功能程序經常更新，請隨時查詢最新版本。

133. 參見科技網誌《*Gizmodo*》2013 年 10 月 31 日報導 Condliffe, J.〈Will There Ever Be More Dead People Than Living Ones on Facebook?〉，網址 https://gizmodo.com/will-there-ever-be-more-dead-people-than-living-ones-on-1455816826（2018 年 7 月 28 日引用）。這份統計與下一項統計數字在大眾媒體界廣為流傳，但皆未清楚說明計算方式。

134. 參見 Newsweek.com 於 2016 年 3 月 8 日報導 Cuthbertson, A.〈Dead Facebook Users Will Outnumber the Living by 2098〉，網址 https://www.newsweek.com/

dead-facebook-users-will-outnumber-liv-ing-2098-434682（2018 年 7 月 28 日引用）。

135. 參見 2018 年 7 月 27 日《Business Today》Singh, D.〈Facebook's User Growth Stalled in the Second Quarter of 2018〉，網址 https://www.businesstoday.in/technology/news/why-facebook-user-growth-stalled-in-the-second-quarter-of-2018/story/280753. html（2018 年 7 月 28 日引用）。

136. Carl Öhman 在 2018 年於英國赫爾大學（University of Hull）舉行的「第四屆數位線上座談會」（Digital Online Research Symposium 4）發表這份統計數字。共同主持該項研究的還有 David Watson 與「牛津大學網路研究中心 數位倫理研究室」（Oxford Internet Institute's Digital Ethics Lab），詳情參考〈Are the Dead Taking Over Facebook: A Big Data Approach to the Future of Death Online〉。網址 https://arxiv.org/abs/1811.03416（2018 年 10 月 30 日提交。2018 年 7 月 28 日引用）。另可參考 Öhman, C., & Floridi, L., 'The Political Economy of Death in the Age of Information: A Critical Approach to the Digital Afterlife Industry', Minds and Machines, 27/4 (7 September 2017), 639-62，網址 https://link.springer. com/article/10.1007/s11023-017-9445-2（引用日期 2018-06-17）。

137. 「基靈石材公司」官網 https://www.monuments.com/liv-ing-headstones。後面章節還會再提到這家石材公司。

138. 約翰‧托耶博士是英國巴斯大學「死亡及社會研究中心」主任，經常針對於未來關於死亡及身後處置等種種議題發表看法。可參考巴斯大學新聞室資料〈Researchers Envisage "Future Cemetery〉（Phys.org, 3 March 2016），網址 https://phys.org/news/2016-03-envisage-future-cemetery. html（2018 年 7 月 28 日引用）。

139. 諾丁漢倫特大學（Nottingham Trent University）的 Phil Wane 在 2018 年 8 月 17 日於赫爾大學（University of Hull）舉辦的「數位死亡研討座談會」

（Death Online Research Symposium）示範這項技術。

140. 我引用前面提到的文章 Kim, J., 'The Phenom-enology of Digital Being', *Human Studies*, 24 (2001), 87-111 時即已注意到這個矛盾問題。參考網址 https://www.jstor.org/stable/20011305?seq= 1#page_scan_tab_contents（引用日期：2018 年 7 月 30 日）。

141. 參見前項 (108)Kasket (2012), p. 66。

142. 寫述本書期間，黛博拉‧巴塞特是沃里克大學博士候選人，研究主題式數位記憶。相關資訊可參考 debrabassett.co.uk（引用日期：2018 年 7 月 30 日）。

143. 我在一份尚未公開發表的研究文稿（黛博拉‧巴塞特提供）讀到這位母親的敘述。不過，待本書出版時，這項研究應該已經完成並公開了。

144. 關於「被剝奪哀悼權」，提供各位一份很好的參考資料 Doka, K. J. 《*Disenfranchised Grief*: *New Directions, Challenges, and Strategies for Practice*》（1st edn, Champaign, IL: Research Press, 2002）。不過因為時代變遷的關係，該文內容與本章的描述已有諸多不同。

145. 參見 2017 年 4 月 22 日《衛報》報導 Nicolson, V. 《My Daughter's Death Made Me Do Something Terrible on Facebook》，網址 https://www.theguardian.com/lifeandstyle/2017/apr/22/overcome-grief-daughter-death-died-message-boyfriend-facebook（2018 年 7 月 28 日引用）。我曾透過管道邀訪凡妮莎‧尼可森，但她並未回覆，因此本書引用的是《衛報》報導內容。

146. 參見前項 (126)Pennington (2013)。

147. 「艾登」與「凱西」皆非實名。

第三章　服務條款

148. 參見 2014 年 2 月 19 日《衛報》報導（來源 Press Association）〈Hollie Gazzard Attack Was Filmed by Bystanders, Say Police〉，網址 https://www.

theguardian.com/uk-news/2014/feb/19/hollie-gazzard-attack-filmed-bystanders-police（2018 年 7 月 28 日引用）。

149. 參見《紐約時報》2013 年 4 月 10 日報導 Mackey, R.〈Taboo on Speaking Ill of the Dead Widely Ignored after Thatcher's Death〉（*The Lede*: *Blogging the News with Robert Mackey*），網址 https://thelede.blogs. nytimes.com/2013/04/10/taboo-on-speak-ing-ill-of-the-dead-widely-ignored-on-line-after-thatchers-death/（2018 年 7 月 28 日引用）。

150. 參見 2014 年 4 月 23 日《紐約時報》報導 Goel, V.〈Facebook Profit Tripled in First Quarter〉，網址 https://www.nytimes. com/2014/04/24/technology/facebook-profit-tripled-in-first-quarter.html（2018 年 7 月 28 日引用）。

151. 參考 Kasket, E., 'Continuing Bonds in the Age of Social Networking', *Bereavement Care*, 31/2 (2012), 62-9. DOI: 10.1080/02682621.2012.710493。

152. 參見 2014 年 2 月 21 日臉書新聞 Price, C., & DiSclafani, A.〈Remembering Our Loved Ones〉，網址 https://newsroom.fb.com/news/2014/02/remembering-our-loved-ones/（2018 年 7 月 28 日引用）。

153. 資料來源：皮尤研究中心「2018 年社群媒體現況」（Social media fact sheet 2018），網址 http://www. pewinternet.org/fact-sheet/social-media/（2018 年 7 月 28 日引用）。

154. 參考美國公共廣播電台（NPR）2017 年 7 月 21 日即時新聞 Domonoske, C.〈CDC: Half of All Female Homicide Victims Are Killed by Intimate Partners〉（*Two-Way*: *Breaking News from NP*），網址 https://www.npr.org/sections/the two-way/2017/07/21/538518569/cdc-half-of-all-female-murder-victims-are-killed-by-intimate-partners（2018 年 7 月 28 日引用）。

155. 參考英國國家統計局網站資料 Compendium: Homicide (2015)，網址 https://www.ons.gov.uk/peoplepopulationandcommunity/crimeandjustice/compendium/focuson-violentcrimeandsexualoffences/yearendingmarch2015/

chapter2homicide（2018 年 7 月 28 日引用）。

156. 參考 2018 年 1 月 1 日《Omnicore》網頁資訊 Aslam, S.〈Facebook by the Numbers: Statistics, Demographics & Fun Facts〉，網址 https://www. omnicoreagency. com/facebook-statistics/（2018 年 7 月 28 日引用）。

157. 參考 2015 年 10 月 26 日《BBC》新聞〈Facebook Photos of Hollie Gazzard with Her Killer "Causing Distress〉，網址 http://www.bbc.co.uk/news/uk-england-gloucestershire-34618228（2018 年 7 月 28 日引用）。

158. 我試圖約訪約翰·吉亞科比，但對方始終未回應，因此本章內容全部引用「網路保安官」網站資料。

159. 引述「網路保安官」網站內容，網址 https://www.websheriff.com/about-us/（2018 年 7 月 28 日引用）。

160. 出處同上。

161. 引述自尼克·賈薩德訪談內容。

162.「情緒與法律研究中心」相關資訊可上網搜尋 http://csel.org.uk。該機構主要協助弱勢團體及人權受侵害的對象。

163. 2012 年阿姆斯特丹「隱私研討會」的相關資料請參見 http://asca.uva.nl/content/events/conferences/2012/10/2012-amster-dam-privacy-conference.html（2018 年 7 月 28 日引用）。

164. 參考 McDonald, A. M., & Cranor, L. F., 'The Cost of Reading Privacy Policies', *IIS*: *A Journal of Law and Policy for the Information Society–2008 Privacy Year in Review Issue* (2008)，網址 http://lorrie. cranor.org/pubs/readingPolicyCost-author-Draft.pdf（2018 年 7 月 28 日引用）。

165. 引自道格拉斯·亞當斯《銀河便車指南》（*London: Pan Books*, 1979）。

166. 參見 Balebako, R., Schaub, F., Adjerid, I., Acquisti, A., & Cranor, L. F., 'The Impact of Timing on the Salience Of Smartphone App Privacy Notices', Security and Privacy in Smartphones and Mobile Devices conference, Denver, Colorado,

USA, 12 October 2015. DOI: 10.1145/2808117.2808119，網址 http://www.
rebeccahunt.com/academic/timing-balebako.pdf（2018 年 7 月 28 日引用）。

167. 參見網媒《The Conversation》2017 年 10 月 9 日報導 Schaub, F.〈Nobody
Reads Privacy Policies–Here's How to Fix That〉，網址 https://theconversation.
com/nobody-reads-privacy-policies-heres-how-to-fix-that-81932（2018 年 7 月 28
日引用）。

168. 參見 2018 年 4 月 4 日《紐約時報》〈Cambridge Analytica and Facebook:
The Scandal and the Fallout So Far〉，網址 https://www.nytimes.com/2018/04/
04/us/.../cambridge-analytica-scandal-fallout.html（2018 年 7 月 28 日引用）。

169. 參見部落格平台〈Medium〉2018 年 3 月 25 日文章 Kavanagh, C.〈Why
(Almost)Everything Reported about the Cambridge Analytica Facebook
"Hacking" Controversy Is Wrong〉，網址 https://medium.com/@ CKava/why-
almost-everything-report-ed-about-the-cambridge-analytica-face-book-hacking-
controversy-is-db-7f8af2d042（2018 年 7 月 28 日引用）。

170. 參考 2016 年 4 月 27 日《歐盟公報》（Official Journal of the European
Union）Regulation (EU)2016/679 of the European Parliament and of the
Council，網址 http://eur-lex.europa. eu/legal-content/EN/TXT/HTM-L/?uri=
CELEX:32016R0679&from=EN（2018 年 7 月 28 日引用）。

171. 出處同上。

172. 對話發生時間是 2018 年 4 月 10 日，內容節錄自我同步抄寫的筆記。

173.「米凱拉」為化名。

174. 資訊來自 Google 網站英文版〈About Inactive Account Manager〉，網址
https://support.google.com/accounts/answer/3036546?hl=en（2018 年 7 月 28
日引用）。中文版〈關於閒置帳戶管理員〉網址 https://support.google.com/
accounts/answer/3036546?hl=zh-Hant（2020 年 3 月 6 日引用）。

175. 參見《Probate & Property Magazine》第 July/August 2015 期報導 Blachly,

V. 〈Uniform Fiduciary Access to Digital Assets Act: What UFADAA Know〉，網址 https://www. americanbar.org/publications/probate_ property_ magazine_2012/2015/july_ august_2015/2015_aba_rpte_pp_v29_3_ article_ blachly_uniform_fiduciary_ access_to_digital_assets_act.html（2018 年 7 月 28 日引用）。

176. 約翰在雷丁大學 2018 年 4 月 25 日劇場表演〈User Not Found〉時提到這個問題。

177. 英國法律委員會於 2017 年 7 月 13 日展開公眾諮詢程序，並於同年 11 月 10 日結束諮詢。直至本書原文版定稿前，分析結果尚未出爐。參見 https://www.lawcom.gov. uk/project/wills/for further information。

178. 參考約翰·柏林 2014 年 2 月 5 日的 YouTube 影片〈My Appeal to Facebook〉，網址 https://www.youtube.com/watch?v=vPT28MGhprY（2018 年 7 月 28 日引用）。

179. 參見 2014 年 2 月 21 日臉書新聞 Price, C., & DiSclafani, A.〈Remembering Our Loved Ones〉，網址 https://newsroom.fb.com/news/2014/02/remembering-our-loved-ones/（2018 年 7 月 28 日引用）。

第四章　不得其門而入

180. 本段人物皆使用化名。

181. 參考《英國牛津生活辭典》（*English Oxford Living Dictionary*）「portcullis」條目，網址 https://en. oxforddictionaries.com/definition/us/portcullis（2018 年 7 月 28 日引用）。

182. 參見《*Ancient History Encyclopedia*》2014 年 7 月 4 日文章 Morales-Correa, B.〈Wonderful Things: Howard Carter's Discovery of Tutankh-amun's Tomb〉，網址 https://www.ancient.eu/article/705/wonder-ful-things-howard-carters-discovery-of-tutan/（2018 年 7 月 28 日引用）。

183. 參見 1948 年聯合國《世界人權宣言》，網址 http://www.un.org/en/universal-declaration-human-rights/（2018 年 5 月 22 日引用）。

184. 參考 Moore, A., Privacy, in *International Encyclopedia of Ethics* (1)(2013).

185. 參見 Hughes, R. L. D., 'Two Concepts of Privacy', *Computer Law & Security Review*, 31/4 (2015), 527-37. DOI: 10.1016/j. clsr.2015.05.010。

186. 參見 2010 年 3 月 18 日《赫芬頓郵報》（*Huffington Post*）科技版〈Facebook's Zuckerberg Says Privacy No Longer a "Social Norm〉，網址 https://www.huffingtonpost. com/2010/01/11/facebooks-zucker-berg-the_n_417969.html?guccounter=1（2018 年 7 月 29 日引用）

187. 參見網媒《ReadWriteWeb》2010 年 1 月 10 日文章 Kirkpatrick, M.〈Facebook's Zuckerberg Says the Age Of Privacy Is Over〉，網址 https://archive.nytimes. com/www.nytimes.com/external/readwrite-web/2010/01/10/10readwriteweb-face-books-zuckerberg-says-the-age-of-pri-vac-82963.html（2018 年 5 月 22 日檢索）。

188. 資料來源 Carrascal J. P., Riederer, C., Erramilli, V., Cherubini, M., de Oliveira, R., 'Your Browsing Behavior for a Big Mac: Economics Of Personal Information Online', Proceedings of the 22nd International Conference on World Wide Web (New York: ACM Press, 2013), 189-200。

189. 參見 Stieger, S., Burger, C., Bohn, M., & Voracek, M., 'Who Commits Virtual Identity Suicide? Differences in Privacy Concerns, Internet Addiction, and Personality Between Facebook Users and Quitters', *Cyberpsychology, Behavior and Social Networking*, 16/9 (2013), 629e634. http://dx.doi.org/10.1089/cyber.2012.0323。

190. 參見 Kokolakis, S., 'Privacy Attitudes and Privacy Behaviour: A Review of Current Research on the Privacy Paradox Phenomenon', *Computers & Security* 64 (January 2017), 122-34，網址 http://dx.doi.org/10.1016/j.cose.2015.07.002。

191. 參見《洛杉磯時報》（*Los Angeles Times*）2018 年 5 月 22 日報導 O'Brien, C.〈Facebook CEO Mark Zuckerberg Begins European Leg of Apology Tour〉，網址 http://www.latimes. com/business/technology/la-fi-tn-face-book-zuckerberg-europe-20180522-story. html（2018 年 5 月 23 日引用）。

192. 參見網站「Smithsonian.com」2015 年 2 月 26 日文章 Fessenden, M.〈How 1960s Mouse Utopias Led to Grim Predictions for Future of Humanity〉，網址 https://www. smithsonianmag.com/smart-news/how-mouse-utopias-1960s-led-grim-pre-dictions-humans-180954423/（2018 年 7 月 29 日引用）。

193. 參考 Innes, J. C.《*Privacy, Intimacy, and Isolation*》（New York: Oxford University Press, 1992），p. 140。

194. 影像版權為作者所有（Image © Elaine Kasket 2017），經柔伊授權使用。

195. 參考 Hughes, R. L. D., 'Two Concepts Of Privacy', *Computer Law & Security Review*, 31/4 (August 2015), 527-37，網址 https: doi.org/10.1016/j.clsr.2015.05. 010（2018 年 5 月 23 日引用）。

196. 參考 Durham, W. T., & Petronio, S. P., 'Communication Privacy Management Theory: Significance for Interpersonal Communication', in L. A. Baxter, & D. O. Braithwaite (eds.), *Engaging Theories In Interpersonal Communication*: *Multiple Perspectives* (2nd edn, Boston, MA: Sage Publications Inc., 2014). DOI: 10.4135/9781483329529.n23。

197. 參考 Masche, J., 'Explanation of Normative Declines in Parents' Knowledge about Their Adolescent Children', *Journal of Adolescence*, 33/2 (2010), 271-84. DOI:10.1016/j.adolescence.2009.08.002。

198. 參考 2018 年 5 月 23 日 Thakur, D. 部落格「Electric Lit」文章〈Sir Arthur Conan Doyle Helped Invent the Curse of the Mummy〉，網址 https:// electricliterature.com/sir-arthur-conan-doyle-helped-invent-the-curse-of-the-mummy-7237bf460528（2018 年 7 月 29 日引用）。

199. 參見 Kaufmann, I. M., & Ruhli, F. J., 'Without Informed Consent?: Ethics and Ancient Mummy Research', *Journal of Medical Ethics*, 36/10 (2010), 608-13. DOI: http://dx.doi.org/10.1136/jme.2010.036608。

200. 參見《新科學人》（*New Scientist*）2010 年 9 月 8 日文章 Marchant, J. 〈Do Egyptian Mummies Have a Right to Privacy?〉。 網 址 https://www.newscientist.com/article/mg20727774.600-do-egyptian-mummies-have-a-right-to-privacy/?DC-MP=OTC-rss&nsref=science-in-society（2018 年 7 月 28 日引用）

201. 參考部落格「The Funeral Law Blog」2016 年 11 月 16 日文章 Kennedy, C.〈Bad Samaritan or Abuse of a Corpse〉，網 址 http://funerallaw.typepad.com/blog/2016/11/bad-samaritan-or-abuse-of-a-corpse.html（2018 年 7 月 29 日引用）。

202. 參 考 Jones, I., 'A Grave Offence: Corpse Desecration and the Criminal Law', *Legal Studies*, 37/4 (2017), 599-620. DOI: 10.1111/lest.12163。

203. 參見《衛報》2011 年 9 月 11 日報導 Morris, S.〈Internet Troll Jailed After Mocking Dead Teenagers〉，網址 https://www.theguardian.com/uk/2011/sep/13/internet-troll-jailed-mocking-teenagers（2018 年 7 月 29 日引用）。

204. 參考 Edwards, L., & Harbinja, E., 'Protecting Post-Mortem Privacy: Reconsidering the Privacy Interests of the Deceased in a Digital World', *Cardozo Arts & Entertain-ment Law Journal*, 32/1 (10 November 2013), 101-47。SSRN 網 址 https://ssrn.com/abstract=2267388 或 http://dx. doi.org/10.2139/ssrn.2267388。

205. 參考 Edina Harbinja, 'Post-Mortem Privacy 2.0: Theory, Law, And Technology', *Interna-tional Review of Law, Computers & Technology*, 31/1 (2017), 26-42. DOI: 10.1080/13600869.2017.1275116。

206. 出處同上。

207. 這是詹姆斯・諾里斯提供的 2017 年數位遺產普查（Digital Legacy

Survey）資料。原書定稿前，數位遺產協會尚未於官網公布該項資料。

208. 參考 DW.com 於 2017 年 5 月 24 日文章 Bleiker, C.〈What Happens to Your Facebook Account after You Die?〉，網址 http://www.dw.com/en/what-happens-to-your-facebook-account-after-you-die/a-38581943（2018 年 7 月 29 日引用）。

209. 引述自部落格「Death Goes Digital」2017 年 4 月 26 日文章 Billingham, P.〈Are Facebook Guilty of Restricting Digital Legacy?〉，網址 http://www.deathgoesdigital. com/blog/digital-legacy-facebook-on-trial（2018 年 7 月 29 日引用）。

210. 參考德國媒體《The Local DE》2018 年 7 月 12 日報導（AFP/DPA/The Local），〈Update: Parents Can Access Dead Daughter's Facebook, German Court Rules〉，網址 https://www. thelocal.de/20180712/german-court-to-rule-on-parents-access-to-dead-daugh-ters-facebook（2018 年 7 月 28 日引用）。

211. 參見 2016 年 1 月 8 日 YouTub e 網站電視廣播 Harris, A.〈Digital Legacy Report〉，網址 https://www.youtube. com/watch?v=8pi720izNeU（2018 年 7 月 29 日引用）。

212. 這段文字是雪倫與臉書客服的實際對話內容。雪倫把內容透過電子郵件寄給我，授權我使用。

213. 代碼已重新編輯。

214. 摘自傑德‧布魯貝克 2018 年 6 月 7 日談話紀錄。

215. 該臉書投訴內容（編號 #5834023...）由雪倫轉寄並授權作者使用。

216. 條件同上。

217. 參見前項 (116)Walter (2011)。

218. 關於宗教信仰是否影響線上資訊的披露隱私權，目前幾乎沒有相關論文專著，顯示學界缺少這方面的研究。Baazeem, R. 在 2017 年英國倫敦舉行的「歐洲工商管理研究方法」研討會（European Conference on Research

Methodology for Business and Management Studies）發表的論文指出，理論上，我們有理由懷疑文化和宗教信仰確實可能影響使用者對隱私資訊的概念與想法，這方面值得學界進一步探討（論文資訊 Baazeem, R., 'Social Media Self Disclosure: Individual Digital Privacy and Religion'）。

219. 參見 Birnhack, M., & Morse, T.〈Digital Remains: Privacy and Memorialisation〉，該論文於 2018 年哥本哈根「資訊倫理圓桌會議」發表。

220. 參見 2014 年牛津大學「全球網路安全能力中心」（Global Cyber Security Capacity Centre）未出版文稿 Blank, G., Bolsover, G., and Dubois, E.〈A New Privacy Paradox〉。

221. 參考 Child, J. T., Petronio, S., Agyeman-Budu, E. A., & Westermann, D. A., 'Blog Scrubbing: Exploring Triggers That Change Privacy Rules', *Computers in Human Behavior*, 27 (2011), 2017-27。

第五章　逝者的線上代理人

222. 參考貝爾福德「印第安納採石協會」（Indiana Limestone Quarrymen's Association）年鑑《*Indiana Limestone*: *The Aristocrat of Building Materials*》（volume 1, sixth edition, June 1920），網址 the Stone Quarries and Beyond website, http://quarriesandbe-yond.org/states/in/pdf/indiana_lime-stone_the_aristocrat_of_building_materi-als_1920.pdf（2018 年 7 月 28 日引用）。

223. 這隻天鵝由肯塔基州史戴文波特藝術家 Don Lawler 雕刻製作。個人網站 donlawlersculpture.com。

224. 參見「美國國家公園管理局」（National Park Service）2017 年 7 月 31 日文章〈Lincoln Memorial Builders〉，網址 https://www.nps.gov/linc/learn/historyculture/lincoln-memorial-design-individuals.htm（2018 年 7 月 29 日引用）。

225. 影像版權為作者所有（Image © Elaine Kasket 2018）。

226. 參見《衛報》2015 年 1 月 21 日報導 De Sousa, A. N.〈Death in the City: What Happens When All Our Cemeteries Are Full?〉，網址 https://www.theguardian. com/cities/2015/jan/21/death-in-the-city-what-happens-cemeteries-full-cost-dying（2018 年 7 月 29 日引用）。

227. 蘇珊的部落格名為「Breathe, Grieve, Believe」，網址 http://susanfurniss. com/index.html。

228. 參考 2007 年第八屆「死亡、臨終與身後事之社會脈絡」國際研討會 （Social Context of Death, Dying and Disposal）論文：Payne, L.〈The Return of Personal Property to the Bereaved After Disaster: An Exposition of the Key Issues and Guidance for Practitioners〉。研討會議程可上網搜尋 http://www. bath.ac.uk/cdas/documents/ddd8_parallel_sessions.pdf（2018 年 7 月 29 日引用）。

229. 本段人物皆使用化名。

230. 參見 2011 年 6 月 25 日部落格文章 Bitney Crone, S.〈This Is My Speech That Was Given at Tom's Memorial Service〉，網址 http://shanebitneycrone. tumblr.com/post/20131380063/tombridegroommemo-rialspeech（2018 年 7 月 30 日引用）。

231. 2013 年紀錄片《新郎布萊德姆》，導演 Bloodworth-Thomason, L.。網址 https://www.youtube.com/watch?v=RQIIwddt3N4（2018 年 7 月 30 日引用）。

232. 參考 2011 年投影片 Bejar, A., & Winters, K.〈Introduction to the Compassion Research Team〉，網址 http://bit.ly/18j2lxP（2018 年 7 月 30 日引用）。

233. 參考 2015 年 Brubaker, J. 博士論文〈Death, Identity, & the Social Network', doctoral dissertation〉（University of California Irvine） 網址 https:// escholarship.org/uc/item/6cn0s1xd（2018 年 7 月 30 日引用）。

234. 可上網搜尋該獎學金的完整名單與相關說明 https://research.fb.com/ programs/fellowship/。

235. 訊息摘自凡妮莎・卡里森博區的 LinkedIn 個人資料及傑德・布魯貝克的對話記錄。

236. 參見《紐約時報》2007 年 4 月 16 日報導 Hauser, C., & O'Connor, A. 〈Virginia Tech Shooting Leaves 33 Dead〉，網址 https://www. nytimes. com/2007/04/16/us/16cnd-shoot-ing.html?mtrref=www.google.com&g-wh=AA75F983D0F6C70E87318D6CF-D486058&gwt=pay（2018 年 7 月 30 日引用）。

237. 參見《衛報》2014 年 2 月 4 日報導 Sedghi, A. 〈Facebook: 10 Years of Social Networking, in Numbers〉，網址 https://www.theguardian.com/news/data-blog/2014/feb/04/facebook-in-num-bers-statistics（2018 年 7 月 30 日引用）。

238. 出處同上。

239. 該場景依《新郎布萊德姆》畫面描述。

240. 參考 2017 年 8 月 6 日數位資產規劃事務所（Estate Planning Digital Assets, Law Offices）Tyler Q. Dahl 部落格文章〈Understanding the California Uniform Fiduciary Access to Digital Assets Act〉網址 http://tqdlaw.com/Blog/post/understanding-the-califor-nia-uniform-fiduciary-access-to-digi-tal-assets-act（2018 年 7 月 30 日引用）。

241. 此為 2018 年 7 月公布之第二季統計數字，可參考 https://www.statista.com/statistics/264810/number-of-monthly-active-facebook-users-worldwide/（2018 年 7 月 30 日引用）。

242. 參考「基靈石材公司」網站 https://www.monuments.com。

243. 參見基靈公司 2011 年 5 月 11 日公布之 YouTube 影片〈Living Headstone TM–QR Codes Turn Headstones into Interactive Memorials–Quiring Monuments〉，網址 https://youtu.be/yd2_FG06vnI，（2018 年 7 月 30 日）。

244. 欲深入了解 1857 年《埋葬法》內容的讀者，可參考 http://www.legislation. gov.uk/ukpga/Vict/20-21/81/contents（2018 年 7 月 30 日引用）。

245. 資料依據為作者於 2018 年倫敦市立墓園拍攝的照片，版權屬於作者。

第六章　恐怖谷

246. 參考 2017 年 4 月 21 日《CNET》文化／網路版 Starr, M.〈Eternime Wants You to Live Forever as a Digital Ghost〉，網址 https://www.cnet.com/news/eternime-wants-you-to-live-forever-as-a-digital-ghost/（2018-04-27 引用）。

247. 參考 Clute, J., Langform, P., Nicholls, P., & Sleight, G., *Encyclopedia of Science Fiction,* 3rd edn (London: Gollancz, 2011)，網址 sf-encyclopedia.com（2018 年 6 月 26 日檢索）。

248. 參考 Dick, P. K.《*The collected stories of Philip K. Dick*》(New Jersey: Carol Publishing, 1999), pp. xviii-xiv。

249. 參考 Bradbury, R., 'Introduction', *Analog Science Fact/Fiction* 5 (5 April 1973)。

250. 寫作當時，訂戶仍可於 Netflix 觀賞本集內容：英國第四頻道公司（Channel 4 Television Corporation）電視影集《黑鏡》系列，2013 年《馬上回來》。導演 Harris, O.，編劇 Brooker, C.。

251. 2004 年《迴光報告》導演歐瑪・內姆（Omar Naim），Lions Gate Entertainment 出品。

252. 原文對白皆引述自歐瑪・內姆原創之電影腳本。

253. 2011 年影片《珍重再見》，網址 https://vimeo. com/38317590（2018 年 6 月 26 日引用）。

254. 參見 2012 年 9 月 2 日 Vimeo 影片（JBN Memorial）King, G.〈Master of Ceremonies〉，網址 https://vimeo. com/51035791（2018 年 7 月 30 日引用）。

255. 2011 年 1 月 5 日之無作者 YouTube 影片〈*Stephen Irwin*〉，網址 https://www.youtube.com/watch?v=_J6H-6V88ezc（2018 年 6 月 26 日引用）。

256. 「爛番茄」網址 https://www.rottentomatoes.com。

257. 可搜尋《迴光報告》相關評論，網址 https://www.rottentomatoes.com/m/

final_cut，部分連結提供完整內文。

258. 美國 2004 年票房列表可參考 https://www.boxofficemojo.com/yearly/chart/ ?yr=2004&p=.htm（2018 年 7 月 30 日引用）。

259. 羅賓・威廉斯參與演出之電影票房資料可參考 https://www.boxofficemojo. com/people/chart/?view=Actor&id= robinwilliams.htm（2018 年 7 月 30 日引用）。

260. 原文對白皆直接引述自查理・布魯克撰寫的《馬上回來》電視劇劇本。

261. 參考 Businessinsider.com（Business Insider Intelligence）2016 年 12 月 14 日文章〈80% of Businesses Want Chatbots by 2020〉，網址 http://uk.businessinsider. com/80-of-businesses-want-chatbots-by-2020-2016-12（2018 年 7 月 30 日引用）。

262. 參考「富比士」（Forbes.com）2018 年 6 月 1 日文章 Kihlstrom, G.〈When It's Time to Consider Chatbots as Part of Your Customer Experience Strategy〉，網址 https://www.forbes.com/sites/forbesagencycouncil/2018/06/01/when-its-time-to-consider-chatbots-as-part-of-your-customer-experience-strate-gy/# 483421b44d8a（2018 年 7 月 30 日引用）。

263. 關於尤金妮亞・庫伊達與羅曼・馬祖蘭柯聊天機器人的驚奇故事，完整版本請參考 Newton, C.〈Speak, Memory〉。資料來源為 TheVerge.com（日期未注明），網址 https://www.theverge.com/a/luka-artificial-intelligence-memorial-roman-mazurenko-bot#conversation1（2018 年 7 月 30 日引用）。

264. 參考 Savin-Baden, M. 與 Burden, D. 2018 年 8 月 15-17 日於英國赫爾大學「數位死亡研討座談會」發表的論文〈Digital Immortality and Virtual Humans〉。寫作本書當時，遽聞該論文完整版將於 2018 下半年正式發表於期刊《Postdigital Science and Education》。

265. 參考 Mathur, M. B., & Reichling, D. B., 'Navigating a Social World with Robot Partners: A Quantitative Cartography of the Uncanny Valley', Cognition, 146

(2016), 22-32。

266. 我是在 2017 年 6 月 27 日於英國伍爾弗漢普頓大學（University of Wolverhampton）參加第 22 屆「網路心理學、網路治療與社群網絡研討會」（CyPsy22），聽黛博拉·巴塞特發表論文〈Who Wants to Live Forever? Living, Dying and Grieving in Our Digital Society〉時，才首次接觸到「恐怖谷理論」這個概念。

267. 參見《衛報》2013 年 2 月 12 日報導 Plunkett, John〈Black Mirror Nets Nearly 1.6m Viewers〉，網址 https://www. theguardian.com/media/2013/feb/12/black-mirror-charlie-brooker-tv-ratings（2018 年 7 月 30 日引用）。

268. 參見《紐約》雜誌權威影評刊物《*Vulture*》（2017 年 12 月 29 日）Bramesco, C.〈Every *Black Mirror* Episode, Ranked from Worst to Best〉，網址 http://www.vulture. com/2016/10/every-black-mirror-episode-from-worst-to-best.html（2018 年 7 月 30 日引用）。

269. 參見文訊周刊《*Time Out London*》2013 年 1 月 31 日 Tate, G.〈Charlie Brooker and Hayley Atwell Discuss "Black Mirror〉，網址 https://www.timeout.com/london/tv-and-radio-guide/charlie-brooker-and-hayley-atwell-discuss-black-mirror（2018 年 7 月 30 日引用）。

270. 出處同上。

271. 「未來從這裡開始」（The Future Starts Here）是維多利亞與亞伯特博物館 2018 年 11 月的主題展覽。相關資訊請參考 vam.ac.uk。

272. 參見 http://eterni.me。

273. 寫作本書期間，我透過以下網頁查詢寶拉·基爾的研究內容 https://onlineafterdeath.weebly.com（2018 年 7 月 30 日引用）。

274. 參見部落格「*Digital Dust*」2018 年 3 月 2 日文章 Shavit, V.〈My Retirement Post〉，網址 http://digital-era-death-eng. blogspot.com/2018/03/my-retire-ment-post.html（2018 年 7 月 30 日引用）。

275. 參考 Carroll, E., & Romano, J., *Your Digital Afterlife* (San Francisco, CA: Peachpit Press/New Riders, 2010)。

276. 清單內容可參考 http://www.thedigitalbe-yond.com/online-services-list/。

277. 由於部分網站提供多項服務，故百分比總和不等於 100。

278. 參見《衛報》2017 年 4 月 22 日報導 Nicolson, V.〈My Daughter's Death Made Me Do Something Terrible on Facebook〉，網址 https://www.theguardian.com/lifeand-style/2017/apr/22/overcome-grief-daugh-ter-death-died-message-boyfriend-face-book（2018 年 7 月 28 日引用）。

279. 參考傑德・布魯貝克 2015 年博士論文〈Death, Identity, & the Social Network', doctoral dissertation〉，網址 https://escholarship.org/uc/item/6cn0s1xd（2018 年 7 月 30 日引用）。

280.「永存」關門大吉前，科技媒體《TechCrunch》曾在 2013 年 12 月 5 日〈Perpetu Lets You Decide What Happens to Your Online Accounts After You Die〉一文中提到這家公司（作者 Shu, C.）。網址 https://techcrunch.com/2013/12/04/perpetu/（2018 年 7 月 30 日引用）。

281. 2011 年，巴斯大學「死亡及社會研究中心」研討會主題是「死亡與數位科技」。

282. 寫作本書時，史黛西・皮希里德博士任教於英國格林威治大學（University of Greenwich）。關於皮希里德博士在數位死亡方面的諸多研究，請參考 http://www.digitaldeath.eu。

283. 關於黛博拉・巴塞特的研究內容，請參考個人網站 http://debrabassett.co.uk。

284. 參考 2018 年 2 月 4 日北愛 BBC 廣播電台「BBC Radio Ulster」節目《Sunday Sequence》，該集主旨為「數位永生」。網址 https://www.bbc.co.uk/programmes/p05x1wrs（2018 年 7 月 30 日引用）。

285. 讀者可在 YouTube 找到琥碧・戈柏那一集的完整訪談內容 https://www.

youtube. com/watch?v=j1vB7OHe4EA。

286. 史黛西・皮希里德在許多地方辦過「遺愛人間」活動。透過這項活動，她鼓勵大眾公開討論「死亡與臨終」，同時也將數位時代的種種條件納入考量。我參加的是 2018 年 5 月「紅橋圖書館」（Redbridge Library）的場次。讀者可上網了解更多資訊 http://www.digitaldeath.eu/updates/（2018 年 7 月 30 日引用）。

287. 寶拉未指明是哪一家軟體開發商。

288. 《P.S. 我愛妳》改編自 Cecelia Ahern 同名小說，LaGravenese, R. 導演，LaGravenese, R.、Rogers, S. 編劇。Warner Bros 2007 年出品。

289. 「SafeBeyond」網址 https://www.safebeyond.com。我亦曾聯繫對方約訪，但未獲回覆。

290. 參考《獨立報》2017 年 4 月 10 日報導 Griffin, A.〈Facebook Friend Requests from Dead People Hint at Horrifying Truth of "Profile Cloning〉，網址 https://www. independent.co.uk/life-style/gadgets-and-tech/features/facebook-friend-request-dead-people-cloning-hack-hoax-safe-problem-a7676361.html（2018 年 7 月 30 日引用）。

291. 參見「英格蘭暨威爾斯皇家檢察署」（Crown Prosecution Service）2018 年 5 月 23 日報告〈Stalking and Harassment〉，網址 https://www.cps.gov.uk/legal-guidance/stalking-and-harassment（2018 年 7 月 30 日引用）。

292. 「道別啟示」於 2017 年下半年推出有限預覽版本，網址 https://www. myfarewellnote.com。

293. 參考 2017 年 11 月 11 日英國刊物《Rutland & Stamford Mercury》編輯台報導〈App Allows People to Say Bye Before Death〉，網址 https:// www.stamfordmercury.co.uk/news/app-allows-people-to-say-bye-before-death-1-8238334/（2018 年 7 月 30 日引用）。

294. 參考 Barrett, P. 於 2016 年 6 月 8 日公布的 YouTube 影片〈My

Old Dog Singing to *Eastenders*〉， 網 址 https://www.youtube.com/watch?v=Vs9M1dSTX0w（2018 年 7 月 30 日引用）。彼得父親的聲音大概在影片 1 分 25 秒左右出現。

295. 馬里厄斯於麻省理工學院的個人檔案可參考 https://bootcamp.mit.edu/entrepreneurship/speakers/mariusursache/（2018 年 7 月 30 日引用）。

296. 「創辦人論壇」官網 https://ff.co/#/（2018 年 7 月 30 日引用）。

第七章　亡者之聲

297. 參 見 2016 年 5 月 31 日 Slippedisc.com 文 章 LeBrecht, N.〈Exclusive: My Life With Maria Callas〉， 網 址 http://slippedisc.com/2016/05/eclusive-my-life-with-maria-callas/（2018 年 7 月 30 日引用）。Jacques Leiser 近期出版的回憶錄也摘錄了這篇報導。

298. 參 考 Goss, N., & Hoffman, E., *Tearing the World Apart*: *Bob Dylan and the Twenty-First Century* (Jackson, MI: University Press of Mississippi, 2017), p. 33。

299. 參見 2010 年 2 月 15 日全國公共廣播電台報導 Neary, L.〈Maria Callas: Voice of Perfect Imperfection〉，網址 https://www.npr.org/templates/story/story.php?story-Id=123612228（2018 年 7 月 30 日引用）。

300. 撰寫本書時，可在「基地娛樂公司」的全息影像網站讀到這些內容。網址 https://basehologram.com/productions（2018 年 7 月 30 日引用）。

301. 參考《華盛頓郵報》（*Washington Post*）2014 年 5 月 19 日報導 McDonald, S. N.〈Are Holograms a Creepy Way to Honor Fallen Icons Like Michael Jackson?〉網 址 https://www.washingtonpost.com/news/morning-mix/wp/2014/05/19/are-holo-grams-a-creepy-way-to-honor-fallen-icons-like-michael-jackson/?noredirect=on&utm_term=.2df01b90e4aa（2018 年 7 月 30 日引用）。

302. 參 見 2017 年 8 月 27 日 CNBC.com 報 導 Bukszpan, D.〈Life After Death:

Musicians Are Coming Back to the Stage Thanks to Holographic Technology〉，網址 https://www.cnbc.com/2017/08/11/musicians-are-com-ing-back-to-life-thanks-to-holograms. html（2018 年 8 月 9 日引用）。

303. 出處同上（2018 年 7 月 30 日引用）。

304. 參考《Talking Metal》報導，引述內容轉載自 http://ultimateclassicrock.com/dio-hologram-creator/。

305. 報導全文（包括亞歷克斯·奧比森訪談內容）請參見 2018 年 2 月 1 日《新音樂快遞》文章 Daly, R.〈We Got a Sneak Preview of Roy Orbison's Hologram Tour and It's Pretty Mind-Blowing〉，網址 https://www.nme.com/blogs/nme-blogs/roy-orbison-hologram-heritage-tours-2233785（2018 年 7 月 30 日引用）。

306. 請參見官網 https://diana-award.org.uk/award/about/ 了解「黛安娜紀念獎」詳細內容。

307. 露西的部落格網址為 http://www. lucy-watts.co.uk（2018年7月30日引用）。

308. 《數位安息》於 2016 年 5 月 11 日上傳至 BBC 第三頻道官網。雖然訂戶目前已無法透過BBC iPlayer看到這部紀錄片，但讀者可以在YouTube找到，網址為 https://www.youtube.com/watch?v=W1K-swKZxtaA（2018 年 7 月 30 日引用）。

309. 這個問題及相關資料取自 2017 年「數位死亡調查」（Digital Death Survey），由詹姆斯·諾里斯本人直接提供給我。寫作本書期間，調查結果尚未公開發表。

310. YouTube 上有鮑伯·蒙克斯的這支前列腺癌宣導短片，網址 https://www.youtube.com/watch?v=qux-OMX1jl1w（2018 年 7 月 30 日引用）。

311. BBC News staff, 'Monkhouse to Appear in Cancer Ads', BBC News.co.uk. (12 June 2007)，網址 http://news.bbc.co. uk/1/hi/health/6743261.stm（2018 年 7 月 30 日引用）。

312. 「數位遺產協會」目前的團隊編制可參考 https://digitallegacy-association.org/about/digital-legacy-asso-ciation-board/。

313. 節錄自詹姆斯‧諾里斯個人訪談紀錄，更新內容可參見協會網站 deadsocial.org（2018 年 7 月 30 日引用）。

314. 傑森‧諾布爾於領英個資的螢幕截圖由桂格‧金恩提供，亦獲得諾布爾遺孀與遺囑執行人授權使用。

315. 參考 2012 年 8 月 15 日《路易斯維爾古怪觀察者週報》報導 King, G. 〈Remembering Jason Noble: Superhero〉，網址 https://www.leoweekly. com/2012/08/remembering-jason-noble-superhero/（2018 年 7 月 30 日引用）。

316. 參考 2012 年 8 月 6 日《滾石》雜誌（Rolling Stone）編輯台撰稿〈Rodan Singer Jason Noble Dead at 40〉，網址 https://www. rollingstone.com/music/music-news/rodan-singer-jason-noble-dead-at-40-107083/（2018 年 7 月 30 日引用）。

317. 傑森‧諾布爾於「關懷橋」的訊息已不再公開供大眾讀取。

318. 《哈洛與茂德》導演 Ashby, H.，編劇。1971 年 Paramount Pictures 出品。

319. 參考 DeGroot, J. M., 'For Whom the Bell Tolls: Emotional Rubbernecking in Facebook Memorial Groups', Death Studies, 38/1-5 (2014), 79-84。

320. 參考 Gach, K., Fiesler, C., & Brubaker, J., '"Control Your Emotions, Potter": An Analysis of Grief Policing on Facebook in Response to Celebrity Death', PACM on Human Computer Interaction, 1/2 (2017), article 47. DOI: 10.1145/3134682。

321. 參考 2012 年 8 月 15 日《路易斯維爾古怪觀察者週報》報導 Berkowitz, P.〈Carry Him Forward: Remembering the Life, Art and Inspira-tion of Jason Noble〉，網址 https://www. leoweekly.com/2012/08/carry-him-for-ward-2/（2018 年 1 月 30 日引用）。

322. 「永懷傑森‧諾布爾」臉書社團網址 https://www. facebook.com/groups/269736773137765/（2018 年 7 月 30 日引用）。

323. 引述自桂格‧金恩 2018 年 7 月 14 日寄給作者的電子郵件。

324. 參考 Harvey, R., 'The Unquiet Grave', *Journal of the English Folk Dance and Song Society*, 4/2 (December 1941), 49-66，網址 https://www.jstor.org/stable/4521181。

325. 音樂錄影帶《拉薩勒》網址 https://www.youtube.com/watch?v=y-JqH1M4Ya8。

326. 原文摘自大衛‧鮑伊 2016 年專輯《黯星祕星》（*Blackstar*）〈拉薩勒〉歌詞。該專輯由大衛‧鮑伊與 Tony Visconti 製作，Columbia Records 發行。

327. 出處同上。

第八章　寄語柔伊

328. 參見「英國資訊專員辦公室」（Information Commissioner's Office）2018 年 資 料〈What Rights Do Children Have?〉， 網 址 https://ico.org.uk/for-organisations/guide-to-the-gencr-al-data-protection regulation-gdpr/children-and-the-gdpr/what-rights-do-children-have/（2018 年 7 月 30 日引用）。

329. 參考 Steinberg, S., 'Sharenting: Children's Privacy in the Age Of Social Media', *66 Emory L.J.* 839 (2017)，網址 https://scholarship.law.ufl.edu/cgi/viewcontent.cgi?article=1796&context=-facultypub（2018 年 7 月 30 日引用）。

330. 出處同上，p. 1。

331. 參見金融訊息網站《市場觀察》（*Marketwatch*）2018 年 7 月 26 日報導 Cherney, M. A.〈Facebook Stock Drops Roughly 20%, Loses $120 Billion in Value after Warning That Revenue Growth Will Take a Hit〉，網址 https://www.marketwatch. com/story/facebook-stock-crushed-after-revenue-user-growth-miss-2018-07-25（2018 年 7 月 28 日引用）。

332. 同注 326。

333. 莎蕊‧米耶（Sarie Miell）是東倫敦的珠寶設計師，個人網址 fusedandfired.com。

334. 影像版權為作者所有（Image © Elaine Kasket 2018）。柔伊和她的外婆攝

於紀念伊莉莎白、詹姆士與兩者的女兒瑪麗安的白色天鵝墓碑前。照片亦經柔伊與貝絲‧路德威爾（Beth Rudwell）同意轉載使用。

圖像版權

第 8 頁　　經詹姆士與伊莉莎白‧費雪遺產代理人同意使用。

第 11 頁　　影像版權為作者所有（Image © Elaine Kasket, 2017）。
伊莉莎白‧費雪遺產，獲准翻拍使用。

第 17 頁　　影像版權為作者所有（Image © Elaine Kasket, 2017）。
詹姆士與伊莉莎白‧費雪遺產，獲准轉載使用。

第 46 頁　　影像版權為作者所有（Image © Elaine Kasket, 2019）。

第 159 頁　　影像版權為作者所有（Image © Elaine Kasket, 2017）。
作者女兒柔伊授予轉載使用。

第 186 頁　　影像版權為作者所有（Image © Elaine Kasket, 2018）。

第 222 頁　　影像版權為作者所有（Image © Elaine Kasket, 2018）。

第 306 頁　　影像版權為作者所有（Image © Alicia Norris and Elaine
Kasket, 2015）。經艾莉西亞‧諾里斯（Alicia Norris）
與作者女兒柔伊授權轉載使用。

第 316 頁　　影像版權為作者所有（Image © Elaine Kasket, 2018）。
經貝絲‧路德威爾與作者女兒柔伊同意使用。

索引

人物

法學名詞

網路／科技名詞

數位新世界 13

如何在網路時代好好說再見：從直播告別式到管理數位遺產

作　　者　艾蓮・卡斯凱特
譯　　者　黎湛平
選書責編　王正緯
校　　對　李鳳珠
版面構成　張靜怡
封面設計　開新檔案設計委託所

行銷統籌　張瑞芳
行銷專員　陳昱甄、何郁庭
總 編 輯　謝宜英
出 版 者　貓頭鷹出版

發 行 人　涂玉雲
發　　行　英屬蓋曼群島商家庭傳媒股份有限公司城邦分公司
　　　　　104 台北市中山區民生東路二段 141 號 11 樓
　　　　　劃撥帳號：19863813；戶名：書虫股份有限公司
城邦讀書花園：www.cite.com.tw　購書服務信箱：service@readingclub.com.tw
購書服務專線：02-2500-7718~9（周一至周五上午 09:30-12:00；下午 13:30-17:00）
24 小時傳真專線：02-2500-1990；25001991
香港發行所　城邦（香港）出版集團／電話：852-2877-8606／傳真：852-2578-9337
馬新發行所　城邦（馬新）出版集團／電話：603-9056-3833／傳真：603-9057-6622
印 製 廠　中原造像股份有限公司
初　　版　2020 年 7 月
定　　價　新台幣 550 元／港幣 183 元
I S B N　978-986-262-433-3

讀者意見信箱　owl@cph.com.tw
投稿信箱　owl.book@gmail.com
貓頭鷹臉書　facebook.com/owlpublishing

【大量採購，請洽專線】(02) 2500-1919

城邦讀書花園
www.cite.com.tw

國家圖書館出版品預行編目資料

如何在網路時代好好說再見：從直播告別式到管
理數位遺產／艾蓮・卡斯凱特（Elaine Kasket）
著；黎湛平譯 . -- 初版 . -- 臺北市：貓頭鷹出版：
家庭傳媒城邦分公司發行, 2020.07
面；　公分 . --（數位新世界；613）
譯自：All the ghosts in the machine : illusions of
　　　immortality in the digital age.
ISBN 978-986-262-433-3（平裝）

1. 網路社群　2. 遺產　3. 未來社會

541.49　　　　　　　　　　　　　　109009008